錢穆先生全集

錢穆先生全集

［新校本］

靈魂與心

九州出版社

圖書在版編目（CIP）數據

靈魂與心 / 錢穆著 . -- 北京：九州出版社，2011.7（2017.6 重印）
（錢穆先生全集）
ISBN 978-7-5108-1003-9

Ⅰ . ①靈… Ⅱ . ①錢… Ⅲ . ①哲學 - 研究 - 中國 - 現代 Ⅳ . ① B261.5

中國版本圖書館 CIP 數據核字（2011）第 100603 號

靈魂與心

作　　者　錢　穆　著
責任編輯　張海濤　劉瑞蛟
出版發行　九州出版社
裝幀設計　陸智昌　張萬興
地　　址　北京市西城區阜外大街甲 35 號
郵　　編　100037
發行電話　（010）68992190/3/5/6
網　　址　www.jiuzhoupress.com
印　　刷　三河市東方印刷有限公司
開　　本　635 毫米 × 970 毫米　16 開
插頁印張　0.5
印　　張　13.25
字　　數　150 千字
版　　次　2011 年 7 月第 1 版
印　　次　2017 年 6 月第 2 次印刷
書　　號　ISBN 978-7-5108-1003-9
定　　價　28.00 元

靈魂與心

錢穆

錢穆先生手迹

錢穆先生印·錢穆

新校本說明

錢穆先生全集，在臺灣經由錢賓四先生全集編輯委員會整理編輯而成，臺灣聯經出版事業公司一九九八年以「錢賓四先生全集」為題出版。作為海峽兩岸出版交流中心籌劃引進的重要項目，這次出版，對原版本進行了重排新校，訂正文中體例、格式、標號、文字等方面存在的疏誤。至於錢穆先生全集的內容以及錢賓四先生全集編輯委員會的注解說明等，新校本保留原貌。

九州出版社

出版說明

西方思想中，「靈魂」一觀念顯佔重要地位。靈魂與肉體對立，引申而為感官與理性對立、精神與物質對立，由此產生西方哲學中之二元觀。中國人非不言魂魄鬼神，唯其曰神曰魂，皆與西方意想不同。中國人極重心靈生活，然其所偏重實在「心」而不在飄渺之「靈魂」。故孔孟以還儒家思想即以心性論為特長，而中國哲學亦自然形成直指人心一元論的人生觀與宇宙觀。西方人言靈魂不朽，因寄意於上帝與天堂；中國人之不朽，則只在人世間，只在古往今來心與心之交感上。

本書集錢賓四先生論靈魂與心與鬼神與魂魄與宗教與葬祭與生命之十二篇文字而成。最早之一文，為民國三十一年先生初喪母時所作論古代對於鬼魂及葬祭之觀念；最晚之文，則皆作於一九七五＊年蔣公逝世後數月之間，包括再論靈魂與心之屬，凡五篇。先生雖自謙諸文未必能「於此宇宙人生之奇祕有所解答」，而其深心所在，則仍不外揭揚中國古哲之高情曠識，尤望中國獨特之思想文化能有

＊新校本編者注：原文為「民國」紀年。下同。

以補益於今日「上帝迷失」之世界。

此書初版在一九七六年二月，由臺北聯經出版事業公司版行。今整理先生全集，爰依新例加入書名號、私名號及重點引號，並查對全部古籍引文，改正原有誤植文字。又遺稿中有一稿未題篇名，先生自言作於靈魂與心一文之後而續有所闡申，今亦增附本書之末以為「附錄」。

本書之整理，由江敏華小姐負責。

錢賓四先生全集編輯委員會　謹識

目次

自序

余生鄉村間，聚族而居。一村當近百家，皆同姓同族。婚喪喜慶，必相會合，而喪葬尤嚴重，老幼畢集。歲時祭祀祠堂墳墓，為人生一大場合。長老傳述祖先故事，又有各家非常奇怪之事，夏夜乘涼，冬晨曝陽，述說弗衰。遂若鬼世界與人世界，緊密相繫，不可相割。及長，稍窺書籍，乃知古先聖哲遺言舊訓，若與我童年所聞，絕非一事。中心滋疑，懷不能釋。

年事益長，見聞益廣，又知西方宗教、哲學、科學，其論宇宙人生，皆與我夙所存想不同。人生有此一大問題，乃知非我淺陋愚昧所能解決。語之人，資為談助，可以歷時移辰不倦不休，然亦不能引人對此作深切之研究。余既不信教，亦不通科學、哲學，則亦惟有安於其淺陋愚昧而止。

偶亦返於自幼所讀舊籍，於中國古先聖哲遺言舊訓，時覺咀嚼不盡，其味無窮。其於解決此宇宙人生大問題，是否確當，余不敢言。然於余之淺陋愚昧，奉以終生，時加尋繹，乃若有一軌途，可以使余矻矻孳孳而不倦。偶有感觸，於此問題，乃亦時有撰述。非敢謂於此宇宙人生之奇祕有所解答，實亦聊抒余心之所存想而止。

最近又偶有所感，隨筆抒寫，忽得五篇，而余年亦已八十有一矣。因回檢舊稿所存，最先當起於民國三十一年，余年四十八，有一題，題名論古代對於鬼魂及葬祭之觀念。其時余新喪母，又道途遠隔，未能親奉葬祭之禮，乃涉筆偶及於此，距今已三十四年矣。此下遞有撰述，彙而存之。雖各篇所見，容有不同，而大體則一貫相承。雖措辭容有重複，然要之可以各自成篇。一依其舊，亦見余個人對此問題歷年存想累積之眞相。亦有自己學問稍有長進，於舊時見解略有改定，然對此大問題之大觀點，則三十四年實無大改進。淺陋愚昧，則亦惟此而止矣。

今彙刊此編，而名其書曰靈魂與心，是亦編中一篇名，成稿於民國三十四年，距今亦適三十年矣。因編中所論，皆與靈魂與心有關。人有靈魂與否，至今不可知。然人各有心，則各自反躬撫膺而可知。孔子曰：「知之為知之，不知為不知，是知也。」讀斯編者，各就所知，是亦可以相悅而解，固不必相尋於荒漠無何有之鄉也。是為序。

一九七五年春植樹節後三日錢穆識於臺北士林外雙溪之素書樓，時年八十有一。

靈魂與心

一

我常想要東西雙方人相互瞭解其對方之文化，應該把東西雙方的思想體系，先作幾個清晰的比較。這一種比較，應該特別注重他們的相異處，而其相同之點則不妨稍緩。又應該從粗大基本處著眼，從其來源較遠、牽涉較廣處下手，而專門精細的節目，則不妨暫時擱置。如此始可理出一頭緒，作為進一步探討之預備。本文即為此嘗試而作。

在古代希臘人思想裏，「靈魂」一觀念，顯占重要地位。畢太哥拉最注重的理論，便是一種輪迴不朽說，他認為有一個靈魂可從此體轉移而至彼體。直到柏拉圖，亦有他的靈魂先在不朽論與後在不朽論，他亦認為一人之靈魂，可以有他的前生與來生。此亦依然是一種靈魂不滅的想像。與靈魂相對立者為「肉體」。肉體終歸變滅，無法永生，而靈魂可以不朽。從此便引申出「感官」與「理性」之對立。感官屬於肉體，理性本諸靈魂。從感官所接觸到的世界，是一種物質世界，而理性所接觸的世界，則是精神世界。由靈、肉對立又引申而有「精神」、「物質」兩世界之對立。這種二元世界觀，實從二元的人生觀而來。所謂二元的人生觀，即認在肉體生命以外，另有一個靈魂生命。這一思想，開始甚早，似乎並不在希臘本土，而實在希臘的東方殖民地產生。這一思想開始便似帶有東方色彩。（此處所謂東方，只指西方系統中之東方，最遠及於印度，與本文主要之東方指中國而言者不同。）希臘與印度同屬雅利安族，他們雙方對於靈魂觀與世界觀，均有好許相似處，此等定有他更古同一的來源。

這一種人生與世界的二元觀，影響到希臘本土哲學。柏拉圖的觀念論，便從「現象」與「本體」之二元對立的觀念下發展而來。希臘人雖是一種現世愛好的民族，但在柏拉圖學說裏面，已染有棄世寡欲的精神極為濃重。他深覺到在這個世界之外，應該另有一個世界，為此世界之本。如此則對現世界生活，到底免不了要抱消極態度。而在此世界中，物質與精神亦到底融不成一片，不免要永遠有衝突。此後新柏拉圖主義，便專從柏拉圖學說中神祕的與禁欲的方面擴展。這種宇宙上的二元觀，尋其根柢，還在人生之二元觀。所以普羅太奴，新柏拉圖主義者的代表，以有此身體為大辱，他說靈魂正為著身體之罪惡而在哭泣。此種靈、肉對立，理性與感官衝突的感覺，在斯多噶派的學說裏更為顯著。斯多噶派「理性」與「反理性」之區分，即等於柏拉圖「超感覺」與「感覺」之區分。同樣將人之理性與感覺劃分，肉體人格之外，另有精神人格。倫理上之二元觀，早為基督教宗教上之二元觀導其先路。基督教之靈魂觀念，同樣是東方色彩，同樣是靈、肉對立的二元觀，因此可與畢太哥拉派、柏拉圖、斯多噶派相融洽。從希臘思想轉至基督教，其接榫處只在此。

二

自從基督教在西方宣揚開以後，西方人對於世界的二重觀念，更為清澈鮮明。奧古斯丁的神之城，只在天上，不在地上。人生之終極，靈魂之救度，精神世界之重視，均為西方中古時代之特殊表徵。這一趨勢，直要到文藝復興時期始有轉變。文藝復興，外面看是從基督教轉返希臘，裏面看則是從靈魂轉返肉體，從天上轉歸地上，從精神觀念轉歸到自然現象。自此以下的西方思想，似乎「靈魂」的地位逐漸降低，「心」的地位逐漸提高，西方思想界另有一番新生氣。這或許是北歐新民族一種特殊精神之表現。但因思想傳統沿襲已久，此下的思想路徑，似乎仍擺脫不掉已往的舊軌轍。

關於心的重要地位，其實在奧古斯丁的理論中已見端倪，不過到文藝復興以後，更有進展。奧古斯丁雖知看重個人內心的地位，他還是說，在神的眞理面前，人之內心仍只有被動。人心只是次要的，神才是主要，人的靈魂才是主要。中世以後的哲學家，漸漸認為人的心智可以自尋眞理，而不在神的面前被動了。但大體論之，此下的哲學問題，仍然沿襲以前的舊路徑。在人心方面，依然是取感覺與理性對立的看法。從感覺認識外界的便成了經驗主義，從理性認識外界的便成了理性主義。在英國自羅吉培根以下，大體都算是經驗主義。而大陸學者如笛卡兒、斯賓諾沙、來勃尼茲等，則為理性主義。理性主義派依然喜歡講神，也一樣要講靈魂，也依然要走入二元的世界觀。此種理論，依然不離中世紀經院哲學之舊傾向，依然帶有古代神與靈魂之舊信念。既然仍不能不歸極於此渺茫無稽的神與靈魂，則依賴理性與智識，有時尚不如依賴信仰轉為直捷。因此理性派的學者，到底只成了一種折衷主義。折衷主義本由懷疑而來，終必仍歸到懷疑而去，折衷是一種不徹底、不到家的辦法。然而如英國洛克、勃克萊、休謨一派的懷疑論，只靠經驗實證，只認現象世界為眞實，只在肉體感官上裝置人生，全部人生只根據在各自的感覺上。因為故意要把靈魂觀念排斥，遂致把人心的境界和功能也看得狹窄了。人心只是一個感受外界印象的機關，全部人生亦只是些印象與感覺。這一種人生觀，實為大部分人類心理所不願接受。接受了這一種觀念，則人生太無意味。

在英國思想界，常有一種奇異的結合。一方面可以抱徹底的唯物見解，但同時對宗教的傳統信仰與習慣猶能依然尊敬恪守，如牛頓即其一例。然此種極端的唯物論與宗教精神之結合，只可說是英吉利土壤之特殊產物，非其他民族所能追隨。因此英吉利思想可以安於經驗主義與幸福主義的圈套裏，而其他民族則仍不能不另尋出路。於是有近代的德國哲學。康德從休謨而起，其事正如古希臘哲人思想之後來了蘇格拉底與柏拉圖。普通的概念與特殊的經驗之關係，此問題乃蘇格拉底以後希臘哲學上之中心問題。近代德國學派，亦依然要在英國派專重經驗與感覺的上面安放一個共同的範疇。

英、德思想之對立，大體猶如中古時期唯名論與實在論之對立，依然是西方思想系統上一個舊裂痕。康德思想並不能徹底消融西方思想界由來已久之對立形勢，先在的我（即「靈魂」）並不能為經驗的我所實驗，但他卻能約束經驗的我；這依然帶些理性派的神祕。康德哲學依然沿著西方感官界與理性界對立之舊傳統，依然不能不有現象界與精神界之對立。因此從康德而起的，如費希脫之我與非我論，黑格爾之精神世界之發展論，大體說來，他們雖都想在唯心論的系統下求到世界之統一性，但到底還是擺脫不掉從來已久的思想界上之二元對立。這是從「心」的方面講。若轉從「物」的方面講，一樣有走不通之苦。近代西方的物質論者對於力的迷信，成為十九世紀哲學思想之特徵。其實物質論者與宗教哲學並無二致，僅以本質觀念代替神的觀念，以力的主宰代替上帝的主宰；所謂不同，如此而已。因此自然主宰說與宇宙神造觀，機械論與目的論，一樣成為西方二元哲學衍變中應有之兩大綱羅，使西方思想界不陷於此，即陷於彼，有求出不得之苦。

近代西方人常在外物的經驗與內心的理性之對立中找不到妥當的出路，遂復轉入生活意志一條路上去。此在德國，消極的如叔本華之幻想主義，積極的如尼采之超人主義，論其淵源，依然都以康德為出發點。叔本華對現世生活只想逃避，尼采則主張改造現世。他們的態度，顯然都是極濃重的個人主義與現世主義者。個人主義與現世主義到底不能滿足人類內心一種不朽與永生之要求。在英國方面則有達爾文。達爾文與尼采正可代表近代西方英、德精神之不同。他們的相同點，只在提高生活意志一方面。但意志的重要，在中世紀奧古斯丁亦復先已提到。意志亦如經驗與理性一般，依然解決不了個人主義與二元哲學之苦悶。

三

上面我們把西方思想作一簡單的概觀。大抵西方人對世界始終不脫二元論的骨子，因此有所謂「精神世界」與「物質世界」或「本體界」與「現象界」等之分別。這一分別，求其最原始的根柢，應該是從靈魂、肉體分立的觀念下衍變而來。西方人對人生始終不脫個人主義，因靈魂本帶有個人性。西方的倫理思想，從希臘直到現在，大體以個人之快樂與福利為宗極。即論宗教教義，靈魂得救、天國幸福，依然是一種個人主義。西方思想是在個人主義下面產生了二元的衝突。靈魂與身體為個人之二元，因此有感覺與理性之對立。從感覺有經驗，由此而接觸物質現象世界。從理性有思辨，由此而接觸精神本體世界。人生的要求，決不肯即安於此肉體感覺短促的一生而止。因此經驗主義、唯覺主義、唯物論各派思想，雖可由此造成極精細的科學與哲學，但終不能指導人生，滿足人類內心之要求。人生終極問題，決不能就此而止。因此西方思想常要在對立下求統一，在個我的不完全中求宇宙與大我之全體；常在肉體感官低下部分之要求與滿足下求解放，而追向靈魂理性高尚部分之體會與發展。

然而在此處，理智的力量終嫌不夠。在西方思想裏，關於倫理一方面的成績，最先使人感到脆薄，最不易滿足人類內心這一部分之要求。於是因倫理思想上之失卻領導權而使西方人不得不轉入宗教。宗教在以信仰代替思辨。理性所不勝任的，只有付之信仰，以求暫時之安寧。但宗教愈走愈遠，則信仰與理性及經驗都要發生衝突。近代西方，遂不得不又從信仰轉到意志。然而意志是否自由？若意志有自由，則此意志屬於個人抑屬全體？由此而下，依然是在個人主義與二元論之圈子內，依然沒有痛快解決。

這一個簡略的說法，根本在從東方人的思想系統來看西方而見其如此。我們若本此觀點，再把東方思想系統之大體簡略一說，則上面所論，自將更易明晰。我們一面要用東方思想來明白西方，同時亦要用西方思想來明白東方。兩面並舉，庶可兩面均達到一更明白的境界。

四

古代的東方人，在遺傳至今的詩書經典及其禮節儀文上看，東方人似乎早先亦有一種靈魂觀念，信有死後之靈魂，卻沒有詳細說到生前之靈魂。死後靈魂則似乎只是一種鬼的迷信而已。鬼是否永生不朽，在東方思想下，亦不甚肯定，亦看不到他們有「靈魂再世」及「輪廻」等說法。在此方面，本文作者另有專論，此處不詳說。此下所欲說者，則為東方思想開始脫離靈魂觀念之時代及其此後之變化。

關於靈魂再世及輪迴的說法，其背後實為透露了人類對自己生命要求永生及不朽之無可奈何的心理。此一要求，實為人類心理上一至深刻至普遍之要求。縱謂全部人生問題都由此要求出發，到此要求歸宿，亦無不可。但對此問題之解決，則只有靈魂再世、輪迴，或天國超升等幾條路。若捨此諸端，試問人類肉體的短促生命，又從何處去獲得不朽與永生？若人類生命根本只在此七尺肉體短促的百年之內，則人生之意義與價值究何在？此實為人生一最基本絕大問題。此文下面所擬提出者，即為東方人在很早時期早已捨棄靈魂觀念而另尋吾人之永生與不朽。此一問題，實可以說是整個中國思想史裏面一最重要的綱領。明白了這一義，才可明白中國思想之特殊精神與特殊貢獻之所在。下面我們先把左傳裏魯襄公二十四年關於「三不朽」的一番討論略為說明。原文如下：

穆叔如晉，范宣子逆之，問焉曰：「古人有言曰『死而不朽』，何謂也？」穆叔未對。宣子曰：「昔匄之祖，自虞以上為陶唐氏，在夏為御龍氏，在商為豕韋氏，在周為唐杜氏，晉主夏盟為范氏，其是之謂乎？」穆叔曰：「以豹所聞，此之為世祿，非不朽也。魯有先大夫曰臧文仲，既沒，其言立於世，其是之謂乎？豹聞之，太上有立德，其次有立功，其次有立言，雖久不廢，此之謂不朽。若夫保姓受氏，以守宗祊，世不絕祀，無國無之，祿之大者也，不可謂不朽。」

在這一段對話裏，看出當時人對人生不朽有兩個見解。一是家族傳襲的世祿不朽，一是對社會上之立德、立功、立言的三不朽。這兩個見解裏，皆沒有靈魂再世或超生的說法，可見中國人對靈魂觀念在那時已不為一輩智識階級所信守。因信人類有靈魂，遂牽連於在此世界以外的上帝及鬼神。但在中國春秋時代，對天神觀念皆已有極大解放，極大轉變。關於這一方面的種種思想議論，載在左傳者甚多，此處不擬詳舉。在此所欲討論者，則為包涵在此兩種不朽論後面之意義。

第一種是晉范宣子所說的家世傳襲的不朽。此一說雖為叔孫豹所看輕，但在中國社會上，此種意見流行極廣極深，此後依然為一般人所接受、所贊同，只把范宣子當時的貴族意味取消了，而變成平民化。人生底不朽，由家族爵祿世襲，變到家族血統世襲。孟子書上便說到「不孝有三，無後為大」。「無後」便是打斷了祖先以來不朽的連鎖。可見春秋時代范宣子貴族家世的不朽說，到戰國人手裏已變成平民家世的不朽。只要血統傳襲，兒女的生命裏便保留了父母生命之傳統，子孫的生命裏便保留了祖先生命之傳統。如此則無論何人，在此世界，皆有永生不朽之實在生命，不必以短促的百年為憾。

至其高一層的，自然是叔孫豹所說的三不朽。三不朽內許多詳細理論，留下再說。此處只先指出，在中國人的看法，人不必有死後的靈魂存在，而人人可以有他的不朽。家世傳襲，可說是一種普通水平的不朽。在此普通水平的不朽之上，更有一種較高較大的不朽，則為叔孫豹所說之三不朽。我們用這一個觀點來和西方思想作比較，則西方人的不朽，在其死後到別一個世界去；中國人的不朽，則在他死後依然留在這一個世界內。這是雙方很顯著的一個相異點。

現在再進一步，所謂東方思想，死後依然想要留在這一個世界內，是如何樣的留法。根據三不朽說，所謂立德、立功、立言，推其用意，只是人死之後，他的道德、事功、言論依然留在世上，便是不朽。所謂留在世上者，明白言之，則只是依然留在後世人的心裏。東方人在人生觀念上，一面捨棄了自己的「靈魂」，另一面卻把握到別人的「心」來做補償。人的生命，照東方人看法，似乎本來是應該反映在別人的心裏而始有其價值的。故曰「士為知己者死，女為悅己者容」，「鍾子期死，伯牙終身不復鼓琴」。若一個人獨自孤零零在世上，絕不反映到他以外的別人底心中，此人雖生如死，除卻吃飯穿衣一身飽暖的自我知覺以外，試問其人生尚有何種價值、何種意義之存在？反而言之，只要我們的一生，依然常在別人心中反映到，即使沒有吃飯穿衣一身溫飽之覺，其人生到底還是存在，還是有價值，有意義的。所以一人的生命，若反映不到別人的心裏，則其人早已雖生如死。一人的生命若常是反映在別人的心裏，則不啻雖死如生。立德、立功、立言之所以稱為不朽，正因其常由生前之道德、功業、言論，而常常反映到別一時代人的心裏去。

即如前舉家世傳統之不朽，後來儒家發揮光大，也看重在心的反映上。儒家論「祭義」，便是其明證。孔子說：「祭神如神在。吾不與祭，如不祭。」可見祭之所重，並不重在所祭者之確實存在與否，此即靈魂問題。靈魂之有其存在與否，早已為當時的中國人所淡漠。祭之所重，只在臨祭者心理上之一番反映。臨祭者對於所祭者之心理上的一番反映，其事不啻為所祭者之一番復活。此層在小戴禮記中祭義等篇，發揮得十分透徹。我們在此可以說：西方人求他死後的靈魂在上帝心裏得其永生與不朽，東方人則希望在其死後，他的生平事行思想留在他家屬子孫或後代別人的心裏而得不朽。這又是一個東西之異點。

五

上述叔孫豹與范宣子一段對話，代表了當時人的一種思想與見解。這一種思想與見解，直要到孔子手裏才能組織圓成，而且又得到比叔孫豹與范宣子更進一步的發展。不朽與永生，本來是人類內心對其自己生命所共有之一種自然的要求與想望。現在既知道人的生命別無不朽，只有在別人的心裏常常的反映到，便是眞不朽。則期求不朽的，莫如希望別人的心常常的把我反映到、留念著。但到孔子手裏，卻把這一個期求，倒轉來成為一種人生的義務與責任。所以論語上說：「慎終追遠，民德歸厚矣。」孝經亦說顯親揚名是為孝道。這已不是父母祖先對其兒女子孫之一種希望與期求，而倒轉來成為兒女子孫對其父母祖先之一種義務或責任。這一種義務或責任，依照孔子意見，也並非是從外強加的，而實為人心之自然內發的。如在嬰孩少年，對著父母兄長便知孝弟。長大成人，其對人接物便知忠恕。孝弟忠恕都只是指的這一個心。此在論語裏時時提及，又總而名之曰「仁」。仁便是人心之互相映照而幾乎到達痛癢相關、休戚與共的境界。只以一人便可推知人人，只以一世便可推知世世。人人世世都把著這一個孝弟忠恕的心，即仁心，來互相映發，互相照顧。由是而有之一切，便是孔子理想中的所謂「道」。論語有子曰：「孝弟也者，其為仁之本歟，本立而道生。」孔子曰：「吾道一以貫之。」曾子曰：「夫子之道，忠恕而已矣。」又說：「忠恕違道不遠。」可見儒家所謂道，只在人心孝弟忠恕上。孝弟忠恕便是仁，便是一種人類心之互相映發、互相照顧，而吾人之不朽永生即由此而得。故孔子又說：「朝聞道，夕死可矣。」人不聞道，便加不進這一個不朽與永生之大人生。你明白了這一個大人生之不朽的道理，那你小我的短促生命自可不足重輕了。中國人俗語常說「世道人心」，世道便由人心而立。把小我的生命融入大群世道中，便成不朽。而其機括，則全在人心之互相照映相互反應之中。我們可以說：世道人心，實在便已是中國人的一種宗教。無此宗教，將使中國人失卻其生活之意義與價值，而立刻要感到人生之空虛。

在此又可舉出一東西相異之點。西方人觀念裏，人生常在上帝的愛顧下活著；而東方觀念裏，則人生常在同時人乃至異代人的愛顧下活著。舉例言之，父母常希望在兒女的孝心裏活著。父母的生存意義，只在兒女的孝心裏得其存在。若是兒女不孝，那人便譬如沒有做了父母。推廣言之，任何一人也只在大群的仁心與世道中有其存在。若舉世盡是不仁無道，那一個人生在這樣的世界裏，便孤零零地嘗不到人生眞滋味。幸而人終有人心，兒女只要有人心，自能懂得孝道，此便是所謂仁。既有此仁，兒女自然知道對父母有孝心。兒女對父母之孝心，其實只是一個十足全盡的人與人間交互映發照射的一顆仁心而已。此心又可以是忠恕。孝弟忠恕便合成世界大道，便把人生之不朽與永生問題獲得解決。

在孔子以後繼起的是孟子。孟子曾說：「仁，人心也。」又補出一個「性善」的學說來。性只指的「人心之所同然」處。此所謂人心之同然，有從本原方面說的，亦有從終極方面說的。只把人類徹頭徹尾這一個有所同然之心名之曰「性」，而指說之曰「善」。性善亦便是仁，便是人心之相互映發、相互照顧處。故孟子又說：「盡心知性，盡性知天。」一切宇宙人生，便都在此人類自身的心上安頓。從人心認識到性，再從人之心性認識到天。如此便由人生問題進入到宇宙問題，這裏便已到達了西方哲學上所謂形而上學的境界。這是孔孟以下儒家思想之主要精神，可說是一種「人心一元論」。若用流俗語說之，可謂「良心一元論」。而其淵源，則自春秋以來已見。此番理論，有與西方思想一個重要的相異點，即在捨棄人的靈魂而直言心。捨棄靈魂，則便捨棄了人生之前世與來生，又捨棄了靈魂所從來與所歸宿之另一世界。這便成為只就此現實世界，從人類心理上之本原的與終極的大同處來建立一切人生觀與宇宙觀。這是儒家思想的主要精神。

中國人這一種的人生觀，如上所言，大體上可謂認定人生之意義與價值，即在於此現實世界上人與人間的心心相照印，即在於人心之交互映發，而因此得到一個本原的與終極的同然。此即所謂「性」。性之善即心之仁，而「心」則與「靈魂」不同。就其與身體之關係言，靈魂與肉體對立，在肉體未成長以前，靈魂早已存在。在肉體已破毀之後，靈魂依然存在。所以肉體與靈魂二者成為各自獨立。至於心則常依隨於肉體，依隨肉體而發展成長，亦依隨肉體而毀滅消失。所以在西方有靈、肉對立，在東方則不能有身、心對立。在西方可以有個人主義，在東方則不能有個人主義。個人主義之最後祈求為靈魂不滅，東方人則以心通心，重在人心之永生與不朽，決不能不打破個人觀念之藩籬。在西方既係靈、肉對立，因此又有感官經驗與理想思辨之對立，因此而有一個對立的世界觀。在東方人則心、身不對立，理性思辨與感官經驗亦不分疆對立。孔子之所謂人，便已兼包理性與情感，經驗與思辨，而不能嚴格劃分。因此東方人對世界亦並無本體界與現象界，或精神界與物質界之分。即現象中見本體，即物質上寓精神。因此東方思想裏亦不能有西方哲學上之二元論。

從東方人的觀點來看西方，則西方人之科學、哲學乃至宗教，雖是三個路徑，發展成三個境界，而實由一個源頭上流出，也依然在一個範圍內存在。若從西方人的觀點來看東方，則東方思想既非科學，又非哲學，亦非宗教，因為他是在別一道路上發展，與西方人的各自成了一個系統。

六

東方人雖無靈、肉對立的觀念，但有所謂心、物對立。惟此所謂心、物對立，亦並不像西方哲學上唯心、唯物之比。孟子所謂「物交物則引之而已」的物、心對立，即是小戴禮記中樂記篇裏的「天理」與「人欲」之對立。此天理人欲，亦非西方之靈魂肉體。天理只是人心之同然處，而人欲則知己而不知人，因私昧公，未達於人心之所同然，未能衝破小我肉體之封限而十足表現其人心相互映照交感之功用的一種境界。因此說「夫子之道忠恕而已矣」，「忠恕違道不遠」，忠恕只是以己度人而到達人心之所同然。「己欲立而立人」，「己所不欲勿施於人」，由此推廣，便可認識人心一元之大世界。故孟子曰「盡心知性」，中庸說「盡己之性可以盡人之性」，正為人心都有此同然處。

若稱中國儒家思想為東方的唯心論，則道家思想莊老一派，可以說是東方的唯物論。唯此所謂唯心、唯物，仍與西方的唯心、唯物不同。在東方雖有莊老的唯物論，卻仍不能與儒家唯心思想相抗衡。何以故？因儒家之所謂心，本從物中發展成長，本不與物相對立，因此儒家思想仍可吸收莊老思想為己有，如中庸、易傳便是其例。故中庸既說「盡己之性以盡人之性」，又說「盡人之性以盡物之性」。如此一串說之，則心、物仍可打成一片。即在孟子已說「盡心知性，盡性知天」，由知心知性到達知天工夫，則已由人生界轉入宇宙界。因此東方人思想是一種非個人主義之一元論，正可與西方人的個人主義之二元論恰恰相對。墨家明鬼尊天，似乎依然保留古代的靈魂觀念，因此孟子斥其「無父」。因既主有靈魂，勢必轉成個人主義，勢必與儒家現世人心一元（此一元，孟子稱之曰「本」。）之理論相背馳。然此後墨家理論即不佔東方思想之主要地位。

本文只在約略指出東方思想從春秋以下漸漸不主張或不看重靈魂的說法，而轉到現實人心方面來。只求約略提出這一個趨勢，以與西方思想注重靈魂觀念者相對照。此處不擬再有詳說。下面則約略把佛教流入中國以後的情形大概言之，以明中國思想界之流變。

七

佛教精神，大概論之，亦當歸屬於西方系統，近希臘而不近中國。雖則他的三世六道輪迴之說，已經超脫了小我的靈魂觀，但到底也是一種二元論，其主要目的也要引導人脫離此現實。在中國人觀念裏，可說只是一元的，只有這一個人世現實，因此沒有眞的出世觀。道家神仙思想，嚴格說來，亦並非出世。一到佛教傳入，魏晉南北朝、隋唐一段，中國人開始懂得出世，開始採用二元論的哲學觀點，這是佛教在中國思想史上的眞影響。此後宋明儒學復興，他們批評佛教，大致不外兩點。一則反對出世，說是自私自利。此即斥其為個人主義。一則反對佛學上的二元論，如所謂體、用之別，眞、幻之分等。此處豈不很顯著的可以看出東西雙方思想上之大界限？但佛家思想到底在中國思想史上有了不可磨滅的影響。此下宋明儒雖反對佛家的二元論，而他們實際還是採用了許多佛家觀點。如朱子論理、氣，橫渠論氣質之性與義理之性，此皆近似有二元之嫌，歷經明清諸儒之駁辨。

其實橫渠、晦翁皆求融道、釋以歸儒。緣古代儒家運思立論，皆偏重在人生界，而道家與釋氏，則都偏重在宇宙界，都抱出世觀。然人生總是在宇宙中，苟非有一番新宇宙論出現，則新人生論亦即無以確立。橫渠、晦翁用心在此。如橫渠云「為天地立心，為生民立命」，則天地竟成一無心的，亦如道家之言氣與自然，與佛家之言虛無涅槃，要待人來為它立心。而朱子則言「天即理」。違背了理，即亦無天之存在。天只是第二級，理始是第一級。此等理論，皆是極大膽，極可驚。後人見慣聽慣了，若覺平常。後來理學分成為陸王「心即理」、程朱「性即理」之兩派。其實性即藏於心之內，離了心，又何從見性。這猶如說性必見於氣質，脫離了氣質，即無以見性。所以說性則必說氣質之性，但又不能專言氣質之性，必兼言及於義理之性。像似二元，但以一「性」字總攝之，則又決非是二元。此如朱子言理、氣，理必附於氣，但又不能專言氣，故必理氣分言，但又必理氣合言。而理又是無造作，無運為的，一切運為造作皆在氣。性屬理，心屬氣，則一切運為造作皆屬心。但若專言一心，不言外物，又不是。宋代理學家如周濂溪、張橫渠及朱子，皆酌取道家、釋氏來建立他們的一套新宇宙論，但仍皆能不背於孔孟相傳人心一元之大精神。而魏晉以下迄於唐五代思想界儒、釋、道三足鼎立之舊形勢至是乃一變，儒家獨執思想界之牛耳，道、釋退列下位，再不能與儒相抗衡；此則乃宋代理學家之功。

八

現在再說孟子論心，本只就心之作用、功能言，並不涉及所謂本體。孟子謂「孩提之童無不知愛其親，及其長無不知敬其兄」，此種「無不知」，便是人心之同然。特舉孩提言之，則指出此同然之心之發端，此心之原始同然處。此種人心之原始同然，只要推擴光大，則如火之始然，泉之始達，直到堯舜聖人，便得了人心之終極同然。此即孟子所謂「理義」，亦即論語之所謂「道」。性只是人心之同然，或指其原始言，或舉其終極言，原始與終極還是一貫，並非謂心自有一體別謂之性。此如泉之下達，火之引然，只是泉與火之原始同然以及終極同然，即泉與火之作用、功能之共有傾向，並非在泉的裏面另有一本體專主下達，在火的裏面另有一本體專主引然。人心之孝弟愛敬以及理義之極致，莫非人心之自然傾向或共有傾向，而非另有所謂心之體。程朱一派主張「性即理」，似乎看性自有一體。陸王一派主張「心即理」，亦若不免仍要看心自有一體。此處亦有一分辨。「體」「用」二字，古人未言，開始應在東漢魏伯陽之參同契。此一觀念一開始，後代亦即不得不加以承用。但如程伊川說「體用一源，顯微無間」，則體用雖可分言，仍不害其只是一體。而且捨了用亦無以見體，沒有體又那會有用。宋代理學家言義理，較之先秦，有些處更細密，更周到。雖多採酌了道、釋，但仍只發揮了孔孟，還是在充實完成現實人心之一元觀上努力；那是該仔細參詳的。

或者又會疑及，告子言「生之謂性」，性即在生命中見，其言豈不直捷明白，孟子何以非之？但生命有其共同面，亦有其各別面。生命有其原始所由來，又有其終極所當往。生命是一現實，但同時亦即是一理想。若只說生命是性，則當下現前即是。人人得一生命，即是同時各得其性。有其同，不見其別。原其始，不要其終。只見有現實，不見有理想。孟子言犬牛與人同有生命，但其性各別。孟子言人性善，只說「人皆可以為堯舜」，不曾說人人皆即是堯舜，其間尚有許多曲折層次，遙遠路程，須待努力。荀子著重在此曲折層次上，因說「人皆可以為禹」，卻忽略了其終極同然之可能上，乃說人性是惡。這以較之孟子，便見其偏而不全。宋代理學家深得孟子意。故橫渠說了氣質之性，還要說義理之性。朱子說宇宙只是一氣，更要說宇宙只是一理。唐代禪宗則說「即心即佛」，當下現前，便可立地成佛。當然學佛成佛，全仗一心，但抹殺了心與佛間種種曲折層次，有此心即可成佛，猶如告子說有此生命即得了性，所以宋儒說禪即是告子的路子了。陸象山自謂有得於孟子，他說：「我不識一字，亦將堂堂地做一人。」但從不識一字到堂堂地做人，其間亦有許多曲折層次。若忽略於此，亦便走上了告子路頭。王陽明說：「見父自然知孝，見兄自然知弟。」但其江右一派弟子，卻說「無現成良知」。泰州一派則說成「滿街都是聖人，端茶童子亦是聖人」。但此端茶童子，只是盡心端茶，卻不能說其知性知天。要能本末終始一以貫之，則當下現全，可以是此心，卻又不是此心。是此生命，卻又不是此生命。但又不是要撇去當下現前此心此生命來另尋一心一生命。此處可見中國傳統文化、傳統人生觀之深厚圓到處，但卻只由人當下現前去認取。此處即是現實人心之一元觀。

九

現在再依次說到耶教。耶教入中國，已在明末清初，中國思想界橫受異族入主政治權力之摧殘而沒出路的時候。照理論之，中國人應該可以接受耶教理想以為精神上之安慰；而事實並不如此。耶教入中國，首先遇到的難題，依然在這一個中國傳統信仰的固有宗教上。耶教教義重在個人靈魂之得救，而中國傳統觀念，則早不看重靈魂，而只看重人心，尤重在人心之相互映照處。因此孝道在中國社會，實屬根深柢固，而與耶教之靈魂觀適成不可融和之衝突。所以耶教來中國已歷三四百年，正值中國思想界極衰微無所歸依的時候，而耶教勢力終不能在中國社會上推行。

依據上述，在東方人的社會裏，實在可以無宗教。東方思想裏面實已有一種代替宗教之要點與功能，此即上論不朽之觀念。此種觀念，以儒家為代表。若要說東方人有宗教，寧可說是「儒教」而非佛教。儒教與佛、耶、回三教之不同處，大端有二：一則佛、耶、回三教皆主有靈魂（佛教輪廻說可謂是變相之靈魂），而儒家則只認人類之心性（或說良心）而不講靈魂。二則佛、耶、回三教皆於現世界以外另主有一世界。在此另一世界裏，則有上帝天神或諸佛菩薩。儒家則只認此人類之現世界，不再認現實世界外之另一世界，而在此現實世界中之標準理想人物則為聖賢。惟此所謂現實世界，並非一小我身限之世界，亦非一百年時限之世界，乃推擴盡量於人生世界一個廣大悠久的現實世界。故若以儒家思想為一宗教，則不妨稱之為人生教，或人文教，或聖賢教，以別於佛、耶、回三宗之上帝教與佛菩薩教。又不妨稱之為現世教，以別於佛、耶、回三宗之出世教。亦可稱之為心性教（或心教），以別於佛、耶、回之靈魂教。故儒家思想，乃若鎔鑄了西方思想中之宗教與倫理為一體，而泯其分別之一種思想。在西方思想上，宗教與倫理終不合一。宗教為出世的，倫理則為現世的。宗教主出世，其著想在個人靈魂之超渡。倫理主現世，其目的亦為個人人生之福利與快樂。倫理宗教分而為二，遂皆不免為個人主義所罨罩。儒家思想既融宗教與倫理為一，不主出世，亦不取個人主義，可謂是於此人生世界求能推擴盡量以達於不朽與永生之一種境界。

一〇

惟就西方思想系統言之，因其有靈魂與肉體之對立，遂相因而有感官與理性之對立，由此遂生唯心、唯物之爭，科學、哲學皆由此起。東方思想無此對立之形勢，因此在東方思想界乃既無所謂科學，亦無所謂哲學。東方人對工藝、製造、醫藥、天算諸項實用科學方面，亦未嘗無貢獻，然因東方思想中並不認有一個純粹分別獨立之物界（或物質界）超然於人生之外，因此對之雖可有種種獨特專門之研究，但不認其在外有此獨特分別之存在。所謂正德、利用、厚生，一切仍在同一本源上。因此純粹科學的觀念，在東方不能盡量發展。至西方哲學，其先本與科學同源，欲為嚴格分辨，其事殊難。東方思想中既無純粹科學，遂亦無純粹哲學。蓋西方以精神界與物質界對立，又以經驗與理性對立。其純從物質界與經驗界思入者，則漸由哲學而成為科學。其純從精神界與理性界思入者，則長為彼中之正統哲學，而頗與宗教相會通。東方思想系統中，更無理性與經驗之嚴格分別，故純思辨、純經驗之理論，為西方科學、哲學之本源者，在東方不能大盛。

東方思想既主心性，既重人生現實，故東方思想常與人生實際體驗相輔而前。東方人主覺與明，所謂「先知覺後知，先覺覺後覺」，又曰「雖愚必明」。覺之與明，既非純自感官經驗，亦非純自理性思辨，既非純屬物質界，亦非純屬精神界，乃自屬於東方思想下之一種人生境界，亦即東方人所體會而得之一種人心功能。故西方科學、哲學之分道而馳，宗教與科學之極端衝突，在東方人觀之，殊為奇事。即專就西方宗教與哲學言之，一專主思辨，一專尚信仰，在東方人視之，亦皆嫌其意境單薄，難成定讞。因東方思想乃就人生實際證會而來，較之純信仰純思辨者為更可靠。若西方人之倫理觀念，既與宗教分立，率主現世個人之樂利，更為東方人所卑視，以為陳義淺俗，了無深趣。至西方人之純科學理論，亦有在東方人眼中覺其穿鑿太甚，割裂太碎，距離人生實際太遠者。然以西方人目光回視東方人，則常見東方思想既無甚堅定之宗教信仰，又無甚深刻之純科學、純哲學之理論與思辨，遂若東方人一切平鋪浮露，從未透入世界之深處。實則是東西兩方各有系統，各有偏重，即亦各有短長；一時正無所用其軒輊。若雙方能各自捨短求長，則西方科學思想物質駕馭方面之成績，就其最近成績言，已為東方之所未逮；而東方人之倫理觀念、人生教訓，亦為西方所不及。此後若能將東方人之人生教訓與西方之科學訓練融和配合，庶於人生福利前途有一更為光明之造就。草此文者殊於此不勝寄其人類文化前途深切之期望焉。

（此文作於民國三十四年。因抗日戰爭結束，出版社停頓，於三十六年一月復刊，載於是年二月思想與時代第四十二期。）

孔子與心教

人生最大問題，其實並不在「生」的問題，而實是「死」的問題。凡所謂人生哲學、人生觀等，質言之，都不過要解答此一死的問題而已。若此問題不獲解答，試問人生數十寒暑，如電光石火，瞬息即逝，其價值安在？其意義又安在？

人皆有死，而人心裏皆有一個共同的傾向與要求，即如何而能不死、不朽，與永生是也。此種要求，不獨人類有之，懷生畏死，即其他動物亦莫不皆然，而惟人類為最甚。人類為滿足此種要求而有宗教之信仰。宗教信人有靈魂，可以脫離肉體而存在。現實人生限於肉體現世，空幻不實，變化無常；靈魂生活不限於肉體與現世，彼乃貫串去、來、今三世，永恆不滅，眞常無變。不過，這種說法有兩個缺點：一、與科學衝突；二、忽略了現實。

人生的又一個問題是「我」的問題。無我則人生問題無著落。所以人生問題扼要說，也可說是「我生」的問題。然因人類有我見，而使人類都不免有自封自限、自私自利的習性，因而人我之間不能不有隔閡、有激盪，遂不能不相分離、相衝突，由此而招致社會之不安。人類為防止此種不安，而有正義、自由與法律。自由屬諸各人自我範圍之內，正義則為人我自由之界限，法律則為維持正義、限制自由而設。在正義界限之內，人各享其自由。若有逾越，則受法律之裁制。西方社會的現世安寧，即藉正義與法律的觀念而維持。所以他們即在父子、夫婦、兄弟、朋友之間，亦有很明顯的界限，有很清楚的法律。但我們禁不住要問：若人生相與，僅有此等正義、自由與法律，則人與人間全成隔膜，全成敵體，試問人生價值又何在，其意義又何在？再以何者來安慰此孤零破碎漠不相關的人生呢？

西方人在這一點上，還是乞靈於宗教。他們用宗教家靈魂出世之說來慰藉現世孤零的人心。他們把人生不朽的要求引到別一世界（天國）去。因此之故，他們特重牧師與教堂。而在現世裏則以法律來維持秩序，處理紛爭，因此他們又特重律師與法堂。我們可以這樣說，西方的人生是兩個世界的。來世的人生是宗教的，現世的人生是法律的。二者互相為用，他們的政治社會以及一切文明，都支撐在此上。

中國人則與此不同。中國社會不看重律師與牧師，亦不看重法堂與教堂。但中國人又如何解答此生死問題，以及人我問題的呢？欲知此事，當明孔子學說。

中國人也希望不朽，但中國人的不朽觀念和西方的不同。左傳裏載叔孫豹之言，謂不朽有三：立德、立功、立言是也。此三種不朽都屬於現世，仍都在人生現實社會裏。可以說人生的不朽，仍在這個社會之內，而不在這個社會之外。因此中國人可以不信有靈魂，而仍獲有人生之不朽。我之不朽既仍在這個社會裏，則社會與我按實非二。孔子論語裏所常提起的「仁」的境界，即由此建立。在仁的境界之內，人類一切自私自利之心不復存在，而人我問題亦牽連解決。人生並不是一個個小我隔膜敵對，各自孤立，而即在現社會裏，把人生融凝成一體，則人生自不當以小我自由為終極。不講小我自由，便不必爭論為自由劃界的正義。既不爭論那個為你我自由劃界的正義，則維持正義、判決此爭論的法律，自更不為中國人觀念所重。擴充至極，則中國社會可以不要法律，不要宗教，而另有其支撐點。中國社會之支撐點，在內為「仁」，而在外則為「禮」。

西方人的不朽在靈魂，故重上帝與天堂。中國人的不朽，不在小我死後之靈魂，而在小我生前之立德、立功、立言，使我之德、功、言，在我死後，依然存留在此社會、在此人群之中，故重現世與人群。兩者相較，中國人的不朽觀念，實較西方人的更著實、更具體，實在不能不說是一種更妥貼的觀念。從事宗教生活者，必須求知上帝的意旨。求三不朽現世生命者，必須求知人群的意旨。我們不妨說，中國人的上帝即是人類大群。人能解脫小我私人的隔膜與封蔽，而通曉人類大群意志者，即可說他已經直接與上帝相通，已經進了天國。此種內心境界，中國儒家即謂之「仁」。孟子說：「仁，人心也。」正指這一種心的境界而言。此所謂人，並不指一個個的小我與私人，而是指的人類大群。故此所謂人心者，乃指人類大群一種無隔閡、無封界、無彼我的共通心。到達此種心的境界則謂之仁。人到了仁的境界，則死生、彼我問題，均連帶獲得解決。西方人亦未嘗不言心，但西方人所謂「心」，與「靈魂」離為兩物。西方人所指的心，只指小我肉體之心之一種機能而言。中國人觀念反是。中國人認為心即是仁。中國人看心，雖為人身肉體之一機能，而其境界則可以超乎肉體。西方人認超肉體者只有靈魂；中國人看心，則已包容西方人靈魂觀念之一部分，而與西方人之所謂靈魂者自不同。中國人看心，可以超乎肉體而為兩心之相通。如孝，即親子間兩心相通之一種境界也。子心能通知父心即為孝。耶穌聖經中說：「你依上帝的心來愛你的父母與兄弟。」是就西方宗教意義言，人只認自己的心可與上帝相通，卻不認人我之間的心可以直接相通。人我之心之直接相通，此乃中國觀念，即儒家之所謂仁。

若以生物進化的觀點論之：自無生物進而為有生物，自植物進而為動物，又自動物進而為人。人與其他動物之差別點，即在人有人心。人心自不當與動物心同類並視。人心能超出個體小我之隔膜與封蔽而相通，此為人獸之分別點。此種著重在「心」的一邊的看法，其實只為中國人的觀念。西方人則認人獸之別在有靈魂與無靈魂。他們看心，為肉體的，人心、獸心大略相似，無甚差別。所以有人獸之大別者，則在人類有靈魂，而由此認識上帝，直接與上帝相通。由此之故，只待近世西方宗教觀念漸漸淡薄，他們便不免要認為人與禽獸同一境界，同屬自然。像中國人觀念中之人心更高境界，實為西方人所不易領略，不易接受。同一理由，西方宗教中之「靈魂」觀念，則又為中國人所不瞭。因此可以說，中國的人生觀是「人心」本位的。此所謂人心，非僅指肉體心。肉體心，凡屬動物皆有，而各不相通。故動物僅自知痛癢，哀樂不相關，相互間可以無同情。西方科學裏的心理學，即以這類心態為研究題材，他們自稱為是無靈魂的心理學。這一種心理學，因為他們既剔除了他們所謂「靈魂」的部分，當然研究不到人心之眞實境界。西方人把人心一部分功能劃歸靈魂，而又認靈魂只與上帝相通；人與人之間，則須經過上帝意旨之一轉手，而不能直接相通；因此對人心的認識實嫌不夠。中國人所謂「心」，並不專指肉體心，並不封蔽在各各小我自體之內，而實存在於人與人之間，哀樂相關，痛癢相切。中國人稱此種心為「道心」，以示別於「人心」。現在我們可以稱此種心為「文化心」。所謂文化心者，因此種境界實由人類文化演進陶冶而成。亦可說人類文化，亦全由人類獲有此種心而得發展演進。中國人最先明白發揚此意義者，則為孔子。

孔子講人生，常是直指人心而言。由人心顯而為世道，這是中國人傳統的人生哲學，亦可說是中國人的宗教。當知科學智識雖可愈後愈進步，而人生基本教訓則不必盡然。因人生大本大原只有這些子，這些子則可以歷萬世而不變。中國古人也信仰上帝鬼神，直到孔子，才把此等舊說捨棄，而專從人心這些子上立論。以後的中國人，遂常常講「人心世道」，而不談上帝。這實是中國思想之大進步。所謂人心，應著重「人」字看。所謂世道，應著重「世」字看。西方人看人心只如獸心，耶教教義認為人皆有罪，一切唯有聽從上帝意旨，痛切懺悔，洗淨自己的心，而改以上帝心為心，如是人類始可得救。西方人因此看不起人心，因而也看不起世道，而另要講一種出世之道。迨到他們回過頭來，想擺脫靈魂而單言人心，則又誤把人心與獸心等類同視。既不看重人心與獸心之分別，故而又要陷世道於重大罪惡中。

我們可以說西方的宗教為上帝教，中國的宗教則為「人心教」或「良心教」。西方人做事每依靠上帝，中國人則憑諸良心。西方人以上帝意旨為出發點，中國人則以人類良心為出發點。西方人必須有教堂，教堂為訓練人心與上帝接觸相通之場所。中國人不必有教堂，而亦必須有一訓練人心使其與大群接觸相通之場所。此場所便是家庭。中國人乃以家庭培養其良心，如父慈、子孝、兄友、弟恭是也。故中國人的家庭，實即中國人的教堂。中國人並不以家庭教人自私自利，中國人實求以家庭教人大公無我。

孔子認為培養良心最直接的方法，莫過於教人孝弟。故有子曰：「孝弟也者，其為仁之本與。」再由孝弟擴充，由我之心而通人類之大群心，去其隔膜封蔽，而達於至公大通之謂聖。心之相通，必自孝始。孝是人與人兩心相通之第一步。中國人的宗教，只限於人與人之間，並不再牽涉到人以外的上帝。因此中國宗教亦可說是一種人文教，或稱文化教，並亦可稱之孝的宗教。孝之外貌有禮，其內心則為仁，由此推擴則為整個的人心與世道。因此既有孔子，中國便可不需再有西方般的宗教。

孔子之後有墨子。墨子思想頗近西方的宗教。「兼愛」則如耶教之博愛，「天志」、「明鬼」都是西方宗教的理論。然而墨子有一大缺點，他沒有教堂以為訓練人心上通天鬼之場所。他既沒有宗教的組織和形式，所以只可說他是一個未成熟的宗教家。孔子則不然，他不從人生以外講永生，孔子已避免了先民素樸的天鬼舊觀念之束縛。子路問死，他說：「未知生，焉知死。」他直接以人生問題來解答人死問題，與其他宗教以人死問題來解答人生問題者絕不同。他看祭祀，不過是一種心靈的活動，亦可說是一種心靈的訓練與實習。故他說：「祭如在，祭神如神在。吾不與祭，如不祭。」他只看重人心一種自能到達的理想的境界，而不再在人心以上補出一個天鬼的存在。他實在是超宗教的、進步的。惟孔子雖超宗教，而仍特設一個家庭為訓練人心之場所。墨子不能超宗教，而又無他的特設的教堂為訓練人心以供人神之接觸而相通。這是孔墨之相異點，亦即孔學之所以興與墨學之所以廢的大本原所在。

今再剴切言之：孔子的教訓，實在已把握了人生的基本大原則，如孟子所謂「先得吾心之同然」是也。人生進於禽生與獸生，已不限於小我肉體的生命，而別有其心的生命。此種心，已不是專限於肉體的「生物心」，而漸已演進形成為彼我古今共同溝通的一種「文化心」。所謂人生，即在人類大群此種文化心之相互照映中。若只限於肉體的自然六尺之軀之衣食作息，此則與禽生、獸生復何區別？故各人的私生命，亦即存在於人類大群的公心中。所謂人生之不朽與永生，亦當在心的生命方面求之，即人類大群公心的不斷生命中求之。此人類大群的公心，有其不斷的生命者，即我上文所謂「文化心」是也。人的生命，能常留存在人類大群的公心中而永不消失，此即其人之不朽。肉體生命固無不朽，而離卻人類大群之公心，亦無不朽可言。故知眞實人生，應在大群人類之公心中覓取，決非自知自覺自封自蔽之小我私心，即限於自然肉體之心，便克代表人生之意義。必達到他人心中有我，始為我生之證。若他人心中無我，則我於何生？依照孔學論之，人生即在仁體中。人生之不朽，則應在此仁體中不朽。人生之意義，即人人的心互在他人的心中存在之謂。永遠存在於他人的心裏，則其人即可謂不朽。孔子至今還存在人的心中，所以孔子至今還是不朽，還是生存於世。只因「人心之所同然」為孔子所先得，所以孔子能永生長在於人類的心中而歷久不滅。若把此番理論來論耶教，則耶穌之所以永生不滅，也並不因為他是上帝的兒子，降生下來救此人群，實在因為他也已把握人心之同然，他也只永遠存在於後世人群的心中而時時復活，永存不朽。所以耶教理論儘可與中國傳統觀念不同，而耶教精神，還是可以把中國傳統精神來解釋。然正因為觀念不同，理論不同，因此形成了東西雙方其他文化方面之種種相異點。正因為有孔子的心教存在於中國，遂形成了中國人之獨特文化與獨特的人生理論，與西方社會人生專賴法律、宗教的維繫者不同。今日之世界，宗教信仰既漸淡，而法律效能亦漸薄；欲救斯弊，實有盛倡孔子心教之必要。

（民國三十二年四月思想與時代二十一期）

中國民族之宗教信仰

一

或疑中國民族乃一無宗教、無信仰之民族，是殊不然。中國自有其宗教，自有其信仰，特其宗教信仰之發展，亦別自有其蹊徑。考之商代盤庚以來殷墟甲文，時人已信有上帝，能興雨，能作旱，禾黍之有年無年，胥上帝之力。然有大可異者，上帝雖為降暵降雨之主宰，而商王室之祈雨祈年，則不向上帝而向其祖先。故甲文乃絕無上帝享祭之辭。蓋當時人對上帝之觀念，謂上帝雖操極大之權能，而不受世間之私請託與私祈求；故凡有籲請祈求於上帝者，乃必以其祖先為媒介。於此有相附而起者，即先祖配帝之說。此亦在甲文已有之。惟其一族之祖先，稟神明之德，歿而陟降在帝左右，夫而後下土群情，可資以上達。故周人之詩大雅文王之什言之，曰：「殷之未喪師，克配上帝」，「文王在上，於昭于天」，「周雖舊邦，其命維新」。蓋昔日之天命在於殷，今日之天命在於周。於何徵之？亦徵之於在帝左右克配上帝者之移轉。故配天之説，自殷歷周。而周人之制則猶有可以詳説者。春秋公羊傳僖三十一年謂：「天子祭天，侯祭土。」天子有方望之事，無所不通，諸侯則山川不在其封内者不祭。則惟天子可以有祭天之禮，而諸侯則否。何者？上帝既不受世間之私祈求、私籲請，而克配上帝者惟其一族之祖先，亦惟王者得禘其祖之所自出而以其祖配之。其次則為小宗，小宗五世而遷。祖遷於上，宗易於下。故魯侯惟得祭周公，不得祭文王。配天者惟文王。既不得祭文王，則凡其所籲請祈求於上帝者皆為非禮，皆將為上帝所不享。故諸侯不祭始祖，即亦不當祭上帝。萬物本乎天，人本乎祖。魯人之祖與周人之祖一也，自天子以至於庶人，其同為有上帝之照臨亦一也。然而惟天子得祭天，得以其意旨上達於天，而諸侯以下迄於庶人皆所不能。何者？上帝正直無私，其愛眷照顧者，乃人世之全體，乃社會之大群，固不當以小我個己之私籲請、私祈求干之。雖欲干之，上帝亦不之享。而為一國之元首者，則謂之「天子」，惟彼可以傳人世大群之公意以達上帝之聽聞。然使為天子者，而不以大群之意為意，而亦惟為私籲請私祈求焉，則上帝亦將不之顧，而彼遂失其天子之尊嚴。故曰：「天命靡常。」又曰：「皇矣上帝，臨下有赫，監觀四方，求民之瘼。」又曰：「有命自天，命此文王。」又曰：「天立厥配，受命既固」也。然則中國人古代傳統之上帝觀念，實乃一大群體之上帝，而非個己小我私人之上帝，昭昭明矣。

或疑祖先配帝，則上帝私於宗族；是亦不然。殷商之制，靡得而論矣。周人封建，雖廣樹同姓，然外戚如申、呂、齊、許，古國如杞、宋之類，與諸姬封土錯列並峙者，亦復不少。天子祭天，而諸侯各得祭其封內之名山大川。上帝之下復有河嶽諸神，正如天子之下復有諸侯。蓋中國古代宗教，與政治合流。周初封建制度之基礎，固建築於宗法組織之上，而全部政治理論，則並不專為一姓一族之私。古人自有家、國、天下之三層觀念，固不得率言其即以家族為天下也。

故中國古代宗教，有二大特點：一則政治與宗教平行合流，宗教著眼於大群全體，而不落於小我私祈求私籲請之範圍，因此而遂得摶成大社會，建設大一統之國家。此可確證吾中國民族天賦政治才能之卓越。循此以下，中國宗教在社會上之功用乃永居於次一等之地位；而一切人事，亦永不失其為一種理性之發展。此其一也。中國宗教，既與政治合流，故其信仰之對象，並非絕對之一神，又非凌雜之多神，乃一種有組織有系統之諸神，或可謂之等級的諸神，而上以一神為之宗。今之論者，好尊歐美，奉為一切之圭臬；以歐美信耶教為一神，遂謂一神教乃高級宗教，而信奉多神者則屬低級。就實論之，世界信一神教者，大宗凡三：曰猶太教，曰基督教，曰回教。之三派者，皆起於阿剌伯及其近境，皆沙漠地帶之信仰也。沙漠景色單純，故常驅使其居民為一種單純之想像，而遂產生單純之信仰。故一神教者，特為一種沙漠地帶之產物。若希臘，若印度，論其文化，皆較阿剌伯區域為高，然因其地形與氣候繁變，使其居民常覺外界之影響於我者乃為一種複多性而非單純性，故其宗教信仰亦屬多神而非一神。然以希臘、印度較之中國，則復不同。何者？希臘、印度之多神，其間類無秩序之聯繫。又其神之性質，亦頗乏嚴肅之意象。故其宗教信仰常夾雜有離奇惝怳之神話。中國宗教因早與政治合流，故其神與神之間，乃亦秩然有序，肅然有制。既不如耶教、回教之單一而具不容忍性，亦不如印度、希臘神話之離奇而有散漫性。若以耶教、回教為偏理性的宗教，以印度、希臘神話為偏自然的宗教（亦可謂之偏人事的宗教），則中國宗教正是理性與自然之調和。蓋既融洽於大陸自然地象之繁變，而又以一種理性的條理組織之，使自然界諸神亦自成一體系以相應於人事之凝結。此又中國古代宗教之特色二也。

然中國古代宗教，非無其缺點。蓋既偏於人事，主為大群之凝結；又既與政治平行合流，而主於為有等級之體系；則其病往往易為在上者所把持操縱，若將使小我個人喪失其地位。大群之凝結，固將以小我個人為其基點。一切人事，擴而言其大，固以大群為極致；析而論其精，亦將以小我為核心。中國古代宗教，乃完全屬之大群，而小我與上帝，將漸漸失其精神上活潑之交感。如此，則小我之生命日萎縮，而大群之團聚亦將失其憑藉而終至於解消。有起而矯其失者為孔子。

二

孔門論學有二大幹，曰「禮」，曰「仁」。禮即承襲古宗教一種有等衰有秩序之體系，而仁則為孔子之新創。蓋即指人類內心之超乎小我個己之私而有以合於大群體之一種眞情，亦可謂是一種群己融洽之本性的靈覺。人類惟此始可以泯群我之限，亦惟此始可以通天人之際。蓋小己之生命有限，大群之生命無限。小己有限之生命謂之人，大群無限之生命謂之天。使人解脱小己有限生命之纏縛而融入此大群無限之生命者，莫如即以生命為證，而使之先有所曉悟。我之生命何自來，曰自父母。父母之生命何自來，曰自祖父母。循此而上，當知我之生命雖短促，而我生命之來源則甚悠久。然則我父我母之生命雖若短促，苟知我之生命即為我父我母之延續，則我父我母之生命並不短促。循此而下，我之生命雖若短促，而我之生命亦有其延續，則我之生命亦不短促。如是則小我有限之生命，即大群無限生命之一環。抑且生命不僅有其延續，而復有其展擴焉。我父我母之生命，不僅由我延續之，我之兄弟姊妹，莫不延續我父我母生命之一脈。循是上推下推，子孫百世，宗族衍昌，皆大群體無限生命之延續與展擴也。再尋究此大群體無限生命之延續與展擴之源頭及其終極，則感其乃非小我有限生命之所能想像，於是而尊之為天行，神之為帝力。故中國古代之以祖配天，以宗廟祭祀為人事最大之典禮，為政治、宗教最高精神之所寄託而維繫者，夫亦曰：惟此可以解脱小我有限生命之苦惱，而使之得融入大群無限生命之中，泯群己，通天人，使人生得其安慰，亦使人生得其希望。人之所賴於宗教與政治者，主要惟此則已。孔門之所謂仁，即吾人對此大群體無限生命之一種敏覺與靈感也。人類惟具此敏覺與靈感，乃可以證悟大群無限生命之眞實性。換辭言之，所謂大群無限生命者，即此人類一點敏覺與靈感之所主宰，亦即以此一點敏覺與靈感為靈魂。否則父母生子，本為情欲。子之於母，如物寄瓶中，出即離矣。安見有所謂生命之延續，更安見有所謂生命之擴展？故孔子之所謂仁，實乃為古代政治宗教之著眼於大群體者賦以一眞實之生命。中國舊訓：禮，體也。仁，覺也。蓋禮即象徵此大群生命之體段，仁則代表此大群生命之感性。故曰：「人而不仁，如禮何！人而不仁，如樂何！」此如人有血肉之軀，而感性全失，麻木不仁，則尸居餘氣，固無如此軀體何也。

人類生命之延續與擴展，必本於父母兄弟以為證，故孔門言仁，亦首重孝弟。孝弟即仁，亦即人類對其大群無限生命之一種敏覺與靈感。換辭言之，即人類對無限生命之一種自覺也。此無限生命之自覺，亦謂之「性」。故孝者，實人類之天性。何以謂之性？以其為大群無限生命之主宰與靈魂故，故不謂之心而謂之性。何以謂之「天性」？以大群無限生命之主宰與靈魂，不可以小我個己之文辭言說形容之，故不曰人性而曰天性。此種天性，對父母而發露謂之孝。此種發露，只感生命之無限，早已泯群我，通天人。雖由父母而流露，卻非為父母而發。若以淺義喻之，人有耳，始有聽，然人不為耳而聽。人有目，始有視，然人不為目而視。人有口腹腸胃始有飢渴，然人不為口腹腸胃而飲食。粗以此為喻，人有父母始有孝，然人不為父母而孝。孝子之心，固已無小我與父母之隔閡。孝弟之心油然而生，將惟見自我生命之無限。固已超乎小我之上，其視父母之與小己，猶一體也。故曰，孝非為父母發。

儒家教孝，最重葬祭。夫父母既歿，葬之雖厚，祭之雖豐，亦復何為？然而不然者，蓋惟此最足發明人類孝心之眞義。故曰：「祭神如神在，吾不與祭，如不祭。」然則所重在祭者內心之敏覺，而不在其所祭。故曰：「未知生，焉知死。」若以局限於小我有限生命者論之，則所祭已死，其果有鬼神與否，其鬼神之果來享祭與否，皆不可知。然祭者則猶生。若以超出於小我有限之生命者論之，則此祭者內心一片無限生命之敏覺，固已通生死而一之。故父母生命之延續與否，於何證之？亦證之於孝子臨葬臨祭之一番敏覺與靈感。既知祭之所重在祭者不在所祭，則孝之所重，亦在孝者而不在所孝。義本一貫，例類易明。重在所祭，則信鬼神。重在所孝，則養口體。而儒家教孝之精義則不在此。故雖父母既歿，鬼神之有否不可知，而不害孝子之恪恭以祭。然則父母之存，其無間於父母之智愚慈頑，而為子者亦必恪恭以孝，其義一也。舜之於瞽瞍，周公之於文王，為之父母者雖異，而其所以為孝者則一。今之人乃移政事革命之理論唱「非孝」，而老子乃謂「六親不和有孝慈，國家昏亂有忠臣」，則誠淺之乎其測忠孝矣。

自有孔子之教，而中國古宗教之地位乃益失其重要。何者？宗教起源，大率本於人類自感其生命之渺小，而意想有一大力者為之主宰。今孔門教仁教孝，人類渺小之生命，已融為大群無限之生命，其主宰即在自我方寸之靈覺。故既混群我，通天人，死生彼己一以貫之，則曰：「敬神鬼而遠之。」又曰：「丘之禱久矣。」古代赫赫在上昭昭在旁之天鬼，自孔子仁教之義既昌，固可以退處於無足輕重之數。

亦自孔子之教，而中國古代政治之地位亦變易其重心。古者惟王者之祖得以配上帝，亦惟王者得以郊天而祀祖。大群體之生命操於天，大群體之意旨集中於王者。孔子之教則不然。孔子以仁濟禮，仁、禮相協兼盡之謂「道」。中庸曰：「天命之謂性，率性之謂道，修道之謂教。」「道者不可須臾離。」大學曰：「自天子以至於庶人，壹是皆以修身為本。」政事不過道之一端。祭天雖屬王者天子之事，然人人有父母，斯人人皆有孝。孟子曰：「盡心知性，盡性知天」，不必其祖之克配上帝，不必其身之必為王者，乃可有天之相格。而修明其道者，則常不在君而在師。故自孔門之仁孝言之，則天子至於庶人一也。自孔門之道言之，則政治之重不如教化。教化一本乎人心，故曰：「忠恕違道不遠。」「夫子之道，忠恕而已矣。」忠恕亦大群無限生命之一種敏感也。道不可須臾離，十室之邑必有忠信，故人人皆為此大群無限生命之一環。修道之謂教，故闡明此大義者，其責任之重，乃遠超於古者天子郊天祭祖之意義之上。然而孔門論學，仁禮相濟，於發明人類心性之中，仍包有古代傳統政治之精義。於是中國文化大統，乃常以教育居第一位，政治次之，宗教又次之，其事實大定於儒家之教義也。

三

今試以儒家教義與耶、佛兩教相比，則有絕大不同者一端。孔子教義在即就人生本身求人生之安慰與希望；而耶、佛兩教，皆在超脫人生以外而求人生之安慰與希望。此其所以為絕不同也。新約「當耶穌播道時，或告耶穌，其母及弟來，欲與耶穌言。耶穌云：『孰為吾母，孰為吾弟？』張手向其徒，曰：『凡遵行吾天父意旨者，皆即吾兄弟姊妹與吾母也。』」（馬太第十三章。）耶穌又謂：「我非為人世送和平來，特送一刀來。我將令子疏其父，女疏其母，媳疏其姑，而視其仇如家人。彼愛父母勝於愛我者，非吾徒也。」（馬太第十一章。）耶穌又告其門徒及群眾：「汝等莫呼地上人為父，汝等僅有一父，即在天上之父是也。」（馬太第二十三章。）一門徒告耶穌，欲歸葬其親，耶穌曰：「汝自隨我，且俾死者自葬其死。」（馬太第八章。）孔子聞皋魚之泣，弟子之願歸養其親者十三人，與耶穌之教適相反。儒家之教曰：「汝歸而求之，有餘師」，耶穌則不欲其弟子愛其父母過於愛耶穌。儒家之教曰：「反而求諸己」，耶穌則曰捨汝父母兄弟而從我，汝當遵行吾天父之意旨。故孔門之發展為教育，耶穌之訓誡則成為宗教。

然又有不同者。孔子教義，重在人心之自啟自悟，其歸極則不許有小己之自私。曰仁曰禮，皆不為小己。曰孝弟曰忠恕，所以通天人，即所以泯群我。耶教則不主人心之能自啟悟，故一切皆以上帝意旨為歸。曰：「為兒女者，當在上帝意下服從其父母。」（以弗所第六章。）又曰：「為父母者勿怫其兒女，當就上帝之教誡撫育之。」（以弗所第六章。）就儒家而論，父慈子孝，人之天性，率性而行即為道。故儒家必言性善。就耶教論之，則人生本由罪惡讁罰，苟無上帝，舉世失其光明。故父母之育子女，子女之事父母，皆不當自率己意，而以服從上帝為主。然儒家道性善，而仁孝忠恕莫非為群。耶穌言信仰，而贖罪得救各自為己。儒家教義之終極點，即在此人世大群之修齊治平，而以人類之性善為出發。耶教教義之終極點，不在此世，而在將來，不在大群之修齊治平，而在各人之贖罪得救，而以上帝之意旨為依歸。故儒家教義必與政治相關涉，耶教則超乎政治而別成一宗教。

故耶穌言：「在外邦人有尊為君王者治理之，有大臣操權管束之。然在汝等則不然。孰欲為大者，孰即是僕。孰欲為首者，孰即是隸。人子之來，不為役人，乃為役於人。」（馬可第十一章。）就教義言，人人平等，人人各屬於上帝，人人自向上帝祈禱懺悔以期贖罪而得救。中世紀以來之教會，乃依倣羅馬政權之體統，於政治組織外，別自成一宗教團體之組織。羅馬教皇與神聖羅馬帝國之皇帝為當時歐陸同時並行之雙重統治。然此非耶教眞意。自宗教革命以還，羅馬教皇之統治勢力乃與神聖羅馬帝國之政治組織先後解體。而新興之民主國家，又向教會爭奪其人民之教育權。蓋耶教並不主於在現實世界為大群體之建立，故既忽視家族之恩情，又忽視政治之秩序。雖曰上帝博愛，而實以個人為骨幹。故歐土宗教常與政治對峙，而教育又常屈居二者之下。中國則宗教常與政治交融，而教育又常尊臨二者之上。此其不同之較然顯著者。

若論佛教，雖其陳義視耶教有淺深之不同，然亦重個人之出世，亦與政治不相協，亦無意於為現世界建大群體。專就此一節論之，則正與耶教相似。

四

中國思想有與儒家鼎立者二宗，曰墨曰道。墨近耶，道近佛。墨家亦主於現世界建大群體，然不探本心性而崇天志。既信天鬼，則死生為兩界。又曰「尚同」，曰「兼愛」，抹殺個人以就群體，則群己為兩界。又力斥古代傳統之禮樂，使中國相傳政治宗教相融洽相紐結之點亦為破棄。是僅將建立此大群體之基礎築於天鬼之冥漠。抑且崇天鬼而不尚出世，此蓋欲超出古代傳統政治及儒家思想之外，別建一現世界之大群體，而未得其眞實之支撐點者。道家則不然，儒、墨皆求於現世界建大群，道家則主破毀群體以就小我，求於大群中解放小我以就自然。故墨家尊天鬼以統領大群，道家尚自然以收攝小我，二者實處相反之兩端。而自有其共通之點，則皆反對儒家之所謂禮。儒家之禮，乃古代宗教、政治之所由綰合，而為現世大群體之骨骼者。墨家尊天尚群而亦反禮，則無以自圓其說。故墨義之在中國，終湮沉而不顯。道家不信天鬼，不尚群體，其反禮固宜。故中國當儒家思想消沉，政治組織腐敗，現世大群解體，小我無所寄託，則必歸於道家。

今再就三家對於古代傳統宗教之態度言之。墨家尊天尚鬼，為極端之保守派。儒家通天人死生而為一，於上帝鬼神往往存而不論，為中立之溫和派。道家則獨於傳統宗教為徹底之排擊，對上帝鬼神之信仰，駁難辨詰，透切無遺，為極端之革命派。中國自有莊老，而傳統宗教之迷信，乃無存在之餘地。然後世種種神仙方術、天皇上帝之說，乃終依附於莊老。東漢以下別有所謂道教者，與孔子、釋迦又成鼎足之三分。其事若不可解，其間蓋有微妙之消息焉。前固言之，宗教之起，由於人類自感其生命之渺小，而意想有一大力者為之主宰。今誠使於現世界建大群體，使人有以泯群我，通生死，而此大群體無限生命之延續與展擴又由我為之核心，斯固無所憾其渺小，亦無事乎別求所謂主宰；此所以儒學既昌，而宗教信仰即退處於無權也。今若儒家思想消沉，則政治必腐敗，群體必渙弛，於是小我皇皇如喪其家，則必厭群體而轉嚮於自然；此所以亂世則莊老思想必盛。然小我走嚮自然，終必感其生命之渺小。如人之喪其家，初得逆旅則安焉，稍久則不勝其悵惘之情，而皇皇之心又起。當其時，禮壞樂崩，仁義充塞，現世大群既不足為彼之慰藉與寄託，而赫赫在上昭昭在旁之上帝，又無以啟其信。小我之徬徨，而又無所用其私籲請與私祈求，則自易折而入於方術之塗。蓋其視宇宙，特不過萬物之聚散乘除；物之相與，特各以其智力相驅駕，相役使。其自視不過為宇宙間之一物，其視鬼神也亦然，亦特為萬物中之一物，故無所用其籲請祈求，而特以小我之私智力驅駕役使之。彼其化黃金，練奇藥，劾召鬼神，一切方術，皆本於此。果由此演而益進，未嘗不足為物質科學之先步。特中國文化大統，在為現世界建大群體。方其群體渙散而有莊老，莊老之不足而有方術，而儒家思想亦往往能於大群渙散之際復振其精神。儒學復興而政治重上軌道，大群體復建，而莊老之光燄即熄。如是則方術雖常與禮樂相代興，而如日出則煙霧消，其勢每不久。此通觀國史之演進，而自有以見其歷歷不爽者。

佛教之入中國，亦正值季漢大群體分裂之際，乃與莊老方術同時並盛。莊老變自然而為方術，其勢為墮退。而佛教之在中國，其演進之姿態，乃有歷級而升之象。方其初惟有小乘，繼之則傳大乘，又繼之則台、賢、禪三宗俱起。此已當大唐盛運初啟，佛學界駸駸自宗教折而進入於哲學，又自哲學進入於日常人生所謂反眞還俗之境界。從此佛學徹底中國化，佛教思想乃不啻成為中國人求在現世建大群體之一支。而佛學之墮退而流入社會下層者，乃亦與道家方術異貌同情，常在亂世稍稍見其蔓延之迹。昧者不察，因遂謂中國民族無宗教，無信仰，而惟見一種迷信之瀰漫於民間。此實未能窺見中國傳統文化之眞相。

五

今試再就中國社會之一般信仰，分別論之。中國人至今依然信仰有一「天」，有一上帝，為斯世最高無上之主宰。然中國人乃從不想像其小我個人與上帝有若父子之私關係，亦始終不向上帝作小我之私籲求、私請託。歷代郊天之禮，依然由大群體之最高元首主之。中國人莫不尊崇孔子，奉為萬世之師表，然中國讀書人亦絕不向孔子作私祭享、私崇拜。中央政府乃至全國各行政區域，莫不有孔子廟，乃亦由中央元首與全國行政首領代表致祭，而士人亦參預其典禮。此實可說明中國傳統宗教觀念一特點也。中國人莫不各敬其祖先，墳墓祠堂之公祭，義莊義塾之公建，為一宗一族之經濟教育謀共同之維繫，為一宗一族之情感意象謀永久之團結，宗族之於大群，不啻其一細胞。然中國人雖各敬其祖先，中國人乃無不知其祖先在整個鬼神界之地位。猶中國人莫不知孝父母慈子女，然亦莫不知其父母子女在社會大群中之地位。中國人於祖先崇拜之外，又有地方神，即鄉土神之敬祀。名山大川，環而處者，皆膜拜而致敬。都邑有城隍神，鄉邑有社神，其邑人之生而立功德於社會者，死則各以其地位配享焉。然中國人亦莫不知凡此諸神在整個鬼神界之地位。此則猶如地方政府之與中央政府然。蓋宗族觀念與鄉土觀念之二者，實縱橫交織以成此廣深立方之大群體，實不啻如人身之有赤白兩血球也。中國人於崇祖先及鄉土神之外，又有職業神。如醫藥，如工匠，如優伶，亦莫不在其團體之內各有崇奉。然彼輩亦各自知其所崇奉者之在整個鬼神界之地位，一行職業之在社會大群中，又不啻其一細胞。萬物並育而不相害，道並行而不相悖。中國人乃以此種種凝合而建造一大群。中國人之崇祀多神，不知者謂其漫無統紀，然中國人實由此凝合人生於自然界，又凝合現社會於過去歷史界，又自於人事中為種種凝合。凡中國人之所以能建造此凝結此歷史地理為一廣深立方體之大群，而綿延其博厚悠久之文化生命於不息者，胥可以於此種豐泛而有秩序之崇拜信仰中象徵之。

故中國人之宗教信仰，乃無所謂不容忍性。凡異宗教之傳入中國者，苟可以納入此豐泛之崇拜而無害其組織之大體，中國人乃無不消融而并包之。此在古代，即如淮、漢、荆、越，濱海燕、齊諸區，其宗教信仰，約略可考見於西周乃及春秋戰國之際者，固與中原傳統宗教有不同；然下逮秦漢一統，此諸地域之宗教信仰，已莫不與中原傳統宗教相吸收相融和。即如佛教之入中國，其先若與中國傳統信仰不相洽；然循而久之，中國人對於諸佛菩薩之崇拜，乃亦成為中國原有豐泛崇拜之一部分。蓋中國人不僅於信界有容忍，抑且於此豐泛崇拜中能為之調整，使鬼神界亦自相凝合而建造一大群體，一如中國人之現實人生焉。耶教惟信一神，即天父上帝，然同於此上帝信奉之下，乃各自分疆劃界，互相排斥，甚至於流血屠殺。宗教慘劇，遍演於耶教之諸邦，歷數百年之久而不能弭。此為中國人所不能想像。然如中國崇奉雜多之諸神，而能不相衝突，各各安和，歷數千年之久而不起爭端，亦為虔信一神上帝者所不能理解也。

逮於社會群體解剝墮地，則諸神之信仰亦失其統宗。其時也，上帝山川，聖賢百神，乃至於各宗族之祖先，亦皆喪失其在鬼神界各自原有之地位，不復足以維繫人心而警誡鼓舞之。於是而有淫祀，則有邪神焉，有妖狐焉，有毒蛇焉，莫不肆行無忌，擅作威福。舉世之人心，莫不迷惘錯亂，各求諂媚攀結以仰鼻息於邪神惡鬼妖狐毒蛇之喜怒。人類不勝其私籲求私請託，而鬼神界之乖戾惶惑乃一如人世。其甚者，莫不自謂彼之所信奉足以推倒一切而獨尊，於是如黃巾，如白蓮，如天父天兄，愚民蜂屯蟻聚以奔湊於其號召而大亂作。然而上帝山川聖賢百神萬姓祖先之大群體，其廣博之組織，其悠久之傳統，終有以勝此私信小術之披猖。邪不勝正，惡不敵善，宗教信仰之秩序，乃亦與人世治安，同其恢復之迅疾。然當天宇之乍澄，而陰蔀積霾猶未盡掃，則此等淫祀之遺跡，猶時時可見於社會之下層。有時則邪神惡鬼妖狐毒蛇之類，乃亦偷生倖存於上帝山川聖賢百神萬姓祖先陽光不照之域，以重待他日之潛滋而暗長。惟在當時之人心，則亦未嘗不知此等邪神惡鬼妖狐毒蛇在整個鬼神界之地位。特以一時之窮而無告，或不勝其私籲求私請託之小願，而姑一試之焉。其不足以再蠱惑一世之人心而搖撼大群體之基礎，則亦可置於不足深論之列也。

六

由上論之，中國儒家之言禮樂，就廣義言，固不僅為人生教育之一端，實兼舉政治、宗教而一以貫之矣。凡使小我融入於大群，使現世融入於過去與未來，使人生融入於自然，凡此層層融入，俾人類得以建造一現世界大群體之文化生命者，還以小我一心之敏感靈覺操其機，而其事乃胥賴於禮樂。凡所以象徵此文化生命之群體，而以昭示於小我，使有以激發其內心之敏感靈覺者，皆禮也。誠使小我得融入此文化生命之大群體而不啻覿面親覩焉，則彼將自感其生命之無限，而內心不勝其和怡悅懌，而蹈拜之、歌頌之者，皆樂也。故禮樂乃太平盛世之心情，亦太平盛世之景象。凡其昧於此禮，喪於此樂，囿於小我之幽鬱，以自外於大群之和怡悅懌，而不勝其私怖畏、私歆羨、私籲請、私祈求者，此皆謂之迷信。其或仗小我之私智小巧，妄覬役使驅駕，以利用外物，攘竊大群，而暫得逞其私欲者，此皆謂之方術。方術之與迷信，常與禮樂為代興，而終不敵禮樂之光昌而可久。是為中國民族傳統信仰之大要，亦即儒家思想大義所在也。故必待夫教育興明，政治隆盛，而後吾中國民族對於此廣深立方大群文化生命之傳統信仰，乃始有其存在與發皇。此則北宋歐陽子之本論固已先我而言之。

七

按黑格爾論基督教，謂其未能與任何國家制度相聯合以造成一種民族性之活的發展，乃為一種道德之失敗。故基督教者，乃純粹一種精神之宗教也，亦可謂是一種個人的宗教，耶穌命其門徒離棄父母，並放下其所有之一切，以謂如此庶可超出現實世界之束縛，而不致受命運之宰割。耶穌謂有人要你外衣，應並脫長袍與之。命運當使為愛所調解。故基督精神在饒恕一切仇敵，調節一切命運，超脫一切小己利害、世間衝突，而遊心於溥博自由之境界。然基督教之缺陷乃亦即在此。蓋基督教即在其個人權利之否定中，表現出基督教本身之限制。由否定其自己個人權利義務所達到之愛，仍無法擴充成為任何現實生活之南鍼。於是基督教不得不退回教會，離開現實社會，而求精神之統一。基督教會除宣傳信仰外，於人類多方面的生活不能有所滿足。教會既不能離世獨立，又不能與世諧和，基督教乃造成一種宗教與人生間不健全的對立。反之，希臘宗教能將政治生活理想化。希臘人對國家之觀念，認為一種超感官的較高之實在，小己生命之持續於國家生活中，乃其自己努力實現之目標。自羅馬征服四鄰，進而破滅此種比較切近人生之自由公民的宗教，將吸收公民全部生命之有機的國家生活變為死的機械的政治制度，從外面管理此薄弱無力的民眾。彼等在社會生活中尋不到安身立命可以不朽之點。故羅馬覆滅，時人對宗教之要求特切。本可以當下實現之天國，今既成為一種悠遠之願望，其到達之期，乃不能不展至世界之末日。遂使上帝之外界化，與人生之墮落敗壞相與俱來。 今按：黑氏此論，正可借以發揮中國儒家精神。儒家根本人心之仁孝，推擴身、家、國、天下以及於天人之際，而融為一體。較之基督教教人離棄父母及一切，以解消人間世之爭執與對立者，所勝遠矣。惟黑氏所知限於西方，故識破彼中中世紀以來基督教之缺陷，則折而返於古希臘。其實古希臘人對於政治理想之圓宏偉大，固尚遠遜於中國。中國儒家所謂禮樂，固已括盡現實世界政治、社會、風俗、經濟、學校、教化之各方面。內仁孝，外禮樂，訢合成一體，以實現當下之天國，儒家思想之可以代替宗教者在此，宗教思想之不能盛行於服膺儒術之中國者亦在此。中國儒家論禮樂，必從井田、封建、學校諸大端求之，其義亦在此。若專從死喪哭泣祭祀歌蹈儀文細節處論禮樂，斯亦失之。細讀歐陽修本論，可窺見此中消息。

又黑格爾論希臘人觀念，謂希臘人認國家不僅為外在之權威，而為實現個人自由之唯一處所。並認彼輩所崇奉之神靈，非外界一種作威作福之力量，而為自然機構與社會組織之理想的有機合一。彼輩所生活居住之小世界，乃由彼輩精神所造成，且不斷在創造中。因此彼輩對於世界頗能相安。「我」與「非我」之區別，以希臘人之生活論，殆已在悠揚之樂聲中消失於無形。然黑格爾又謂希臘人對於人生與世界之調和薄弱不完備。蓋此種調和，並未根據內心生活與外界生活相對立之深徹意識，亦未根據對於征服此種對立之精神歷程之認識。換言之，希臘式之合一，並未建築在理性上，亦未建築在超過其分別意識之合一上，實乃建築於對此分別之茫昧無知而已。故不久即代之以自我孤立與世界反對之意識，如斯多噶派，伊璧鳩魯派，及懷疑派的個人主義哲學之所表示是也。亞里斯多芬之喜劇，僅為希臘精神最後剎那之快樂，轉瞬即過渡而成斯多噶派之嚴肅主義，從外界生活回復到自己靈魂之壁壘，再過渡到羅馬人之俗世平庸生活，在此生活中，法律成為社會之惟一連鎖。自此再過渡而為懷疑派之失望生活，懷疑一切，乃進而懷疑及於自身焉。今按：希臘人生，乃人生的而非天國的，此固異於耶教之不能與現實相融和矣。然希臘人生依然未脫個人主義之牢籠，不能與外界親切融和。黑氏哲學欲以理性與邏輯打通一貫，又常以征服對立為言，其後繼起者乃有馬克思氏之階級鬥爭之歷史進程觀。此三十年間之兩度歐洲大戰爭，又現於最近德、蘇兩國對陣之大屠殺。竊疑理性與邏輯，固非消滅人世對立之工具；征服與鬥爭，更非消滅人世對立之步驟。中國古先聖哲以「仁」字作骨，以「孝」字立本，群己天人，融洽無間，不借徑於邏輯，更無事乎征服。尼采又以憐憫為弱者道德，而唱超人之說，不知惟仁為勇，惟孝為強，吾非斯人之徒與而誰與。以此較之希臘思想與耶教道德，固遙為深透圓宏矣。近世彼中惟德儒好於人生作深思，恨不獲告之以中國哲人之理想也。

（民國三十一年一月思想與時代雜誌六期）

論古代對於鬼魂及葬祭之觀念

余讀古朗士所著希臘羅馬古代社會研究（李玄伯譯本），於彼邦古代迷信，言之綦詳。其首章論古代希臘、意大利人，信人死後其魂不離肉體，而與之同幽閉於墳墓中，詳舉當時諸土葬禮以為說明。並謂此種信念，統治彼邦極長時期之思想，影響於其家族及社會之組織，幾皆以此項迷信為根源。余因念此等觀念，古埃及人先已有之。埃及人視生人屋宇，不翅如逆旅，而死者之墳墓，則若為彼等永久之住宅。其屍體用香料塗抹，以求永久保存，所謂「木乃伊」是也。彼輩信靈魂死後離去，他日可重返，再附屍體，即得復活。後代人言埃及，莫不盛稱其金字塔，若為古埃及文化之最高表徵。然古埃及文化之所以綿歷不永而終於衰歇不復振者，實亦受金字塔之賜。竭生奉死，奈之何其可久。又如耶教復活傳說，此亦西方人相信死後靈魂可來再附肉體之一證。據是言之，自埃及、猶太、希臘、羅馬諸邦，古代西方有其共同的靈魂觀、永生觀乃及復活觀，都和我們東方人想法不同。

今考春秋以來，中國古人對於魂魄之觀念。易繫辭有云：「精氣為物，游魂為變。」小戴禮記郊特牲篇謂：「魂氣歸於天，形魄歸於地。」此謂人之既死，魂魄解散，體魄入土，而魂氣則遊颺空中無所不屬。而中國古人所謂之「魂氣」，亦與西方人所謂之「靈魂」有不同。小戴記禮運篇有曰：

及其死也，升屋而號，告曰：皋某復！然後飯腥而苴熟，故天望而地藏也。體魄則降，知氣在上。

此處「魂氣」又改言「知氣」。當時人信人既死，其生前知氣（即魂氣）則離體飄游，故升屋而號，呼而復之。而魂之離體，則有不僅於已死者。故宋玉招魂有曰：「魂魄離散。」又曰：「魂兮歸來，去君之恆幹，何為四方些。」又景差有大招。此等若為當時南方楚人之信仰。然鄭人於三月上巳，出浴於溱、洧之間，其俗蓋亦寓招魂之意。則此種信仰，顯不止於南方之楚人。惟其人死而魂離，故中國古代於葬禮乃不甚重視。小戴禮檀弓篇有曰：

延陵季子使齊而返，其長子死，葬於嬴、博之間。既封，曰：「骨肉歸復於土，命也。若魂氣則無不之也。」

史記高祖本紀記高祖過沛，謂沛父兄曰：

遊子悲故鄉，吾雖都關中，萬歲後，吾魂魄猶樂思沛。

則古人謂人既死，魂即離魄而遊，其事豈不信而有徵。人之生命，主在「魂」，不在「魄」。「魂」既離魄而去，則所謂「魄」者，亦惟餘皮骨血肉，亦如爪髮然，不足復重視。孟子曰：

蓋上世嘗有不葬其親者。其親死，則舉而委之於壑。他日過之，狐狸食之，蠅蚋姑嘬之。其顙有泚，睨而不視，蓋歸反虆梩而掩之。

據孟子之說，亦謂其人不忍見其親之屍為狐狸蠅蚋所攢食，非謂其親之魂猶附死體，非葬埋則親魂永不安。蓋葬者所以盡人事，非以奉鬼道。檀弓篇又曰：

國子高曰：「葬也者，藏也。藏也者，欲人之弗得見也。是故衣足以飾身，棺周於衣，椁周於棺，土周於椁，反壤樹之哉。」

呂氏春秋節葬篇亦曰：

孝子之重其親，慈親之愛其子，痛於肌骨，性也。所重所愛，死而棄之溝壑，人之情不忍為也，故有葬死之義。葬也者，藏也。

淮南子齊俗篇亦曰：「葬薶足以收斂蓋藏而已。」故易曰：「古之葬者，厚衣之以薪，葬之中野，不封不樹，後世聖人易之以棺椁。」因此中國古人絕不贊成厚葬之事。厚葬之事始見於左傳。成公二年：

秋八月，宋文公卒，始厚葬，用蜃炭，益車馬，始用殉，重器備，椁有四阿，棺有翰檜。君子謂華元、樂舉於是乎不臣。

然此所謂厚葬，較之埃及古俗，何翅千萬相去。宋文公亦一國之君，其葬如此，君子已譏主其事者，而謂之「不臣」。其後生事漸富，風俗漸奢，厚葬之風亦漸盛。然所以為厚葬者，亦不為死者計。呂氏節喪篇論之，謂：

今世俗大亂之主，愈侈其葬，其心非為乎死者慮也，生者以相矜尚也。侈靡者以為榮，節儉者以為陋。不以便死為故，而徒以生者之誹譽為務，此非慈親孝子之心也。

惟其不如西俗，信人之既死，其魂猶附隨於屍體。故厚葬之在中土，其風終不大盛。

人死魂離，於是而有臯號，於是而有招魂，於喪也有重，於祔也有主以依神，於祭也有尸以像神，凡以使死者之魂得所依附而寧定，勿使飄游散蕩。春秋以後，尸體廢而像事興。主也，尸也，像也，皆所以收魂而寧極之也。故古者不祭墓，韓退之豐陵行：「三代舊制存諸書，墓藏廟祭不可亂。」顧亭林日知錄亦謂：

體魄則降，知氣在上，故古之事其先人，於廟而不於墓。

南朝劉宋庾蔚之議招魂葬謂：

葬以藏形，廟以饗神，季子所云魂氣無不之，寧可得招而葬乎？

此皆中國歷古相傳魂不隨屍之義之明證。

然若謂死後有魂，魂雖不隨屍，苟有魂，即有鬼，而鬼並有知。惟儒家之說則並此而疑之。故孔子曰：「祭如在，祭神如神在，吾不與祭，如不祭。」又曰：「未知生，焉知死。」孔子之言見於論語者已極明白，而他書之記孔子之言者更透徹。說苑辨物篇：

> 子貢問孔子：「死人有知無知也？」孔子曰：「吾欲言死者有知也，恐孝子順孫妨生以送死也。欲言無知，恐不孝子孫棄而不葬也。賜欲知死人有知將無知也，死徐自知之，猶未晚也。」

此即論語「未知生焉知死」之說，而記之尤明晰。其說又見於檀弓篇，孔子曰：

> 之死而致死之，不仁而不可為也，之死而致生之，不知而不可為也。是故竹不成用，瓦不成味，木不成斲；琴瑟張而不平，竽笙備而不和，有鐘磬而無簨虡。其曰明器，神明之也。

是則孔子之論葬器，一猶孟子之論葬，皆所以盡人事，非所以奉鬼道。故曰：「飯用米、貝，弗忍虛也。不以食道，用美焉爾。」又曰：「孔子謂『為明器者，知喪道矣，備物而不可用也』。」「『其曰明器，神明之也。』塗車、芻靈，自古有之，明器之道也。孔子謂『為芻靈者善』，謂『為俑者不仁』，不殆於用人乎哉。」又：

> 仲憲言於曾子，曰：「夏后氏用明器，示民無知也。殷人用祭器，示民有知也。周人兼用之，

示民疑也。」

若此言而信，古語「殷尚鬼」，或可有之。殆殷人尚信人死為鬼，而漸後漸知其不然。殉葬之風，古雖有之，然其風似亦不盛。秦穆公以子車氏之三子殉，見譏於左傳。自此稍後，則反對殉葬之思想，日見有力。檀弓載：

陳子車死，其妻與其家大夫謀以殉葬，以告陳子亢曰：「夫子疾，莫養於下，請以殉葬。」子亢曰：「以殉葬，非禮也。雖然，彼疾當養者孰若妻與宰？得已，則吾欲已，不得已，則吾欲以二子者之為之也。」於是弗果用。

子亢，孔子弟子，故亦不斥言人死無知，而特曰殉葬之非禮。又：

陳乾昔寢疾，屬其兄弟而命其子曰：「我死，則必大為我棺，使吾二婢子夾我。」陳乾昔死，其子曰：「以殉葬，非禮也，況又同棺乎？」弗果殺。

此則據禮而違父之遺命，其人蓋亦深知儒禮者。國策：

秦宣太后愛魏醜夫，太后病將死，出令曰：「為我葬，必以魏子為殉。」或為魏子說太后曰：「以死者為有知乎？」太后曰：「無知也。」曰：「若太后之神靈，明知死者之無知也，何為空以生所愛葬於無知之死人哉！若死者有知，先王積怒久矣，太后救過不暇，何暇私魏醜夫？」太后曰：「善。」乃止。

然則當其時，死人無知，雖如秦太后欲以人殉，亦知之。故中土殉葬之風，宜其終不能盛。秦漢以後，賢達之士又屢唱薄葬之論，尤著者如楊王孫之羸葬令，謂：

死者，終生之化，而物之歸。歸者得至，化者得變，是物各反其眞也。吾聞之，精神者天有之，形骸者地有之，精神離形，各歸其眞，故謂之鬼。鬼之為言歸也。且尸塊然獨處，豈有知哉。

此則明言無鬼，又言尸無知。又如崔瑗顧命，謂：

人稟天地之氣以生。及其終也，歸精於天，還骨於地，何地不可藏骸形？

又趙咨遺書謂：

> 夫亡者，元氣去體，貞魂遊散，反素復始，歸於無端。既已消仆，還合糞土，土為棄物，豈有性情，而欲制其厚薄。但以生者之情，不忍見形於毀，乃有掩骼之制。

凡此所言，皆為達識。惟明言人死無知而主薄葬，此與儒家慎終追遠、敦孝重禮之義不合。要之皆透徹始終，明達死生，較之西土往古之沉迷執著，相勝遠矣。至於流俗人之間，猶有妄見小信，此無足怪。及印度佛教流傳，重有「三世輪迴」及「地獄」諸說；然士大夫間染於古訓者已深，迷信之說，每不易入。因此宗教之在中土，亦不發展。因讀古朗士書，彌覺東土古哲高情曠識，可珍可貴；因為撮其大要，備探究東西民俗異同者參究焉。

（民國三十一年一月責善半月刊二卷二十期，思親彊學室讀書記之十三。）

中國思想史中之鬼神觀

上　篇

本文分上下兩篇。上篇專述自春秋戰國時代迄於佛教東來為止，下篇專述佛教盛極以後之中國傳統思想復興，以宋明儒為主。其他則隨文附見，不多詳及。然中國傳統思想中的鬼神觀，其主要大體，殆已備舉無遺。

一　鄭子產吳季札之魂魄論

春秋時代，乃中國古代思想一極重要的轉變期。此下先秦諸子，有許多思想，都承襲春秋。關於鬼神觀之新思想，其開始亦在春秋時，而為戰國所承襲。左傳備載春秋時人對於鬼神方面之種種傳說與故事，可見當時鬼神迷信之風尚極盛。但不少開明而深刻的觀點，亦在此時興起。其最主要者，厥為鄭子產所提出的魂魄觀。此事發生在魯昭公七年，相當於西曆紀元前之五百三十五年。左傳云：

鄭人相驚以伯有，或夢伯有介而行，曰：「壬子，余將殺帶。明年壬寅，余又將殺段。」及壬子，駟帶卒。（明年）壬寅，公孫段卒。國人愈懼。其明月，子產立公孫洩及良止以撫之，乃止。子大叔問其故，子產曰：「鬼有所歸，乃不為厲，吾為之歸也。」

此一節，描繪伯有之鬼出現，及其為厲鬼殺人之可怕情形，可謂是眞龍活現，如在人目前。子產為伯有立後嗣，奉其祭祀，算把此事消弭了。在此一段故事中，可見子產仍信人死有鬼，和當時一般意見差不遠。但重要者，在他下面的一番大理論。左傳云：

及子產適晉，趙景子問焉，曰：「伯有猶能為鬼乎？」子產曰：「能。人生始化曰魄，既生魄，陽曰魂。用物精多，則魂魄強。是以有精爽至於神明。匹夫匹婦強死，其魂魄猶能憑依於人以為淫厲。況良霄（卽伯有），我先君穆公之胄，子良之孫，子耳之子，敝邑之卿，從政三世矣。其用物宏，其取精多，其族又大，所憑厚矣，而強死，能為鬼，不亦宜乎？」

此一番理論，子產明白承認人死可為鬼，並能為厲，又可歷時久遠而仍為厲。然非謂盡人死後皆然。其主要關係，在其人生前魂魄之強弱。就字形言，魂魄字皆从鬼，其原始意義，應指人死後關於鬼一方面者而言。但子產所言之魂魄，則移指人生時。「魄」則似指人之形體，「魂」則指人之因於有此形體而產生出之種種覺識與活動。子產認為，若其人生前生活條件優，即所謂憑依厚，則其魂魄強，因此死後能為鬼。若其人生前生活條件劣，即所謂憑依薄，則魂魄弱，則在其死後，亦未必能為鬼。誠如此，則在子產觀念中之所謂鬼，僅是指人死後，猶能有某種活動之表出。而此種活動，則僅是其人生時種種活動之餘勁未息，餘勢未已。若果如此，則顯然與普通世俗意見所謂人死為鬼者不同。因普通所謂人死為鬼，乃指人死後，仍有某種實質存在。此在古代世界其他各民族，殆均抱此信仰。此種實質，即所謂「靈魂」。至於中國古人對於靈魂信仰之詳細查考，因非本文範圍，姑勿論。惟春秋時人，則對此種靈魂信仰，已顯淡薄，並有動搖。即如趙景子對子產發疑問，殆已抱一種不深信態度者。而子產則顯然更不信人死後有靈魂之存在。故子產解釋伯有為鬼，乃推原於其生時之魂魄之強。故子產此處所用魂魄字，乃不指人死後之鬼的一方面言，而移指人生前之形體與其種種作用。可見子產此一番話，在當時思想界，實是一番極新鮮的大理論。我們此刻來講中國思想史裏的鬼神觀，所以特從子產這一番話講起，亦正為此故。

此下再就子產這一節話，據後代人注疏，再加詳說。左傳孔穎達正義云：

人稟五常以生，感陰陽以靈。有身體之質，名之曰形。有噓吸之動，謂之為氣。形氣合而為用，知力以此而彊，故得成為人也。此將說淫厲，故遠本其初。人之生也，始變化為形，形之靈者，名之曰魄也。既生魄矣，魄內自有陽氣。氣之神者，名之曰魂也。魂魄，神靈之名，本從形氣而有。形氣既殊，魂魄亦異。附形之靈為魄，附氣之神為魂也。附形之靈者，謂初生之時，耳目心識，手足運動，啼呼為聲，此則魄之靈也。附氣之神者，謂精神性識，漸有所知，此則魂之神也。是魄在於前，而魂在於後，故曰「既生魄，陽曰魂」。魂、魄雖俱是性靈，但魄識少而魂識多。

此一段正義解釋魂魄字，是否與子產當時原意有歧，此層無可詳論。據先秦以下古籍言「魄」字，有兩義。一據形、神分別，「魄」即作形體解。惟既有形，即有知。魄與魂皆言知，惟指其僅限於形體之知言，則如正義之所釋。正義乃魏晉後人見解，容不能與春秋時人原義一一吻合。惟經師說義皆有傳統，故此所說，實是從來經師大體意見，而經魏晉後人詳細筆之於書，而孔穎達乃以采之入正義者。故我們亦儘不妨認此一段解釋，乃兩漢以來經師們之傳統解釋，並亦可認為與子產當時原旨，至少相距不甚遠。故我們據此一段疏文來闡述子產對於魂魄觀念之眞意，殆亦不致有甚大之謬誤。

在此有最值注意者，即在中國春秋時人，至少如子產，顯然並不認為在人生前，先有某種實質，即所謂「靈魂」者投入人身，而才始有生命。中國春秋時人看人生，已只認為僅是一個身體，稱之曰

「形」。待其有了此形，而才始有種種動作或運動，此在後人則稱之曰「氣」。人生僅只是此形氣，而所謂神靈，則指其有此形氣後之種種性能與作為，故必附此形氣而見，亦必後此形氣而有。並不是外於此形氣，先於此形氣，而另有一種神靈或靈魂之存在。此一觀念，我們可為姑定一名稱，稱之為「無靈魂的人生觀」。當知此種無靈魂的人生觀，實為古代中國人所特有。同時世界其他各民族，似乎都信有靈魂，而中國思想獨不然。由此引伸，遂有思想上種種其他差異。當知中國思想此後演進所得之許多特殊點，若深細推求，可謂其本源於此種無靈魂的人生觀而來者，實深實大。故此一層，實在值得我們加以特別的注意與闡發。此種所謂無靈魂的人生觀，我們亦可稱之為是「純形氣的人生觀」。若以哲學術語說之，則是一種自然主義的人生觀。因於此種人生觀而牽涉到宇宙觀，則亦將為一種自然主義的宇宙觀，而因此遂對於形而上的靈界之探索，在此下中國思想史裏，似乎甚少興趣。而如其他各民族之宗教信仰，亦遂不獲在中國盛大發展，而甚至萎縮以盡。因此我們不得不說，子產此一觀點之提出，對於此後中國思想史之演進，實有其甚深甚大的關係。

此下再說有與正義相歧之解釋。子產云：「人生始化曰魄，既生魄，陽曰魂。」杜預注：「魄，形也。」此注只說子產所說之魄，只指體魄形魄言。「魄」即指人之形體，非指覺識。人生必待有此形體，才始生覺識。既生魄，陽曰魂，「魂」始指覺識言。「用物精多」，即是生活條件之充足。因於生活條件之充足而使其人體魄強，而覺識亦強，故曰「魂魄強，是以有精爽，以至於神明」。此所謂精爽、神明，則皆指人生時之覺識言。或是子產原義僅如此。後代注疏家言，如上引正義所云，認為魂、魄皆指覺識，又將此分屬於形氣，始說「初生之時，耳目心識，手足運動，啼呼為聲」，屬於魄。「精神性識，漸有所知」，屬於魂。此則或是魏晉以後經師據子產意見，逐步分析入細，乃始如此說之。而子產初義，似尚未作如此分別。至云「魄識少，魂識多」，此等語疑受佛家影響。但就大體論，則後代注疏與左傳所記子產原文，同為主張一種純形氣的，即無靈魂的人生觀，此則先後一致，並無甚大違異也。

上文說子產言魂魄，「魄」字僅指體魄言，不指魄識言，又可引稍後小戴禮記郊特牲篇中語作證。郊特牲云：

> 魂氣歸於天，形魄歸於地。

可見魄屬形，魂屬氣，語義分明甚晰。左昭七年正義引劉炫云：

> 人之受生，形必有氣，氣形相合，義無先後。而此（指子產語）云始化曰魄，陽曰魂，是先形而後氣，先魄而後魂。魂魄之生有先後者，以形有質而氣無質，尋形以知氣，故先魄而後魂。其實並生，無先後也。

劉炫此一節辨解，不僅解釋子產原意最為的當，並亦於子產原意有所補充。因人生最先是形體，而形體又從宇宙中大氣來，劉炫謂「氣形相合，義無先後」，較之孔疏，實更圓密。而劉炫所據，實是戰國人意見，此待下詳。惟再深一層言之，氣形相合固是無先後，形神相合，亦可說無先後。嬰孩呱呱墮地此一哭聲之縱，便已有了知。則不得定謂子產所言「人生始化曰魄」定即指形體言。一說是人生有了此形體，才始有種種作用與覺識，此始謂之魂。另一說則說成此始謂之魂魄。究竟子產當時立論原意如何，此則甚難細究。

在鄭子產論魂魄後二十年，當魯昭公二十七年，相當於西曆紀元前五百十五年，有吳季札在旅行途中葬子時論及魂魄一節，其語載在小戴禮記檀弓篇。其文云：

延陵季子適齊，於其反也，其長子死，葬於嬴、博之間。孔子曰：「延陵季子，吳之習於禮者也。」往而觀其葬焉。其坎深不至於泉，其歛以時服。既葬而封，廣輪揜坎，其高可隱也。既封，左袒，右還其封且號者三，曰：「骨肉歸復於土，命也，若魂氣則無不之也。」

此處所謂骨肉歸於土，即是郊特牲所謂形魄歸於地。而左昭七年正義亦連帶說及此文，云：

孝經說曰：「魄，白也。魂，芸也。」白，明白也。芸，芸動也。形有體質，取明白為名。氣唯嘘吸，取芸動為義。鄭玄祭義注云：「氣，謂嘘吸出入者也。耳目之聰明為魄。」是言魄附形而魂附氣也。……以魂本附氣，氣必上浮，故言魂氣歸於天。魄本歸形，形既入土，故言形魄歸於地。

此處改言魄附形，魂附氣，則仍主魄非即是形，而特為附形之一種靈，故曰「耳目之聰明為魄」。其義蓋本諸鄭玄，鄭玄則尚在杜預前。而鄭玄所以說「耳目之聰明為魄」者，則亦有故，今試再加申說。

上文已指出，子產所說之魂魄，決非魂魄二字之原始義，因此亦非魂魄二字之通用義，此乃子產一人之特創義。即如楚辭宋玉招魂有云：

魂魄離散，汝筮予之。

又云：

魂兮歸來，去君之恒幹，何為四方些！
長人千仞，惟魂是索些！

彼皆習之，魂往必釋些！

如此類語尚多，不盡引。凡此所用「魂」字，殆與原始義較近，此乃謂人生在肉體外另有一靈體，可以游離肉體而自有其存在。此靈體即稱魂，有時則魂魄連言，是魄亦同屬靈體可知。

又如楚辭景差大招有云：

魂魄歸來，無遠遙只！魂乎歸徠，無東無西無南無北只！

又云：

魂魄歸徠，閒以靜只！

此證晚周時南方楚人，尚多抱靈體與肉體之分別觀，而魂魄則同屬靈體，文顯可知。

即就左傳言，魯昭公二十五年，有如下之記事云：

宋公宴叔孫昭子，飲酒，樂，語相泣也。樂祁佐，退而告人曰：「今玆君與叔孫，其皆死乎！

吾聞之：『哀樂而樂哀，皆喪心也。』心之精爽，是謂魂魄。魂魄去之，何以能久？」

此顯以魂魄同指為心之精爽。鄭玄乃東漢一大經師，當時經師說經，只求將經典會通作解。故凡遇經典中魂魄字，鄭玄必求其處處解通，其說「耳目之聰明為魄」，乃本之樂祁。今不知子產言魂魄，是否與樂祁同義。如屬同義，子產亦僅說人生先有形體，後有魂魄，即覺識。要之「魄」字有歧義，亦無害。此處亦可見經師義訓殊亦不當輕視也。

上文已說明了子產所說之魂魄義。因子產既不信人生在肉體外另有一靈體存在，故子產雖仍信人死可有鬼，但對鬼神觀念，則必然會因於子產此一番見解而引生出大變化。此事就典籍證之，則已下及孔子時代之後。

二　孔子以下儒家之鬼神論

在論語，孔子曾說：「敬鬼神而遠之。」又說：「未能事人，焉能事鬼？」又說：「子不語怪力亂神。」似孔子僅不多說鬼神事，而於鬼神觀念，則仍若同於向來普通意見，無大違異。但小戴禮記祭義篇載孔子與宰我論鬼神一節，則顯然對於從來鬼神觀念有一番嶄新的見解，可與子產論魂魄後先輝映。蓋既有子產之新的魂魄觀，則自會引生出孔子的新的鬼神觀，此乃思想史上一種必然應有之進程也。祭義云：

宰我曰：「吾聞鬼神之名，不知其所謂。」子曰：「氣也者，神之盛也。魄也者，鬼之盛也。合鬼與神，教之至也。衆生必死，死必歸土，此之謂鬼。骨肉斃於下，陰為野土。其氣發揚於上，為昭明，焄蒿、悽愴，此百物之精也，神之著也。因物之精，制為之極，明命鬼神，以為黔首則。百衆以畏，萬民以服。」

此一節話，最可注意者，即從討論魂魄轉變到討論鬼神。雖與上引子產語一脈相承，而問題之著重點，則已甚不同。此一番對話，是否真出於宰我與孔子，今已無從細考。惟此文顯見為晚出。正義云：

黔首謂民。「黔」謂黑也，凡人以黑巾覆頭，故謂之黔首。案史記云：「秦命民曰黔首。」此紀作在周末秦初，故稱黔首。此孔子言，非當秦世，以為黔首，錄記之人在後變改之耳。

是即據「黔首」一語，證此文乃出後人紀錄，即不能確認為是孔子當時說話之全部真相。然至少亦可證在先秦儒家中有此一番見解也。

據本文言，「骨肉斃於下，陰為野土」，此之謂鬼，鬼即指其歸復於土者言，則應指形骸。但又說「魄者鬼之盛」，則似魄不僅指骨肉形骸，而猶帶有關於骨肉形骸之一番覺識言。指其在生前曰魄，死後則稱為鬼也。

正義又云：

> 子曰「氣也者，神之盛也」者，此夫子答宰我以神名，言神是人生存之氣。氣者，是人之盛極也。

此處正義釋「神」字極明確，無游移。謂神是人生存時之氣，則鬼又似決然指人生前之形體。因其死後之必歸復於土，故正義又云：「鬼，歸也。此歸土之形，謂之鬼。」此乃先秦儒家心意中所謂之鬼神，後代經師說之，十分明確，斷不如一般世俗，指其離了肉體而另有一種靈體而始謂之鬼神矣。其實神指人生存時之氣此一義，並不專是儒家說，我們若把正義此語來解釋莊子書中「神」字，也見處處貼切。可見中國古人之鬼神觀，在先秦儒、道兩家，本是訢合一致，並無甚多異見。而無寧謂後起儒說或多本於道家，此層俟下再及。

今再說，骨肉歸於土，其事顯見，但謂「魂氣歸於天」，「魂氣則無不之」，這究該如何解說呢？祭義篇正義又有一節說此云：

人生時，形體與氣合共為生。其死，則形與氣分，其氣之精魂，發揚升於上。為昭明者，言此升上為神靈光明也。焄蒿、悽愴，此百物之精也者。焄謂香臭也，言百物之氣，或香或臭。蒿謂烝出貌，言此香臭烝而上出，其氣蒿然也。悽愴者，言此等之氣，人聞之，情有悽有愴。百物之精也者，人氣揚於上為昭明，百物之精氣為焄蒿、悽愴。人與百物共同，但情識為多，故特謂之神。

此則分別指出人與其他萬物之相異。因人生有情有識，故其死後，其生前種種情識，尚若浮游存在於天地間，仍可與生人之情識相感觸、相通接，於是若有一種神靈光明。至於萬物，則無情識，故其接觸感通於人者，僅為一種焄蒿、悽愴。大抵焄蒿有一種溫暖義，如人接春夏百物之氣，即感其如是。悽愴有一種愀涼義，如人接秋冬百物之氣，即感其如是。此雖於生人之情識亦可有感觸，但不能如感觸於已死之人者之為若神靈而光明。如此說之，中國儒家思想，如經典中所說，顯然主張一種無鬼論，亦可說為無神論。其所謂神，僅指其人生前之魂，或說魂魄。因其有一番情識作用，而及其死後，此種情識，仍能與其他生人之同具有情識者相感通、相接觸。若專說氣，則人死後氣已絕，故左昭七年正義曰：

人之生也，魂盛魄強，及其死也，形消氣滅。

氣已滅，何謂其能復發揚升游於天地之間？故知所謂「魂氣歸於天」，「魂氣無不之」者，實即指其人生前之魂而言，即指其人生前之種種情識言。因情識是魂之事，魂則不屬於形而屬於氣，故說是魂氣。祭義篇正義又云：

氣在口，噓吸出入，此氣之體，無性識也。但性識依此氣而有，有氣則有識，無氣則無識，則識從氣生，性則神出也。

此一節，說氣與識，及性與神之分別。其人生前種種喜怒哀樂皆是識，亦謂之情識。惟前人後人，喜怒哀樂，率皆相同，故亦謂之性識。識依氣而有，人死即氣絕，但其生前種種因氣而有之識，則若存在若不存在，若消失若不消失。譬如忠臣孝子，節婦烈女，其生前一番忠孝節烈，豈能說一死便都消失不存在？故曰性則神出。人有此性才能成神。神之與氣則不同，專從其識之從氣生者言，在中國古人乃稱之曰魂氣，亦得稱知氣。小戴記禮運篇有云：

體魄則降，知氣在上。

是也。

根據上述，可見古代中國經典中所謂之魂魄與鬼神，其實一義相通，而與後代一般世俗流傳之所謂魂魄與鬼神者大不同。左昭七年正義又云：

聖王緣生事死，制其祭祀。存亡既異，別為立名。改生之魂曰神，改生之魄曰鬼。

可見死後之鬼神，即是生前之魂魄。只因其人已死，故不再稱之為魂魄，而改稱為鬼神。如此說之，豈不人死後，同時有神又有鬼，正如人生前，同時有魂又有魄。所以祭義要說：「合鬼與神，教之至也。」正義說之云：

人之死，其神與形體，分散各別。聖人以生存之時，神形和合，今雖身死，聚合鬼神，似若生人而祭之，是聖人設教，興致之，令其如此也。

此謂人生前，魂魄和合，即形神和合，死後，魂魄分散，即鬼神分散。鬼指屍體，即生前之魄。神指魂氣，即生前之種種情識。人死後，其生前種種情識，生者還可由感想回憶而得之。但其屍體，則早已歸復於土，蔭於地下，變成野澤土壤。而聖人設教，則設法把此魂與魄，即鬼與神，由種種禮的設備，求其重新會合，要它仍像生前一般。此一節把儒家祭禮精義都已說盡。

三　先秦儒家之祭祀義

讓我們再引祭義幾段本文作申說。祭義云：

霜露既降，君子履之，必有悽愴之心，非其寒之謂也。春，雨露既濡，君子履之，必有怵惕之心，如將見之。致齊於內，散齊於外。齊之日，思其居處，思其笑語，思其志意，思其所樂，思其所嗜。齊三日，乃見其所為齊者。祭之日，入室，僾然必有見乎其位。周還出戶，肅然必有聞乎其容聲。出戶而聽，愾然必有聞乎其嘆息之聲。

為何祭之前，要齋戒致思，來思念所祭者之生前之居處、笑語、志意，與其所樂所嗜呢？此居處，與笑語，與志意，與其所樂所嗜，便是死者生前魂氣之所表現，亦是此死者之神之所藉以復活。為何要如見乎其位，聞乎其容聲，與夫其歎息之聲呢？此則在致祭者之想像中，似乎又見了死者之體魄，即死者之鬼，像眞來降臨了。

祭義又說：

孝子將祭，慮事不可以不豫。比時具物，不可以不備。虛中以治之。宮室既修，牆屋既設，百物既備，夫婦齋戒沐浴，盛服奉承而進之。洞洞乎！屬屬乎！如弗勝，如將失之，其孝敬之心至也與？薦其俎豆，序其禮樂，備其百官，奉承而進之。於是諭其志意，以其慌惚以與神明交，庶或饗之。庶或饗之，孝子之志也。

為何要比時具物，修宮室，設牆屋，薦俎豆，序禮樂呢？因為事死如事生，把奉侍其人生前的一切情景條件，重新安排布置起，便會慌惚像眞有鬼出現。為何要虛中，要齋戒沐浴，要孝敬之心至，而諭其志意呢？因為這樣才能把死者之神在致祭者之心中重新復活。此兩段，豈不是「合鬼與神」一語之確解？祭義雖亦是晚出書，但論語不曰「祭神如神在，我不與祭，如不祭」乎？祭義所說，顯是論語此等話之最好注腳。因此我們說，先秦儒家的鬼神觀，大體上一線相承，無大差違。

因此，郊特牲又說：

鬼神，陰陽也。

禮運亦說：

人者，其天地之德，陰陽之交，鬼神之會，五行之秀氣也。

正義云：

鬼謂形體，神謂精靈。祭義云：「氣也者，神之盛也。魄也者，鬼之盛也。」必形體精靈相會，然後物生，故云「鬼神之會」。

可見中國經典中所云之「鬼神」，其代表孔孟以下儒家思想者，均不指俗義之鬼神言。其與論語中所言鬼神字，顯有不同，此是儒家思想本身之演進處。

四　道家思想與儒家之關係

由於子產之提出新的魂魄觀，而此後遂正式一變而成為先秦儒家的一種無鬼論與無神論，其大體轉變如上述。至於道家方面，亦同樣主張無鬼論與無神論，此層較易見，可不再詳說。但這裏面，究竟是儒家影響道家的多，抑是道家影響儒家的多，此待另文細闡。但大體言之，則儒家所言鬼神新義，多見於小戴禮與易繫傳，此兩書皆晚出，則似乎儒家接受道家思想之分數當尤多。

茲再引易繫辭傳一節闡說之。繫辭傳云：

> 易與天地準，故能彌綸天地之道。仰以觀於天文，俯以察於地理，是故知幽明之故。原始反終，故知死生之說。精氣為物，遊魂為變，是故知鬼神之情狀。

鄭玄注云：

> 游魂謂之鬼，物終所歸。精氣謂之神，物生所信。

照上來所說，「游魂為變」應是神，「精氣為物」應是鬼，鄭氏此注，初看似說顛倒了。朱子易本義則云：

> 陰精陽氣，聚而成物，神之伸也。魂游魄降，散而為變，鬼之歸也。

經此一番闡發，知鄭玄注義，並無歧誤，只是省文互見而已。而朱注之精妙，亦可由此而見。總之，鬼神只是陰陽之氣，只是此二氣之一往一復，一闔一闢，一屈一伸。天地萬物皆逃不出此鬼神之大範圍。故中庸說：

鬼神之為德，其盛矣乎！視之而弗見，聽之而弗聞，體物而不可遺。

鄭玄注：

「體」猶生，「可」猶所也。不有所遺，言萬物無不以鬼神之氣生也。

此處鄭注不說鬼神，而轉說鬼神之氣，下語極審當。其實鬼神之氣，即是陰陽之氣，惟儒家以鬼神字替代了道家的陰陽字，遂把道家的自然宇宙觀，又轉成為人格化。其分別僅在此，此一層俟下再略及。

以上略述先秦儒家之無鬼論與無神論。其實在當時，主張無鬼論者殆極普遍，不限於儒家。惟墨子一派，獨守舊見，主張「明鬼」。惜今傳墨子書，僅存明鬼下篇，其上、中兩篇已闕。在明鬼下篇中，屢有「今執無鬼者曰」云云，可見其時主張無鬼論者必多，但並未明指執無鬼論者乃儒家。又其非儒篇，惜亦僅存下篇，而上篇亦闕。在非儒下篇中，亦無駁斥儒家無鬼之說。據此推想，知當時主張無鬼者，似不限於儒家。或儒家對此問題，毋寧還是採取了較保留而較隱藏的態度者。

五　荀子的神形論

現再順次說到晚周，荀子天論篇有云：

> 天職既立，天功既成，形具而神生，好惡喜怒哀樂藏焉，夫是之謂天情。

楊倞注：

> 言人之身，亦天職天功所成立也。形謂百骸九竅，神謂精魂。天情，所受於天之情也。

荀子此文「形具而神生」，其實亦仍是子產所謂「人生始化曰魄，既魄生，陽曰魂」一語之同意語。荀子之所謂「形」，即子產之所謂「魄」。而荀子之所謂「神」，即子產之所謂「魂」。楊倞說「神謂精魂」，此注確切。揚雄太玄注亦云：

神，精魂之妙者。

大戴禮記曾子天圓篇有云：

陽之精氣曰神，陰之精氣曰靈。神靈者，品物之本也。

盧辯注云：

神為魂，靈為魄，魂魄，陰陽之精氣，生之本也。及其死也，魂氣上升於天為神，體魄下降於地為鬼，各反其所自出也。

盧辯此注，近似鄭玄，通指魂魄為神靈。然謂人生本於氣，仍屬一種純形氣的人生論，則仍不謂形體之外另有一種神靈或靈魂之投入也。又易繫辭「遊魂為變」，虞翻注云：

魂，陽物，謂乾神也。

虞翻此注亦承襲舊誼，要之謂宇宙人生，僅是形氣。神即屬於氣，非於氣之外別有神。此則大體一致，決無甚大之差違。惟有一端當注意者。當子產時，雖已創闢新見，但仍援用「魂魄」舊語。逮荀子時，則不再用魂魄字，而徑稱為「形神」。「形神」兩字，尤為先秦道家所愛用。自此以降，相沿多說形神，少言魂魄。因說魂魄易滋誤會，說形神則更屬明顯。當知形神之神，顯然已不是鬼神之神，乃僅指其人生前之一段精氣言。此種精氣，人死後，又散歸於天地間，惟此乃稱為神。而形體之埋藏於土者，則稱為鬼。如此則中國古代人之鬼神觀，直自先秦下及隋唐經師注疏，雖說法精粗有異，相互間或有所出入，而大體如上述，同為主張一種無鬼論與無神論，此事甚顯白，儘無可疑也。

六　兩漢以降的鬼神觀

循此以降，在西漢有楊王孫，他臨死遺囑說：

> 精神者，天之有也，形骸者，地之有也。精神離形，各歸其眞，故謂之歸。鬼之為言，歸也。

此處所謂精神，亦可說精氣，亦可說精魂，亦可說神氣，亦可說神魂，亦可說魂氣，其實諸語全是一義。「精」字亦為先秦道家所創用，最先見於老子。而「精神」兩字之連用，亦始於道家，多見於莊子之外、雜篇。總之所謂精神者，仍由一種純形氣的、無靈魂的人生觀而來，仍是一種無鬼論與無神論者的觀點。此層即就本篇上引各段文字細繹，即可悟瞭。楊王孫平生事蹟無考，僅憑此一篇臨死遺文留名史籍，亦可見當時人對其見解之重視。

其次當說到東漢王充。王充論衡有訂鬼篇，亦主張無鬼論。訂鬼篇云：

> 人所以生者，陰陽氣也。陰氣主為骨肉，陽氣主為精神。人之生也，陰陽氣具，故骨肉堅，精氣盛。精氣為知，骨肉為強。故精神言談，形體固守。骨肉精神，合錯相持，故能常見而不滅亡也。太陽之氣盛而無陰，故徒能為象，不能為形。無骨肉，有精氣，故一見恍惚，輒復滅亡也。

此一節實仍與子產所說無二致。惟子產用魂魄字，而王充改用骨肉與精神字，此為不同。人生必形體與精神合，始能具體存在，此即王充所謂常見而不滅亡也。若骨肉消散，則縱使精神存留，亦僅能顯出一虛象，不能摶成一實形。此「象」字始見於易，亦為先秦道家所樂用，而易繫辭傳於此大加發揮。此後宋儒好言「氣象」，其實氣象與精神之二語，皆在道家思想中寓有極重要之意義，儒家受其影響，故援用而不自覺耳。

訂鬼篇又云：

> 凡天地之間有鬼，非人死精神為之也，皆人思念存想之所致也。

此一說，較之子產語尤見進步。子產尚承認伯有可以為鬼，王充則謂天地間之鬼，皆生人思念所致。王充雖非儒家，而此語實深細闡發了上引小戴記祭義篇所論之精義。儒家祭祀，所重正在祭者之思念存想。若問儒家何以要如此看重此一番思念存想，來保持祭祀之禮於不墜，此則已觸及儒家思想之深微重大處，以非本篇範圍，不擬涉及。惟既言思念存想，則思念存想之著重點，決非思念存想於所祭者生前之形體，而更當著重在思念存想於所祭者生前之精神。此層雖易知，而由此深入，即牽涉到儒家主張祭禮之另一重要義，此處亦不能詳論。惟專據王充意言之，彼乃謂天地間有鬼，非由人死後仍有一種精神存留，而實由生人對死者之一番思念存想，而覺若其人精神之復活，是則王充實為別自闡明了鬼神之理之另一面，而王充之為顯然主張徹底的無鬼論者更可知。

論衡論死篇又說：

> 人之所以生者，精氣也。死而精氣滅。能為精氣者，血脈也。人死血脈竭，竭而精氣滅，滅而形體朽，朽而成灰土，何用為鬼？

又曰：

人死，精神升天，骸骨歸土，故謂之鬼。

又曰：

或說：鬼神，陰陽之名也。陰氣逆物而歸，故謂之鬼。陽氣導物而生，故謂之神。神者伸也，申復無已，終而復始，人用神氣生，其死復歸神氣。陰陽稱鬼神，人死亦稱鬼神。氣之生人，猶水之為冰也。水凝為冰，氣凝為人。冰釋為水，人死復神，其名為神也，猶冰釋更名水也。

此條言天地有陰陽二氣。陰氣凝為人之形體，死則骸骨歸土，故謂之鬼。陽氣導為人之精神，即情識，死則復化於大氣中而謂之神。神是指此生生不絕之氣而言。故人死為神，猶言冰釋為水也。又曰：

人未生，在元氣之中。既死，復歸元氣。元氣荒忽，人氣在其中。

此條分言人氣、元氣。人由元氣而生，復歸於元氣，即謂之鬼神。王充此等語，總之認人生乃屬純形氣者，非在形氣之外另有一種靈魂之加入。既抱如此觀點，即可稱之為無鬼論與無神論。故王充意見，實是仍續子產以來之傳統意見也。惟即就王充書，亦可想像當時社會迷信鬼神之風尚極盛。逮後漢末黃巾五斗米鬼道出現，近儒章炳麟謂當淵源於墨家，而非承襲自道家，此辨有卓識。蓋先秦諸家對此問題，接近通俗意見，主張明鬼者惟墨。故謂墨家此一義，尙流傳於後代世俗間，固無不可耳。又次說到應劭風俗通，其書多記俗間神話怪事，然應劭似亦主無鬼論。故曰：

> 死者澌也，鬼者歸也。精氣消越，骨肉歸於土也。

又曰：

> 董無心云：「杜伯死，親射宣王於鎬京。」予以為桀、紂所殺，足以成軍，可不須湯、武之衆。

董無心亦是先秦儒家，主無鬼，難墨徒纏子，其言論亦見引於論衡。

七　佛教傳入以後與中國傳統鬼神觀之爭辨

此下佛教入中國。佛教有「三世輪迴」之說，雖不主張有靈魂，實無異於主張有靈魂。其時一輩儒生經師，則仍主先秦以來儒家舊說，其義略見於經典之諸注疏，已詳上引。而梁時有范縝，造為神滅論，在當時，實對佛家思想為一主要之打擊，因此激起許多辨難。范縝神滅論大義，謂「神即形也，形即神也」。是以「形存則神存，形謝則神滅」。又說：

形者神之質，神者形之用。未聞刀沒而利存，豈容形亡而神在。

是則范縝之意，仍是荀子「形具而神生」，子產「既生魄，陽曰魂」之舊誼，又其說吳季札「魂氣無不之」云：

人之生也，資氣於天，稟形於地，是以形銷於下，氣滅於上。氣滅於上，故言「無不之」。無不之者，不測之辭耳，豈必其有神與知耶？

此說更徹底，與王充語相似。當時一輩難者，謂形神可離，是二，非即是一。然若果有離形而可以獨存之神，則試問此非一種變相之靈魂而何？而范縝意見之確然代表中國傳統意見，亦更可無疑矣。

八　儒道兩家對於宇宙論之終極相異處

繼此尚有一層須提及者。上文所述中國思想史中之傳統的純形氣的人生觀。此在先秦，應分儒、道兩大支。道家因於主張純形氣的人生觀，而緊接著主張純自然的宇宙觀。而道家言宇宙原始，又終必推極至於「無」。但儒家則不願接受此種純無的宇宙觀，於是又重新提出一「神」字。故儒、道兩家主張自然之宇宙觀雖一，但道家主張自然之外無別義，因又謂宇宙終極是一「無」。儒家則承認此自然宇宙之最後終極乃一「神」。此所謂「神」者，雖仍不脫形氣，雖非主張在形氣之外別有神，而僅謂此宇宙大形氣之自身內部即包孕有神性。故此神則非創出宇宙之神，而成為此宇宙本身內涵之一德性。此說備見於周易之繫辭傳。繫辭傳云：

神無方而易無體。

神無方所，自然更無人格性，此神則僅是整個宇宙造化之充周流動而無所不在者。繫辭傳又云：

陰陽不測之謂神。

此與「鬼神者，陰陽也」之神又微不同。此乃就整個陰陽二氣之變化不測而謂之神。故繫辭傳又曰：

知變化之道者，其知神之所謂乎？

又曰：

窮神知化，德之盛也。

又曰：

神者，妙萬物而為言者也。

老子曰：「同謂之玄，玄之又玄，眾妙之門。」又曰：「常無，欲以觀其妙。」在老子主「以無觀妙」，即是以無觀宇宙一切之原始。而在易之繫辭傳，在晚周儒家間，則主「以神觀妙」。「妙」是宇宙眾始之會同集合處，此處即見其為神。老子道家謂宇宙眾始是一「無」，而易傳儒家則改說宇宙眾始是一「神」。此層為晚周儒、道兩家思想上一大分辨。在孔子與莊周時，此分辨猶不顯，必待老子與易傳，而此分辨始彰著，此亦思想進展之一例。因此易傳又說：

> 以體天地之撰，以通神明之德。

又曰：

> 以通神明之德，以類萬物之情。

上之為天地，下之為萬物，易繫傳作者則以一「神」字上下包舉，兼盡此天地萬物，而神明之德，亦即於天地萬物上見。故中庸亦云：

> 所過者化，所存者神。

宇宙一切盡在化，只其化之存在處便是神。此說毋寧可謂是較近於莊子內篇七篇之所說。若只從老子以後之道家言之，則宇宙大化僅是一自然，更無所謂神也。此乃儒、道兩家之大分辨。以後論宋儒理學，必當先明此義，乃可得宋儒持論之要旨。而許慎說文則云：

神，天神引出萬物者也。

如此說來，豈不眞有一天神在引生出萬物乎？訓詁文字學者之不成為一思想家，正可於此等處微辨得之。

下　篇

本文上篇，敍述春秋以下迄於佛法東來，在此一段期間中國思想史中之鬼神觀。佛法主張有三世輪迴，與中國傳統思想中之鬼神觀，顯然不合。下篇則略述宋明儒對於鬼神觀之新發揮，大體為承襲以前傳統舊觀點，對佛法輪迴之說，加以抨擊。以視漢儒以下經典注疏，殆可謂無甚多之創闢。然亦有義趣宏深，卓然超出於前人所獲之上者。羅而述之，並可對宋明儒之整個宇宙論及人生論，多添一番瞭解也。

九　周濂溪太極圖說中之宇宙觀

論宋代理學開始，首先必提及周濂溪之太極圖說。此文未論及鬼神，然顯然為主張一種純形氣的宇宙觀，即所謂自然的宇宙觀。宇宙不由神創，因此而主張純形氣的人生觀。人在自然大化中生，不由神造。人死後，即其一生之氣化已盡，亦將不復有鬼。太極圖說云：

無極而太極，太極動而生陽，動極而靜，靜而生陰。靜極復動，一動一靜，互為其根。分陰分陽，兩儀立焉。陽動陰靜而生水火木金土，五氣分布，四時行焉。五行一陰陽也，陰陽一太極也，太極本無極也。五行之生也，各一其性。無極之眞，二五之精，妙合而凝，乾道成男，坤道成女。二氣交感，化生萬物，萬物生而變化無窮焉。惟人也，得其秀而最靈，形旣生矣，神發知矣。

此顯然為濂溪會合儒、道兩家，又會合了易家言陰陽，與陰陽家言五行之兩派，而歸納成一番最扼要簡淨的宇宙原始論與人生演化論，而終則歸納到「形既生矣，神發知矣」兩語，此證濂溪亦如子產、荀況，不信人生前先有靈魂，則死後無靈魂，亦不問可知。惟濂溪此文，究竟是自然的意味重過了神的意味。換言之，乃是老子與淮南子的意味重過了易繫傳與小戴記的意味，亦即是道重於儒的意味。因此下面遂引出二程與橫渠，對此偏勝，頗有糾挽。

一〇　二程的鬼神論

在濂溪書中，不再談到鬼神字。繼此而重新提出「鬼神」二字作討論者，為二程與橫渠。朱子近思錄選輯二程、橫渠論鬼神各節，編入「道體門」，此層極可注意。簡切言之，可謂宋儒對鬼神，只當作一種道體看。

明道說：

上天之載，無聲無臭。其體則謂之易，其理則謂之道，其用則謂之神。

宇宙間形形色色，皆屬具體的形而下者。而宇宙則是一個動的，此一動，則是形而上的，抽象的，因其有一種所以動的性能在。此種性能，宋儒常目之為宇宙之本體，而明道此處只稱之曰「易」。易即是一陰一陽。易繫傳說：「一陰一陽之謂道」，故明道此處說「其理則謂之道」。此大易之體，所以能一陰一陽，發生出種種妙用來者則謂之「神」。明道此處「神」字，仍是沿用了易繫傳中的神字。明道此一節話，正可作為易繫傳之注疏看。但較之濂溪太極圖說，已略去了陰陽家五行一派，而增入了易傳中所特別提起的一「神」字，又補出了易傳中所未有的一「理」字。此「理」字，乃此下宋明儒最所吃緊研討的一觀念。惟追溯淵源，則從魏晉時王弼、郭象以來，已經鄭重提出。此處可見為宋代理學闢路者，固在濂溪，而為宋代理學立基者，則必屬於明道。

伊川說：

易說鬼神，便是造化，只氣便是神。

此處所謂「造化」，即是朱子近思錄所謂之「道體」，其實造化亦只是一氣在變動。伊川說：「只氣便是神」，可見並非有神在創出氣，變動氣。而神乃是此氣所內涵自有之一種性能也。此一分辨極重要。二程之所以異於濂溪者，便在此。

因此伊川又說：

以形體謂之天，以主宰謂之帝，以功用謂之鬼神，以妙用謂之神。

如此說來，天只是一形體，此形體中自有主宰，並非在形體外另有主宰此一形體者。故天與帝實是同此一形體，只是分而言之，各有所指而已。此一形體，有主宰，同時亦有功用。此種功用則謂之鬼神。若小言之，人身亦是一形體，我們稱之曰「人」，或曰「形」。在此形體中，亦自有主宰，我們稱之曰「心」，或曰「性」。決非在身形之外另有一心或性來主宰此身形。此身形，既有主宰，亦有功用。人身之種種功用，亦可稱為鬼神。可見鬼神即見在人生時，非在人之生前與死後。此種功用之妙處則單稱曰「神」。「神」即合指鬼神言，猶之「乾」即合指乾坤言，「性」即合指性情言。

明白得這一條，便可明白上一條。伊川此兩條分別「鬼神」字與「神」字，顯然仍是先秦與漢儒之經典舊誼，已詳上篇，不再釋。

所以伊川又說：

> 鬼神者，造化之迹也。

迹只是天地造化存留下的一些痕迹。如人行過，地下留有足迹。中庸說：「所過者化，所存者神。」宇宙大化，一幕幕揭開過去，其所存影像，卻如神一般。伊川此語，只把中庸語倒轉說。

伊川又說：

有理則有氣，有氣則有數。鬼神者，數也。數者，氣之用也。

此一條，說來更具體。大化一氣運行，有伸縮、有消長，此皆是數之不同。如陽氣多了些，或陰氣多了些。一陰一陽之變化無窮，即是造化天機，其實則只是氣之聚散闔闢，在分數上有不同。若有氣無數，則不能變，造化之機便窒塞了，不再有造化了。其實所謂鬼神，只是那大化之氣在一消一長，一伸一縮，只是氣之在數量上有變化不同而已。所以鬼神乃是宇宙間一種形而上的抽象的妙用。

因此伊川又說：

只氣便是神。今人不知此理，才有水旱，便去廟中祈禱。不知雨露是甚物，從何處出，復於廟中求耶？名山大川，能興雲致雨，卻都不說著，卻於山川外木土人身上討雨露。木土人身上有雨露耶？世人只因祈禱而有雨，遂指為靈驗，豈知適然。

此一條，落實到世間所認為鬼神的一邊來。其實宇宙間那有如世俗所想像的鬼神。世間僅據偶然事、適然事，而遽信為有鬼神了。所以要格物窮理，才能眞知宇宙之神。此即所謂「窮神知化」，亦可說知化了始是窮神也。

或問鬼神之有無，曰：「吾為爾言無，則聖人有是言矣。為爾言有，爾得不於吾言求之乎？」

根據此一條，可見二程顯然主張無鬼論與無神論。惟謂聖人有是言，當知在春秋前詩、書中，確言有鬼神。春秋後論、孟、易傳、戴記之類，並不曾明白主張有鬼神。宋儒不效漢以下經師仔細分疏，因此只說聖人有是言。惟明知聖人有是言，而今仍不肯言其有，則二程之不信有鬼神，其態度更鮮明易見了。

問神仙之說有諸？明道曰：「若說白日飛昇之類則無。若言居山林間，保形煉氣以延年益壽，則有之。譬如一鑪火，置之風中，則易過。置之密室，則難過。有此理也。」又問：「揚子言：『聖人不師仙，厥術異也。』聖人能為此等事否？」曰：「此是天地間一賊，若非竊造化之機，安能延年？使聖人肯為，周孔為之矣。」

此兩條，由鬼神推論到神仙與長生。明道不信神仙長生，卻信可延年。此亦沿襲魏晉人意見。但他說延年乃是竊造化之機，是天地間一賊。可見格物窮理，只是要明造化，要窮宇宙之神，不是要違造化，竊竊造化之機來為私人延年益壽。

明道又說：

> 此所以謂萬物一體者，皆有此理。生則一時生，皆完此理。人只為自私，將自家軀殼上頭起意，故看得道理小了他底。放這身都在萬物中，一例看，大小大快活。釋氏以不知此，去他身上起意思。

又說：

> 釋氏其實是愛身，放不得，故說許多。

明道意，佛家輪迴之說，只從身上起意，主要是愛身、是自私。若眞格物窮理，則該窮此宇宙萬物一體之公理。若窮得宇宙間萬物一體之公理，那會信有永遠為一己所私有的某一種靈體呢？明道本此見解，所以不喜專為一己延年益壽著想。惟「萬物一體」之說，最先亦出於先秦之惠施與莊周，仍與道家思想有淵源。

一一　張橫渠的鬼神論

二程同時有張橫渠。橫渠論鬼神，有些意見似乎比二程更精卓。橫渠說：

鬼神者，二氣之良能也。

此一語，與伊川「鬼神者造化之迹」一語，同為此下宋明儒所傳誦。良能即猶說妙用。說鬼神是二氣之妙用，較之說是造化留下的痕迹，更見為意義深透活潑了。橫渠又云：

鬼神，往來屈伸之義。

天地間，常是陰陽二氣往來屈伸。往來屈伸是二氣之良能，也即是鬼神了。陰陽二氣往來屈伸，從外面看，即是天地造化之迹。故橫渠語與伊川語，乃同一義，只說法深淺有不同。

橫渠又說：

物之初生，氣日至而滋息。物生既盈，氣日反而游散。至之謂神，以其伸也。反之謂鬼，以其歸也。

此一條，可以闡釋前兩條。可見宋儒論鬼神，其實還是與漢以下經師經典注疏差不遠。

橫渠又說：

天地不窮，寒暑耳。眾動不窮，屈伸耳。鬼神之實，不越乎二端，其義盡矣。

天地間只是一氣在屈與伸。屈是減了些，此是一種回歸運動，即是鬼。伸是添了些，此是一種生發運動，即是神。

橫渠又說：

一故神。譬之人身，四體皆一物，故觸之而無不覺，不待心使至此而後覺也。此所謂感而遂通，不行而至，不疾而速也。

所謂鬼神一屈一伸，並不是有一種鬼氣，專在屈，專在作回歸運動。另有一種神氣，專在伸，專在作生發運動。屈與伸，回歸與生發，其實只是一氣。分言之，則稱鬼神。合言之，則專稱神。所以見其為神者，正為其是一體故。一體而能發生兩種相反之用，而且相反又是相成，而永遠為一體，所以說是神。惟其是一體，故相互間能感而通。因其感而遂通，故才見其為神。故神必由天地萬物之一體上見。若為體各別，互不相通，即不見其為神。世界其他民族之宗教信仰，則是要在此各別之體以外來另找一神，卻不知此各別體之實質是一體。

橫渠又說：

> 氣有陰陽，推行有漸為化，合一不測為神。

此說造化即是神，並非在造化之先之外，另有一神在造化。乃因此造化本體自造自化，造化出宇宙間萬異萬象，而其實則合一無異，只是一體。故即此一體之自造自化之不測妙用而指名之曰神。

故橫渠又說：

> 天地同流，陰陽不測之謂神。凡天地法象，皆神化之糟粕爾。

此一條，須與伊川「鬼神，造化之迹」一語合看。若合言鬼神，則鬼神乃造化之迹。若單言神，則天地間一切法象乃造化之迹，而此造化本身乃是神。然則鬼神實即是天地間造化之兩種法象耳。此一層，此後朱子乃詳發之。

橫渠又說：

天下之動，神鼓之也。

天之不測謂神，神而有常謂天。

如是則天神合一，皆指此造化之本體言。言其有常謂之天，言其不測謂之神。在此造化不測之背後，好像有一物在鼓動其造化，其實則並無此一物，只是造化本身之自造自化，自鼓自動而已。今則指此自鼓自動者而謂之神。

橫渠本此觀點批評佛法。他說：

浮圖明鬼，謂有識之死，受生循環，遂厭苦求免，可謂知鬼乎？以人生謂妄見，可謂知人乎？天人一物，輒生取捨，可謂知天乎？孔孟所謂天，彼所謂道。惑者指「游魂為變」為輪迴，未之思也。大學當先知天德，知天德則知聖人，知鬼神。今浮圖劇論要歸，必謂死生流轉，非得道不免，謂之悟道，可乎？

此條仍本造化一體立論。果知造化之一體，由造化生發而有人，人必回歸於造化。人那能專私擅有了這一身，不再向造化回歸，而單由這一身自己在不斷輪迴流轉，死後有鬼，鬼復轉胎成人。這樣便成為無造無化，宇宙間只是這些眾生在各自永遠輪迴。明道說：「放這身都在萬物中，不要從自家軀殼上頭起意」，橫渠此條，正是此意，只說來更明白。以後朱子再從此條又闡說，此乃宋儒論鬼神、闢佛家輪迴一貫精義之所在。

一二　朱子的鬼神論

現在說到朱子。朱子所說更繁密，但大義只是闡述程、張，而又有些說得像漢以下經師的經典注疏語。朱子說：

> 人生初間是先有氣，既成形，是魄在先。形既生矣，神發知矣。既生形後，方有精神知覺。子產數句說得好。

朱子論鬼神，還是推原到子產，此寥寥數語，已將子產原義，發揮透盡，並已增入後人注疏意見。所以朱子雖是一理學家，同時也像是一經學家。後來顧亭林要說經學即理學，正從朱子這些處作根據。

朱子又說：

鬼神不過陰陽消長而已。亭毒化育，風雨晦明皆是。在人則精是魄，魄者，鬼之盛也。氣是魂，魂者，神之盛也。精氣聚而為物，何物而無鬼神。

這些話，全合從來注疏義。可見鬼神即指人生時所有，不專指人死後。而且萬物亦都有鬼神，不專人始有。

朱子又說：

神，伸也，鬼，屈也。如風雨雷電初發時，神也。及風止雨過，雷住電息，則鬼也。

此一條，即伊川「鬼神者，造化之迹也」一語之闡述。

朱子又說：

氣之方來皆屬陽，是神。氣之反皆屬陰，是鬼。

日自午以前屬神，午以後屬鬼。
日是神，月是鬼。
草木方發生來是神，彫殘衰落是鬼。
人自少至壯是神，衰老是鬼。
鼻息呼是神，吸是鬼。
析木煙出是神，滋潤底性是魄。
人之語言動作是氣，屬神。精血是魄，屬鬼。
發用處皆屬陽，是神。氣定處皆屬陰，是魄。
知識處是神，記事處是魄。
甘蔗甘香氣便喚做神，其漿汁便喚做鬼。

朱子如此般具體的來指說神和鬼，其實仍是為「鬼神者，造化之迹也」一語作注腳。以較社會流俗意見，顯然相違甚遠了。今當再略加申釋者有二事。陰陽雖若分為二氣，而實合為一氣，則鬼神之在宇宙間，雖若有其相異之作用，實則仍為同一之作用，非可以上帝與魔鬼視之，此一也。又曰：「鼻息呼是神，吸是鬼。」此如人生藉吸納外面以營養己體，此亦只是鬼道。惟憑己體立德、立功、立言於社會，向外貢獻，乃始是神道。鬼神之為道雖屬一體，但亦未嘗不可加以分別。此二也。

又有人問：

「先生說鬼神自有界分，如何？」曰：「如日為神，夜為鬼。生為神，死為鬼。豈不是界分？」

又說：

只今生人，便是一半是神，一半是鬼了。但未死以前則神為主，已死之後則鬼為主，縱橫在這裏。以屈伸往來之氣言之，則來者為神，去者為鬼。以人身言之，則氣為神而精為鬼。然其屈伸往來也各以漸。

一三 朱子的祭祀論

朱子根據此一種鬼神觀，再來轉講到祭祀。他說：

氣聚則生，氣散則死，然人死雖終歸於散，然亦未便散盡，故祭祀有感格之理。先祖世次遠者，氣之有無不可知，然奉祭祀者，既是他子孫，必竟只是一氣，所以有感通之理。然已散者不可祀，釋氏卻謂人死為鬼，鬼復為人，如此則天地間常只是許多人來來去去，更不由造化生生，必無是理。

朱子因認定鬼神只是二氣之良能，只是造化之迹，因此再不能接受佛家的輪迴說。若信輪迴，則必然信因果。信因果，則必然把每個人各自分開，像各自有一條必然不爽的因果報應線，各自循此輪迴，如此則宇宙變成了死局，再不見有所謂造化。這便與中國傳統思想所謂萬物一體，變化不測之大原則相違背。所以程朱要說佛家乃從自家軀殼起意，只是愛身，只是一個私。朱子此條，仍是發揮張、程意見，而說來更透切、更明白。

朱子並曾屢屢提到此說，如他答連嵩卿書有云：

若如釋氏說，則是一個天地性中別有若干人物之性。每性各有界限，不相交雜，改名換姓，自生自死，更不由天地陰陽造化。而為天地陰陽者，亦無所施其造化矣。是豈有此理乎？

又答廖子晦亦云：

乾坤造化如大洪罏，人物生生，無少休息，是乃所謂實然之理，不憂其斷滅也。今仍以一片大虛寂目之，而反認人物已死之知覺，謂之實然之理，豈不誤哉？

朱子此一條，根據儒家傳統宇宙觀來駁難佛家，最扼要、最有力。中國儒家思想，認此宇宙為一整體，為一具體實有，在其具體實有之本身內部，自具一種生生不已之造化功能。既不是在此宇宙之外之先，另有一大神在造化出此宇宙，亦不是在此宇宙之內，另有一大神在造化出許多各別實然的人和物。宇宙間一切人和物，則只是此宇宙本體之神化妙用所蘊現。若另換一看法，則宇宙間一切人和物，只是此宇宙造化所不斷呈現出來的種種形。形只是粗迹，所謂形而下。而宇宙造化，總會看來，則只是一個「理」。朱子又說：

鬼神之理，即是此心之理。

因此心之理，即是由宇宙整體中得來，亦即是從宇宙整體中之鬼神之理得來。此心之用，亦即是由宇宙整體中化出，亦即是從宇宙整體中之鬼神之用化出。此鬼神之理表現到不可測處則謂之「神」。故朱子說：

以功用謂之鬼神，以妙用謂之神。鬼神如陰陽屈伸，往來消長，有粗迹可見者。以妙用謂之神，是忽然如此，皆不可測。忽然而來，忽然而去。忽然在這裏，忽然在那裏。

朱子又說：

所以道天神人鬼。神便是氣之伸，此是常在底。鬼便是氣之屈，便是已散了底。然以精神去合他，又合得住。

朱子論祭祀，則只是要把子孫精神來合他祖先已散的精神。朱子又因祭祀祖先推論到祭祀聖賢。他說：

此身在天地間，便是理與氣凝聚底。負荷天地間事，與天地相關，此心便與天地相通。不可道他是虛氣，與我不相干。聖賢道在萬世，功在萬世，今行聖賢之道，傳聖賢之心，便是負荷這物事，此氣便與他相通。人家子孫負荷祖宗許多基業，此心便與祖宗之心相通。

宋儒只因認宇宙是一大整體，所以說萬物一體。因此，只要人能把心關切到此大整體，此大整體便可與吾心息息相通。如人負荷了此一身，用心關切此身，此身便與吾心息息相通。又如人負荷了此一家，用心關切此家，此家便與吾心息息相通。從前我的祖宗，關心此一家，我今關心我祖宗以前所關心的家，所以我心能與以前祖宗之心息息相通。從前聖賢關心此一宇宙，我今亦關心以前諸聖賢所關心的此一宇宙，所以我心也能與以前諸聖賢心息息相通。此即是鬼神之理，也即是祭祀能感格之理了。

一四　朱子的魂魄論

朱子之論鬼神與祭祀，其義具如上述。則朱子之論魂魄，其主要意見亦可推想而得。惟有須特提一說者。朱子楚辭辨證有論魂魄一條云：

或問魂魄之義。曰：子產有言：「物生始化曰魄。既生魄，陽曰魂。」孔子曰：「氣也者，神之盛也。魄也者，鬼之盛也。」鄭氏注曰：「噓吸出入者氣也。耳目之精明為魄，氣則魂之謂也。」淮南子曰：「天氣為魂，地氣為魄。」高誘注曰：「魂，人陽神也。魄，人陰神也。」此數說者，其於魂魄之義詳矣。蓋嘗推之，「物生始化」云者，謂受形之初，精血之聚，其間有靈者，名之曰魄也。「既生魄，陽曰魂」者，既生此魄，便有暖氣，其間有神者，名之曰神也。

二者既合，然後有物，易所謂「精氣為物」者是也。及其散也，則魂遊而為神，魄降而為鬼矣。說者乃不考此，而但據左疏之言，其以神靈分陰陽者，雖若有理，但以「嘘吸之動者為魄」，則失之矣。其言「附形之靈，附氣之神」，似亦近是。但其下文所分，又不免於有差。其謂「魄識少而魂識多」，亦非也。但有運用畜藏之異耳。

此處朱子分疏魂魄，仍一本子產，惟對後人解說，則有是鄭注而非孔疏之意。鄭注謂嘘吸出入者是氣，氣屬魂，耳目之精明則為魄。朱子則謂「受形之初，精血之聚，其間有靈者，名之曰魄」，即是依鄭注也。因朱子主理、氣兩分，耳目是形，必有其所以能精明者，朱子乃從鄭注，以其間有靈說之也。其謂運用畜藏之異者，則似以「附氣之神」即魂者為運用，以「附形之靈」即魄者為畜藏，是乃鬼神一體，惟其為用則異也。

朱子分疏魂魄意見，又有一節，亦在楚辭辨證，茲再節鈔如下。朱子曰：

屈子「載營魄」之言，本於老子，而揚雄又因其語，以明月之盈闕。其所指之事雖殊，而其立文之意則一。顧為三書之解者，皆不能通其說，故今合而論之，庶乎其足以相明也。蓋以車承人謂之載，以人登車亦謂之載。……但老子、屈子以人之精神言之，則其所謂「營」者，字與「熒」同，而為晶明光炯之意。其所謂魄，則亦若余之所論於九歌者耳。（按即此節前一節所引。）

揚子以日月之光明論之，則固以月之體質為魄，而日之光耀為魂也。以人之精神言者，蓋以魂陽動而魄陰靜，魂火二而魄水一，故曰「載營魄，抱一，能勿離乎？」言以魂加魄，以動守靜，以火迫水，以二守一，而不相離，如人登車，而常載於其上，則魂安靜而魄精明，火不燥而水不溢，固長生久視之要訣也。其以日月言者，則謂日以其光加於月魄而為之明，如人登車而載於其上也。三子之言，雖為兩事，而所言「載魄」，則其文義同為一說。故丹經歷術，皆有納甲之法，互相資取，以相發明，蓋其理初不異也。至於近世，而蘇子由、王元澤之說出，皆以魂為神，以魄為物，而欲使神常載魄以行。洪慶善亦謂陽氣充魄為魂，能運動。若如此，將使神常勞動，而魄亦不得以少息，雖幸免物欲沉溺之累，而窈冥之中，精一之妙，反為強陽所挾，以馳鶩於紛拏膠擾之途，卒以陷於眾人傷生損壽之域而不自知也。

朱子大儒博涉，此一節發揮方外長生精義，闡釋古今異說，可謂語簡而要。而其分析魂魄二字涵義，亦見邃深圓密。雖或有異於子產最先論魂魄之初意，而宋儒程朱一派對宇宙觀、人生觀之要旨，實可由此參究。蓋朱子對「魄」字，並不僅當作一死的物質看，故於蘇、王、洪三家之說，皆所不契。魄固屬於體質，而有賴於魂之光耀，但魂是陽動，魄是陰靜，同屬二氣良能，則魂魄決非如神物之辨，可以分作兩對而言者。換言之，亦不當如莊子外、雜篇乃及荀卿之所謂神形之別。蓋形即寓神，物必有理，一物一太極，則魄雖屬於形質，而自當有靈。朱子之所以特有取於鄭玄之注語者，其用意亦由此而顯。此亦後人之愈說而愈邃密之一例。惟朱子此條，本為道家言長生，與他處言魂魄，其間亦微有歧義，不可不辨。在子產，殆認為由形生神，莊子內篇七篇，亦尚持此見。則魂之與魄，乃有一先後。而朱子此條，則說魂載於魄而行，如日光之照射於月；則從另一觀點言之，如程朱分辨「天地之性」與「氣質之性」，亦常以物之受光與器之容水為喻，與此處解釋魂魄之義亦正相類似。如此則魂之乘載於魄，已是魂在魄外；以此光加於魄而為之明，如人之登車而載於其上，豈不與子產「既生魄，陽曰魂」之義有歧？若就宇宙原始言，就每一人之最初生命言，應如子產之說。惟就既有宇宙言，或就既有人文世界言，則朱子此節所言之魂魄，亦未始不可如此說。而孔疏所謂「魄識少，魂識多」，亦未全為非。惟若誤認魂魄為二非一，則又決非朱子本節之意耳。在子產，是那魄自能發光，其所發之光為魂。而在朱子，則以光加於魄而為明，如人登車而載其上。明儒羅整菴譏朱子之理氣論，謂如人騎馬上。不知人騎馬上，即是魂載於魄之喻，非眞認人馬之為二也。

一五　黃榦的祭祀論

朱子大弟子黃榦，又申述朱子之論鬼神與祭祀，其說亦當引錄。黃榦曰：

諸人講祭祀鬼神一段，蓋疑於祖考已亡，一祭祀之頃，雖是聚己之精神，如何便得祖考來格？

雖是祖考之氣已散，而天地之間公共之氣尚在，亦如何便湊合得其為之祖考而祭之？蓋不知祖考之氣雖散，而所以為祖考之氣，則未嘗不流行於天地之間。祖考之精神雖亡，而吾所受之精神，即祖考之精神。以吾所受祖考之精神，而交於所以為祖考之氣，神氣交感，則洋洋然在其上在其左右者，蓋有必然而不能無者矣。學者但知世間可言可見之理，而稍幽冥難曉，則一切以為不可信。蓋嘗以琴觀之，南風之奏，今不復見矣，而絲桐則世常有也。撫之以指，則其聲鏗然矣。謂聲在絲桐耶？置絲桐而不撫之以指，則寂然而無聲。謂聲在指耶？然非絲桐，則指雖屢動，不能以自鳴也。指自指也，絲桐自絲桐也，一搏附而其聲自應。向使此心和平仁厚，眞與天地同意，則南風之奏，亦何異於舜之樂哉？今乃以為但聚己之精神而祭之，便是祖考來格，則是舍絲桐而求聲於指也，可乎？

此一理論，仍然沿襲橫渠、朱子，但又加進了新闡述。如黃榦意，人生只如奏了一套樂，那身軀便如絲桐琴瑟，不憑絲桐琴瑟，奏不出樂聲來。人死了，譬如絲桐琴瑟壞了，再也不出聲。但若其人生時，曾奏出一套美妙的樂曲，那樂聲流散在太空，像是虛寂了。但那曲調，只要有人譜下，後人依此譜再試彈奏，那曲聲卻似依然尚在，並未散失。所謂廣陵散尚在人間，南風之奏，無異舜時，便是這道理。依此言之，所謂祭祀感格，也必所祭者其人生時，有一番作為，有一番精神，像有一套樂曲流傳，後人才好依著他原譜來再演奏，使此樂聲重現。大之如聖賢之負荷天地間事，小之如祖宗創建一家基業，樂曲有高下，但總之有此一調，便可以舊調重彈。所謂洋洋乎如在其上，如在其左右，其實還是那人生前所彈奏的那一調，那一曲。再用朱子鬼神界分說之，絲桐只是鬼，因絲桐必壞。樂聲便是神，因樂聲常留，可以重演。黃榦這一番話中所用絲桐、手指之喻，本為佛家所常用。其實黃榦之所謂樂聲與南風之奏，也略如佛家之所謂「業」。惟佛家對人生消極悲觀，把人生時一切作為，統稱為「業」，佛家認為正因於此等業而陷人生於輪迴苦海。儒家對人生則積極樂觀，把人生時一切作為，看作如演奏了一套樂，人生無終極，便如樂聲洋洋，常流散在宇宙間。

一六　王船山的鬼神論

以上約略敍述了宋儒二程、張、朱的鬼神論。此下明代，對此方面討論較少，此文只擬拈舉明遺民王船山一人再一敍述，作為本篇之殿軍。

船山推尊張、朱，尤於橫渠有深契，因此他對鬼神方面，也多所闡發。船山說：

> 形而上者，亘生死，通晝夜，而常伸，事近乎神。形而後有者，困於形而固將竭，事近乎鬼。

如此說鬼神，全屬抽象的哲學名詞，顯距世俗所謂鬼神甚遠了。他又說：

物之初生，氣日至而滋息。物生既盈，氣日反而游散。形則有量，盈其量則氣至而不能受，以漸而散矣。方來之神，無頓受於初生之理。非畏厭溺，非疫癘，非獵殺斬刈，則亦無頓滅之理。日生者神，而性亦日生。反歸者鬼，而未死之前為鬼者亦多矣。所行之清濁善惡與氣俱，而游散於兩間，為祥為善，為眚為孽，皆人物之氣所結，不待死而為鬼，以滅盡無餘也。

此一節，指出「神」乃屬一種人生以後日生日長之氣，並非在人生前，先有一神，如俗謂靈魂，投入人胎。亦非人生一墮地，即有一神附隨人體。鬼則是人生以後日衰日反之氣，亦非人死後才成鬼。即在人生時，已有日衰日反之氣，則早有幾分是鬼了。而亦非人死後其氣即滅盡，人死後，不僅其屍骨不遽壞爛，即其生前作業，也不消散遽盡。前引黃榦語曾以作樂喻人生，樂聲不是可以餘音繞梁，三日不絕嗎？當知人之死，其平生善行，可以為祥為善；其生平惡行，可以為眚為孽；其生前之餘氣，仍游散於天地間，亦復有餘音裊裊，三日繞梁之概。惟惡氣眚孽，終不可久，必歸消盡，而祥和善氣，則不僅可以長存，並可引伸舒展，連帶生出其他許多善行來，這便是鬼神之別了。

船山又說：

魄麗於形，鬼之屬。魂營於氣，神之屬。此鬼神之在物者也。魄主受，魂主施，鬼神之性情也。物各為一物，而神氣之往來於虛者，原通一於絪緼之氣，故施者不吝施，受者樂得其受，所以同聲相應，同氣相求。琥珀拾芥，磁石引鐵，不知其所以然而感。聖人感人心而天下和平，亦惟其固有可感之性也。

此由鬼神說到感通之理。船山謂魂魄拘限於體，而鬼神則往來於虛，故言感通者，必言鬼神，不言魂魄也。船山又云：

就其所自來，而為魂為魄，各成其用，與其所既往，而魂升魄降，各反其本，則為二物。自其既凝為人物者，和合以濟，無有畛域，則為一物矣。雖死而為鬼神，猶是一物也。實一物也。以祭祀言之，求之於陽者，神也。求之於陰者，鬼也。是所謂陰陽之靈也。思成而翕聚者，神也。未求之先，與求已而返於漠者，鬼也。是所謂至而伸，反而歸也。

此條說魂魄在生前，可以認為是二物，也可認為是一物。鬼神在死後，同樣可認為是二物，也可認為是一物。人死氣散，合於冥漠太空，此即鬼者歸也。待生人祭祀之，思成而翕聚之，由於致祭者之誠心思存，而受祭者之神氣若復臨現，此即神者伸也。此思成而翕聚者，與反歸而合漠者，本是一氣，故說鬼神是一。

船山又云：

陰陽相感，聚而生人物者為神。合於人物之身，用久則神隨形敝，敝而不足以存，復散而合於絪緼者為鬼。神自幽而之明，成乎人之能，而固與天相通。鬼自明而返乎幽，然歷乎人之能，抑可與人相感。就其一幽一明者而言之，則神陽也，鬼陰也。而神者陽伸而陰亦隨伸，鬼者陰屈而陽先屈，故皆為二氣之良能。良能者，無心之感，合成其往來之妙者也。若謂死則消散無有，則是有神而無鬼，與聖人所言鬼神之德盛者異矣。

此一節，仍本上節鬼神是一物之義，而引伸說之。天地間不僅神常存而鬼亦常存。正因人生後，經歷了一番作為，顯出了他一番能，所以死後，後人仍可感得。如推就歷史言，古代世界與現代世界，實仍息息相通，所以得成其為歷史與文化。當知古世界可以引伸出現世界，而現世界亦仍得感通到古世界，如此則古世界依然常存於天地間。此乃船山之鬼神合一論。

船山又云：

用則伸，不用則不伸，鬼而歸之，仍矣神矣。死生同條，而善吾生者即善吾死。伸者天之化，歸者人之能。君子盡人以合天，所以為功於神也。

此條略似朱子之言蘊藏與運用。一切歸藏於冥漠者，只待人善為運用，仍可推陳出新，化朽腐為神奇，又引生出其他變化來。故船山曰「鬼而神」。宇宙引伸出萬物，此為宇宙自然之化。而人能將其已化而過者，善而藏之，故有歷史，有文化。人類自古積累之歷史文化各項業績，此屬鬼。但人類又憑此引伸，故歷史文化不啻成為後代人之一種新自然，則又轉屬神。故船山此處謂盡人合天，以為功於神，這即是「鬼而歸之，仍乎神矣」之旨。

船山又云：

人之與物，皆受天地之命以生。天地無心而物各自得，命無異也。乃自人之生而人道立，則以人道紹天道，而異於草木之無知，禽獸之無恒。故惟人能自立命，而神之存於精氣者，獨立於天地之間，而與天通理。是故，萬物之死，氣上升，精下降，折絕而失其合體，不能自成以有所歸。惟人之死，則魂升魄降，而神未頓失其故，依於陰陽之良能以為歸，斯謂之鬼。鬼之為言歸也，形氣雖亡，而神有所歸，則可以孝子慈孫誠敬惻怛之心合漠而致之，是以尊祖祀先之禮行焉。

此一節，仍伸鬼神合一之旨。所謂鬼者，乃指其神之有所歸。此惟人道始能之，而萬物不能，故曰

「以人道紹天道」。蓋船山力主人類歷史文化乃可與宇宙自然合一相通者，此為船山思想中有創闢而重要之一義，亦即於其論鬼神之一端而可會也。船山又曰：

> 水之為漚為冰，激之而成，變之失其正也。漚冰之還為水，和而釋也。人之生也，孰為固有之質，激於氣化之變而成形？其死也，豈遇其和而得釋乎？君子之知生者，知良能之妙也。知死，知人道之化也。奚漚冰之足云？

昔橫渠有漚冰之喻，東漢王充已說之，而朱子謂其近釋氏。船山雖崇橫渠，而其持論創說，並不一一遵橫渠之舊。若以漚冰喻人生，則人之死，猶漚冰遇和而得釋，而不知人生有其不釋者。此猶如莊周之說薪盡火然。當知薪在火中盡，而人生如薪亦如火，有其盡，有其不盡。此與子產所謂人以強死而始得為鬼者，義又不同。船山之視歷史文化，正是一化境，能與天地自然合一無間，此正中庸所謂「所過者化，所存者神」。亦是惟知其神，才能知其化也。

船山又曰：

> 太和之中，有氣有神。神者非他，二氣清通之理也。不可象者，即在象中。陰與陽和，氣與神和，是謂太和。人生而物感交，氣逐於物，役氣而遺神，神為使而違其健順之性，非其生之本

然也。

此說人生，本是禀賦了陰陽二氣中之清通之理而生，所以人生有氣兼有神。但人生後，氣逐於物，役氣遺神，把此禀賦所得之神即清通之理隨便使用，如是則神為形役，便失卻了人生之本然。生時如此，死後可知。當其生時，神早不存，則死後又那得會有鬼？

船山又云：

鬼神之道，以人為主。不自慢易，而後容氣充盈，足以合漠。異端唯不知此，草衣木食，凋耗其氣魄，而謂之為齋；疲敝衰羸，且將與陰為野土者為類，亦惡以通神明而俾之居歆乎？

然則鬼神即是人生自然之理，故曰：「善吾生，乃所以善吾死。」若人在生時，以氣逐物，役氣遺神，此固不當。但如方外佛釋之徒，刻苦己生，草衣木食，凋耗其氣魄，未盡人之生理，背乎自然，是謂不善歸，又何能更生起神化？如此說來，則仍還是鄭子產所謂「用物精多，則魂魄強，是以有精爽以至於神明也」。可見船山思想，雖較之子產若已遙為博大宏深，但大體仍是中國思想之大傳統，前後一脈，精旨相通。故本文上引子產，下至船山，備列其所論魂魄鬼神之大旨，僅亦以明此一理論歷久相傳，遞有演進，而首尾宛成一體。而其推衍所及，即在將來之人類思想文化史上，仍當不斷有其作用，仍當不斷另有所引伸發揮。固未可謂前人思想，早已死滅不存，而又未可逆測其演變之所終極、之所將止。此即是中國古人論鬼神一觀念之當前一種具體的示例與實證也。船山云「鬼神之道，以人為主」，此一語更為扼要。故謂中國思想史中所有的鬼神觀，其實盡只是一種人生觀，並由人生觀而直達通透到宇宙觀。宇宙人生，於此合一，則亦所謂「鬼神之德，洋洋乎如在其上，如在其左右」也。

（一九五四年十二月新亞書院文化講座演講，原題為「中國哲學中之鬼神觀」。一九五五年改寫後刊載於是年八月新亞書院學報一卷一期，改題今名。）

儒釋耶回各家關於神靈魂魄之見解

西方古民族，均有對於人死以後靈魂存在之信仰，如古埃及人謂人死靈魂即離肉體之軀殼而去，若他日靈魂重返軀殼，其人仍可復生。彼邦古代對於金字塔之建造，木乃伊之保存，均由此一信念而起。其民族精力財力，消靡於此一信念者甚大。縱謂古埃及文明之不克久久延續，由於此一信念之影響，亦不為過。

其次如古希臘人，亦有靈魂信仰。蘇格拉底云：「死是靈魂與肉體之分離。」又說：「哲學家在使靈魂不與肉體融合。」故蘇氏生前，頗尚苦行，及陷獄中，臨死泰然，殆均與此一信念有關。柏拉圖亦云：「死是使靈魂擺脫肉體之羈絆。」又說：「真正的哲學家，時時要使靈魂解脫。」大抵蘇氏與柏氏，均信惟有哲學家死後，其靈魂能離開肉體，去到一個眼不能見的世界，與諸神共處。自餘靈魂不純潔，生前留意肉體，死後將變為鬼，出入墳墓中，或入動物體內，為驢為狼，悉依其生前性質為定。

如是，則靈魂應是先在者，謂在其人肉體未生以前，已有此靈魂。又靈魂是不滅者，謂其人肉體既死之後，此靈魂仍存在。是佛家之輪迴說、投胎說，在希臘古哲人中，亦有此等類似之意見也。

惟亞里士多德對於靈魂之意見，較與蘇、柏兩氏不同。亞氏分別心與靈魂，謂心之地位高過靈魂，以其較少與肉體聯結。人之肉體死後，靈魂之其餘部分，亦相隨同死，而惟心獨可以不死。此一說法，若細闡之，似可與中國古人思想較為接近。

較後於希臘，創始於猶太的基督教，乃及更後起之回教，同樣信有天國，信有別一世界存在，同樣把靈魂與肉體分開。即至近代西方哲學興起，遠從康德以來，其思想路徑，都仍沿襲此一傳統，故多把世界分成兩截看，一為永恒的，一為變滅的。或說一是精神的，一是物質的。近代西方哲學界唯心、唯物之爭，其實亦仍是古西方人靈、肉分別觀之變相也。

惟印度佛教不立靈魂義。此可謂在世界各宗教中，乃一種獨特僅有之見解。佛教信有六道輪迴，有餓鬼道，有地獄道，有畜生道，有阿修羅道，有人間道，有天上道。此六道眾生，輪迴六趣，具受生死。因此在佛教教理中，同樣有人、有鬼、有天堂、有地獄，但卻無靈魂轉生之一義。蓋眾生皆由業因差別而分此六趣。「業」之一觀念，實為佛教思想中一主要觀念。一切業皆由無始以來之無明造作興起。然「無明」實與「法性」同體，迷即無明，悟即法性。佛教指點人由迷入悟，即可超脫輪廻，達於涅槃境界。故佛家之所謂「法性」，既非即是其他宗教所信有之靈魂；而佛家所謂「涅槃」，亦非即是其他宗教所信有之天堂。大略言之，佛家思想，較之其他宗教，似與中國思想更為接近。

中國古代，似無如西方民族同樣之靈魂觀。春秋時，鄭大夫子產曾云：「人生始化曰魄，既生魄，陽曰魂。」魄即指人之體魄言。人生先有此肉體，有了此肉體，才始有一種精氣表見。此種精氣表見，具有種種聰明智慧與作用。可見在人生以前，並非先有一靈魂，亦非如佛家所說，在人生前先有一識藏或識海之存在。惟文化人生究與自然人生有不同，此層可從明末王船山說推申。

人死後，此種精氣即脫離軀體而遊散。春秋時，吳季札客葬其子，曾曰：「骨肉歸復於土，若魂氣則無不之也。」此即言人死後，其生前一段精氣即歸於遊蕩流散了。

但人死後此一段精氣，仍可由其親屬生人，運用精氣感召，而使死者之精氣依附在某一物上而不使之遽散。故在中國特重祭禮。祭不於墓而在廟，廟設主，主用木，因其為死者精氣所歸依，故謂之「主」，謂死者遊魂依此木為主，猶如遊客之有逆旅主人也。

古希臘人，亦有靈魂如和聲之說。或問：「琴斷，聲能仍在否？」蘇格拉底答：「和聲不能先琴而存在。但靈魂則先肉體而存在，故二者不能相比。」在中國亦有舉彈琴喻祭禮之效用者。因子孫與父祖血統相近，情感親密，故子孫臨祭時一番孝思，精誠所感，可以重召父祖死者已散之魂氣。猶如舊琴已毀，改張新琴，只要扣準琴弦，依照舊琴所彈之譜重新彈之，則舊琴遺聲，仍可在此新琴上依稀復活。

近代西方人復有將無線電收音機作喻者。一架收音機，可將太空聲浪重新收攝播放。生人之腦，如一架收音機；死者之精神意氣，則如太空聲浪，雖已發散，實仍可收攝復現。

中國古人，又有薪盡火滅之喻。謂體魄朽壞，則魂氣遊散也。故南朝梁臣范縝闢佛，有神滅之論。既主神滅，則死者魂氣不復存在。然亦可言薪盡火傳。此謂前薪雖盡，只要後薪接續，則火終不滅。猶如琴不常好，舊琴壞，重播新琴，而琴聲亦終存在。長江後浪逐前浪，世事新人接舊人。浪花幻滅而江流不斷。此為中國人見解，此乃一種人文歷史的見解，與宗教家之靈魂不滅論大異其趣。

中國古人又謂，人死魂散，而不遽散。在其初死未散以前，或可有某種作用與現象之出現，此等作用與現象，則稱為「鬼」。故「鬼」與「魂」二字，在中國用法，通言之則可合為一，析言之則當分為二。春秋時，鄭子產與晉大夫趙景子論伯有為鬼一節，即備言此意。然鬼之作用，必有時而盡。生人對於死者魂氣之感召，亦有時而絕。故春秋時人有謂「新鬼大，故鬼小」，此謂歷時既久，鬼亦必萎縮而盡也。古人祭祀之禮，小宗五世則遷，因子孫親屬，五世而後，與其祖先年代不相接，感情不相通，祭祀感召，即無靈驗。則人死為鬼亦暫時事，終必澌滅以盡，不能在人世常有其作用。

「神」則與「鬼」不同，論其大端有二：

一、就精神感召言。普通祭祀感召，只限家庭血屬之間。若生前不相親，死後即無從感召。但如忠臣、義士、孝子、節婦，其人生前有一段精氣，感人至深；即在其死後，雖非其血屬親人，只要意氣相通，心神相類，亦可相互感召。其著者如關、岳之神，在彼身後，受人崇拜，歷久彌新，百世而下，儼然如在；凡有忠義之氣之人，對其遺像一瞻拜，對其事蹟一回溯，便覺其人凜然在吾心目間，此等人雖死猶生，故謂之神。神之作用，廣大悠久，與鬼之僅能通靈於其家庭親屬之間者不同，一也。

二、就魂氣作用言。古來大偉人，其身雖死，其骨雖朽，其魂氣當已散失於天壤之間，不再能摶聚凝結；然其生前之志氣德行，事業文章，依然在此世間發生莫大之作用。則其人雖死如未死，其魂雖散如未散，故亦謂之神。周公定宗法，小宗五世則遷，大宗百世不遷。文王為周王室奉祀之大宗，周室緜延八百年，常宗祀文王，文王生前之魂氣，實能於其死後時時昭顯其大作用。故文王身後，為神不為鬼。此其赫然常在人心目間者，實與僅能嘯於樑，降於某地，憑於某人之身而見呼為鬼者之作用，大異不同，二也。

上舉二義，實仍一貫。凡死人之精神意氣，苟能與後代生人相感召，生作用，此即人而為神也。人之生，因具體魄，遂生魂氣。精爽靈明，則為魂氣所內涵之德性。此在有生之物，無不有之，而惟人為最靈，故曰人為萬物之靈。惟其靈，故能心與心相通，情與情相感。人之聰明正直，率本此靈，而人中之聖，尤能妙極此靈，竭其感通之能事。不僅化其生前，既能推而達致於邦國天下，並能及其死後，上通千古，下通千古，鬱之為德行，暢之為事業，華之為文章，使其魂氣乃若常在天壤間。春秋時，魯大夫叔孫豹以立德、立功、立言為三不朽，因惟有立德、立功、立言之人，其身雖死，其所立之功、德、言則常在人世，永昭於後人之心目，故謂之不朽。人能不朽，斯謂之神。人之成神，則全藉其生前之一種明德，一種靈性。故既謂之「神靈」，又謂之「神明」。實則所謂神者，即是其人之明德與靈性之作用無窮不測而常在之謂也。

求之古人，立德之盛者如堯、舜，立功之盛如禹，立言之盛如周公。兼三者而益盛者為孔子。其人越數千年，至今如尚在。求之今人，如孫中山先生，其生前立德、立功、立言，豈不至今仍在人心目間。其人雖亡若存，故謂之不朽，謂之為神也。其實德、功、言三者，究極相通。苟非明德靈性，則三者俱無由立。亦有違其明德，背其靈性，生前作惡造孽，死後影響尚留，然此非其神之不朽，只是其鬼之作厲。如袁世凱之為民國罪人，即其例也。只要社會重見光明，此等惡影響，終必消滅，僅賸惡名，供人吐罵。此之謂冥頑不靈，決非聰明正直、神靈常存之比。故其人死後之為神為鬼，為靈為厲，皆在其人生前之一轉念間。此亦人心之靈一最好具體之例證也。中國古人之垂教深切明顯如是，可不凜然使人知所戒懼奮發乎？故就中國古義言，人生實非有靈魂不朽，只是其人德性之不朽。中國古人，乃指其人之德性之能妙極其功用而稱之為神靈也。

推此義言之，苟重視其功用，則不僅有生之物之在天地間，可有其功用；即無生之物，亦莫不有功用流行。大言之，如天覆地載，山岳出雲氣，江海孕百物，此皆有莫大功用。故中國古人亦莫不謂之有神靈。故中國古籍用神靈字，實近一形容辭，用以形容此人文世界與自然世界之某種功用常存言，非謂在天地間實有某神與某靈之存在也。

天人之際，死生之理，最為難言。宇宙萬有，冥冥中是否有一創造主？人之生前死後，是否有一輪迴流轉之靈魂離此而投彼？此等皆非目前人類智力所能確切指證以明定其無疑義。惟有中國古人對於神靈魂魄之見解，較近常識，適合人道。例證顯明，易於起信。若果循此修持，肉體雖有死亡之日，而精神可以常在不朽。若眞有上帝靈魂，中國人此一套修持方法仍可照樣奉行。若無上帝靈魂，中國人此一套修持方法亦復依然有效。孔子曰：「未知生，焉知死。」莊子曰：「善我生者即所以善我死。」此即中庸所謂「尊德性而道問學，極高明而道中庸，致廣大而盡精微」，此實一套徹上徹下，貫死生而通天人之至理名言也。

（一九五六年八月五日錢穆應蔣公垂問之未定稿。刊載於一九五七年三月中華文化出版事業委員會學術季刊五卷三期。）

再論靈魂與心

原始人生活，身為主而心為副。心機能完全附屬於軀體，只為軀體服務，能獲飽煖安逸則止。待及歷史文化人生活，則心為主而身為副。心機能不復專為軀體服務。軀體獲得飽煖安逸，始是心生活正式開始，身生活只為心生活之預備階層。

其間一大躍進，端因人類有語言創始。其他禽獸，非不有群居集體生活；在群體中之各個體，亦非可謂其絕無心生活；只其所謂心，只屬一種本能。心與心之間，僅以鳴呼傳達。嚴格言之，可謂心與心不通。人類有語言，乃為心與心相通一大機能。語言傳達曲折細微，此心之所感受，可以傳達他心，使同有此感受；此心之所想望，可以傳達他心，使同有此想望。於是此心乃不復拘束在各自軀體之內，可以越出此軀體而共通完成一大心。抑若非越出此軀體，亦將不成為一心。

換言之，此心主要生活，乃不專為軀體作僕隸，而在己心、他心，心與心之間作共同之會通。軀體覺餓則心不安，軀體覺寒則心不安，原始心生活僅止此。此乃原始生活中，心之職責所在，非可謂眞有心生活。心有眞生活開始，乃在不專當軀體僕隸。他心喜樂，己心亦喜樂。他心憂鬱，己心亦憂鬱。此種喜樂憂鬱，可以不關一身事。當在此身已獲溫飽，此心職責已盡，心安無事，乃始感到種種不屬此一己軀體之喜樂與憂鬱。此等喜樂憂鬱，始屬「心」上事，不如饑飽寒煖之僅屬「身」上事。若人生僅求溫飽，此外心更無求，則人生亦如禽生、獸生，無其他意義可言。

人類有文字，乃為心與心相通第二大躍進，第二大機能。文字傳達，較之語言傳達，可以更細微、更曲折、更深摯、更感動。不僅遠地人可用文字傳達，異時人，乃至數百千年以上以下人，文字在，即此心在，此心仍可傳達。於是一人之心，可以感受異地數百千里外、異時數百千年外他人之心以為心。數百千里外他心之憂喜鬱樂，數百千年前他心之憂喜鬱樂，可以同為此時此地吾心之憂喜鬱樂。吾心之於他心亦然。吾心有憂喜鬱樂，亦可使數百千里外、數百千年後之他心，亦與吾同其憂喜鬱樂。此始為吾心之眞生活、眞生命所在。較之吾軀體暫時之饑飽溫寒，與他軀體各別不相關，其間相距，何啻天壤。

故欲研討人生問題，首當知人生有兩世界。一物質世界，身生活屬之。一心靈世界，心生活屬之。此兩世界並不能嚴格分開，但亦不當混併合一。心靈世界似乎必寄附在物質世界上，但人生所能有之心靈世界，實較其所能有之物質世界，遠為廣大悠久靈活而高明。身生活範圍有限，心生活範圍無限。身生活差別甚微，心生活差別甚大。身生活乃暫時的，心生活可成為永久的。孔子「飯疏食，飲水，曲肱而枕之」。顏淵「居陋巷，一簞食，一瓢飲」。就物質生活言，此屬一種極低度之生活，人人可得。但孔子、顏子在此物質生活中所寓有之心生活，則自古迄今，無人能及，乃亦永久存在，永使人可期望在此生活中生活。

但自原始人轉進到歷史文化人，人類生活，不免分向兩途發展，一則仍重物質生活，儘量向物質上謀求，一則轉向心靈生活，改向心靈上完成。西方人生，比較屬前一型。中國人生，乃深進入後一型。如希臘人雕刻，重裸體像，直至近代西方，描述女性，首言三圍。衣服以貼身或露體為美。中國人重畫像，不重雕像；畫像重傳神。顧愷之作人像，頰上添三毫，便覺神明殊勝。穿衣服，求能掩蔽體狀，自具一種美。希臘人建築，堅固精緻，至今尚巍然存在。中國同時代建築，迄今蕩無一存。由希臘上溯至埃及、巴比侖，亦復如是。埃及有金字塔，有木乃伊，中國堯、舜、禹、湯，屍骨墳墓，全已無存。

中國人重心靈生活，故知重語言文字，勝過其他之一切。既曰「同聲相應」，又曰「聲教訖於四海」。此「聲」字即指言語。既曰「書同文」，又曰文章、文化、文教。中國人認為凡人類一切心與心相交相通，而成為人文社會之種種建設，其本皆從人類有文字來，就語言論，流通之廣，莫如中國語。就文字論，傳播之久，亦無如中國字。西方如希臘、羅馬，語言文字皆不同。近代西方，英、法、德、意諸邦，其語言文字，不僅與古希臘、羅馬相異，同時相互間亦各不同。可證西方人在此方面，不如中國人看重。

由於語言文字而影響及於人心。中國人心量寬大，西方人心量狹小。由於語言文字相通，故心與心亦易相通，遂使中國如一人。不僅空間上同時能使中國如一人，即時間上三千年來文字如一，更使三千年相傳之中國如一人。三千年前之人心，尚存在於三千年之後。如今人讀詩經，三千年前人之憂喜鬱樂，凡其心中所存而流露於詩句中者，今人讀之，無不一一恍然如在目前，怦然如在心中，讀兩三千年前人書，不啻親承其謦欬，親接其談吐。故若眞為一中國讀書人，其心生命每可植根濬源於三千年之前。其心生活可以神交千古，亦可以心存百代。凡屬人心所在，可以與我文字相通者，斯彼心即成我心，我心亦為彼心。心靈世界中之生命與生活，殊不當以物質世界中之生命與生活相衡量。

譬之如聲音，如光色，瀰漫空中，一去不返，為人耳目所不覩不聞。只用一機械，由電攝取，由電播送，此聲光即重現在人耳目前。而文字之為用，猶勝電之為用遠甚。電只用於物質界，而文字則使用於心靈界。人類之心靈生命與其心靈生活，乃可一一攝入文字。人能識字讀書，乃可使人深入心靈界於不知不覺中。

抑且中國文字，又能擺脫語言束縛，而更益善盡其功能。西方文字隨語言變，傳遞數百年，活文字即逐漸轉成死文字。中國文字不然。近代人讀三千年前之古詩，活潑新鮮，一如昨日。杜工部詩：「讀書破萬卷，下筆如有神。」中國人喜言「神來之筆」。此種神，即是其人深入心靈世界中，而沉進於心生命、心生活之深處；其一己之心靈，已非當身物質界人生之所能拘縛與影響，而一若有神寓乎其中。此決不指詩筆之技巧工拙，乃是此詩所寄之心靈之能上通千古，下通千古，而所以成其神。

杜詩又云：「高歌但覺有鬼神，餓死不知塡溝壑。」餓死塡溝壑，乃物質界、身生活方面事。高歌有鬼神，乃心靈界、心生活方面事。生活既深入心靈界，自會把物質界方面淡忽了。中國文學人生如此，藝術人生亦如此，道德性理人生更如此。至於物質人生，則苟合苟完苟美，每知適可而止。近代西方自然科學突飛猛進，使中國瞠焉在後。然如印刷術，遠在中世紀，已為中國人發明。中國人非無物質發明之智慧，乃是興趣不屬，亦可謂乃是其生活在另一天地中，心靈為主，物質為奴。主人方安居，自不願為僕隸多費心力。

西方人於心靈人生未獲滿足，乃求補償於靈魂信仰。人之前生過去世是否有靈魂，仍屬一謎。但縱使有靈魂，靈魂與心不同。軀體是隔別的，靈魂亦是隔別的。心與心貴能相通，合成一大心，此即成一心靈世界。人能進入心靈世界中生活，每一人之軀體小我，亦各得在其心靈上，轉成為一大我。靈魂進入天堂，在天堂中生活，仍是每一靈魂各別生活。故天堂生活，當仍與塵世生活無大異。西方個人主義，即從其靈魂信仰來。中國人生活理想，則貴心心交融，兩心化成一心。如父慈子孝，父與子各別是一我，但慈孝之心則互通為一。此心在孔子謂之「仁」。仁即在塵世中。家庭有此仁，此家庭即如一天堂。社會有此仁，此社會亦即如一天堂。此是一道德天堂。千百年前古人，仍可與千百年後今人心相通。千百年前古人，即如仍生活在千百年後人心中。古人在現社會依然存在顯現，則稱之曰鬼神。此非古代人之靈魂之各別存在，各別顯現之謂。鬼神乃由古人生活在心靈世界中，今人亦進入心靈世界生活，遇見古人心靈，乃見其為一存在，一顯現。此為鬼神之存在與顯現，斷非是靈魂之存在與顯現。

中國人死去，其子孫後人作一牌位，即稱「神主」，安置家中，子孫後人見此牌位，即如覩先人，引起紀念回想種種心靈活動，則若鬼神之如在其上，如在其左右。故鬼神乃屬人在心靈世界中生活之所感觸，所想像，而靈魂則屬生活在物質世界中人所想像。在物質世界生活中，彼我為父子，然僅此一世而止。在前世，在後世，此兩靈魂，即不復為父子，彼此無甚深關係。靈魂與靈魂，惟各別與上帝有關係。耶穌教人當以愛上帝之心來愛其父母。此當是人對人不能直接有愛，必透過上帝而有愛。換言之，則是心與心不能直接相通，亦必透過上帝而始得其相通。

西方人言愛，乃偏重到男女之愛上去。原始人即有男女之愛，禽獸亦有雌雄之愛。然河洲之雎鳩，僅能關關和鳴，自不如人之能喁喁細語。心相通而後愛則深。由此分向兩路，中國人由愛轉仁，進向心靈世界中生活。宗教信仰亦可謂是一種心靈生活，然標準教徒必主獨身，如天主教之有神父、修女。蓋男女之愛，亦屬物質世界生活中事，不足代表心靈生活也。

西方自文藝復興，都市興起。循至今日，自然科學多為物質世界服務，而宗教勢力亦漸衰退。人類之心靈生活，在西方乃更式微。中國人慕效西方，急求在物質生活上急起直追，推原禍始，乃認為中國人在心靈生活中沉浸已久。塞源拔本，首主文字改革，唱為白話文，力求文字現代化，庶可杜絕其與古人之通道。如是則心靈生命並歸一源，惟知有當前之現代，四圍之物質界，乃不知有歷史文化之悠久生命，與夫天地自然之廣大生命。斯其為禍之烈，恐終有不可勝言者。

然心靈生命，本當與物質生命並存並榮，本當以當前現實人生為對象。前古人心，與當前人心，乃至往後人心，本可一氣相通，自然形成一大生命。即認為一切在進步中，前古人心如童蒙，則人生本自童蒙進步而來。果使遺棄割絕了已往童蒙時期，其人將永遠為童蒙，否則為一精神病者，當入瘋人院。今日吾國人，已不惜以童蒙自居，乃無如此現世之中風狂走，亦將歸入瘋人院中何。

物質人生，不能使人人盡為大亨鉅富。心靈人生，亦不能使人人盡為大聖大賢。然而物質世界，終屬分別占有。心靈世界，則屬共通享受。莊子言：「鷦鷯巢林，不過一枝；鼹鼠飲河，不過滿腹。」此指物質世界之生活言，教人勿無限求進。但心靈世界則不如此。心靈世界乃是廣大宏通，悠久無疆，一入其中，人可各得滿足，而又欲罷不能。竊謂中國古籍，早已開此境界，亦無奈吾今日國人之相率過門而不入，裹足而不前也。

（一九七五年三月中央月刊第七卷第五期，原題為「談心」。）

重申魂魄鬼神義

中國民族傳統文化中，獨不自創一宗教。中國人亦無與其他民族同樣之靈魂觀。此兩事乃有甚深關係。中國人獨於人心有極細密之觀察。中國人常以性、情言心。言性，乃見人心有其數千年以上之共通一貫性。言情，乃見人心有其相互間廣大之感通性。西方希臘人好言理性，此僅人心之一項功能而止。中國文化之最高價值，正在其能一本人心全體以為基礎。中國古人常兼言「魂魄」。左傳樂祈曰：「心之精爽是謂魂魄。」是魂魄亦指人心言。故曰「心魂」，又曰「心魄」。又曰驚魂、斷魂、銷魂、傷魂，又曰詩魂、遊子魂。此諸「魂」字，顯皆指人生時之心。水經注：「瞰之者驚神，臨之者駭魄。」本草：「安神定魄。」張耒詩：「蕭森異人境，坐視動神魄。」雲笈七籤：「主管精魄謂之心。」此證凡諸「魄」字，亦皆指人生時之心。劉向新序：「龍降於堂，葉公見之，失其魂魄。」此「魂魄」字，明亦指當時之心。

中國人又常以心、身對言，而心更重於身。故亦每分心為二。有附隨於身之心，有超越於身之心。中國人重其後者，不重其前者。左傳：「子產曰：『人生始化曰魄，既生魄，陽曰魂。』」此處魂魄字，即指人生時之心知。小戴禮：「形既生矣，神發知矣。」人之心知，其先乃附隨於人之身軀而始有，故子產曰：「人生始化曰魄。」魄即指人之心知之附隨於人身者。呱呱墮地即知飢寒，此皆魄之所為。史記：「酈食其家貧落魄，無以為衣食業。」無衣食之業則飢寒交迫，「落魄」猶言失其心知。惟其所失落，乃屬體膚飢寒之知。又如言病魄、醉魄，皆有關於人身。雲笈七籤：「載形魄於天地，資生長於食息。」言形魄，亦猶言體魄。左傳：「趙同不敬，劉康公曰：『天奪之魄。』」不敬，乃屬體之失形，故曰天奪之魄。故知中國「魄」字乃指人心之依隨於形體者而言。

知己之飢，斯亦隨而知人之飢；知己之寒，斯亦隨而知人之寒。人之飢寒屬於人之身，不屬己身，而己亦知之，此乃人心超越於身之知。中國古人稱此曰「魂」。江淹賦：「黯然銷魂者，惟別而已矣。」傷離惜別，乃屬人心之一種情感。親朋之身，離別遠去，與我身若無關。故知傷離惜別，乃屬一種超越身體之知。劉勰文心雕龍：「形在江湖之上，心存魏闕之下，神思之謂也。」此種神思乃屬魂，非屬魄。惟此種知屬後起，由附隨於身之知發揚開放，乃始有之。子產曰：「既生魄，陽曰魂。」如知飢知寒，其心幽於一身，故曰陰。由此發揚開放，乃能視人之飢寒一如己之飢寒，此心能超越己之形體以為知，斯其知乃始光明照耀，故曰陽。

左傳疏：「附形之靈為魄，附氣之神為魂。」形是各別所私，氣則共通之公。魄之所知屬私，故僅曰「靈」。魂之所知，超於私而屬於公，故異其名曰「神」。此兩語分別魂魄兩字極明晰。宋儒黃勉齋曰：「耳目之所以能視聽者，魄為之也。此心之所以能思慮者，魂為之也。」魏鶴山曰：「人只有個魂與魄。人記事自然記得底是魄。如會怎地搜索思量底，這是魂。魂日長一日，魄是稟得來合下怎地。如月之光彩是魂，無光處是魄。」此兩人言魂魄，亦皆就人心功能與其作用言，而魏氏言之尤深湛。由此可知，中國古人言魂魄，自先秦下迄南宋之末季，無不指言人生前之心知。惟有依隨於身與超越於身之別。魂、魄之分即在此。

魏伯陽參同契有曰：「陽神日魂，陰神月魄。魂之與魄，互為宅室。」月因日光以為光，故月屬陰，日屬陽。己飢己溺，此屬形魄之知。人飢人溺，乃超越己之形體以為知。古人以前一種知歸之形，乃是魄之所知。後一種知歸之神與氣，則屬魂之所知。惟魂知仍必附隨於魄知，故曰「互為宅室」。惟魄知人所易有，如伊尹知民飢民溺，猶己飢己溺之，由是而樂堯舜之道。堯舜之道在己身外，此等知乃屬神氣之知。堯舜之道之在天地間，亦如神與氣之充盈無不在。人若惟己身之知，則人道將闇塞不彰，故屬陰。超越己身之知，乃可使人道光昌，故屬陽。然如伊尹之知樂堯舜之道，乃必附隨於伊尹當身之知以為知，是亦「互為宅室」也。

小戴禮：「魂氣歸於天，形魄歸於地」，此乃言及人之死後。人之生前，知飢知寒。及其死後，形歸於地，魄亦隨之歸於地，不復有飢寒之知矣。魏鶴山有云：「魂散則魄便自沉了。今人說虎死則眼光入地，便是此理。」虎視眈眈，其眼光何等有神氣！但虎死不復視，其眼光亦隨之入地了。惟超越形體之知，則不隨形體以俱沒。如見父知孝，見兄知弟，此等知，屬於陽、屬於魂，乃不隨形體同歸失落。亦如大氣之運行於空中，此等知亦常散播人間，表現於每一人之形體。詩曰：「孝思不匱，永錫爾類。」如堯舜與周公之知孝父母，此等知乃不隨身俱歿。後人之知孝父母者，不絕繼起，乃若與舜、周公同一知，而且會不斷引伸發揚。如舜之孝瞽叟，父母感格，其事尚在舜之一家。及周公孝文王，繼志述事，影響及於天下。此下孝的故事，日益擴大普遍，而其影響所及，亦成為無微不至。故一人之死，乃死其身，死其附隨於身之知。而別有超越其身之知，則可不死常在，而且引伸變化莫測。故曰：形與魄則歸於地，魂與氣則歸於天。人之生，不僅有身，乃亦有氣。不僅有魄，乃亦有魂。人之死，魄隨形埋歸於地，魂則隨氣散播於天。古人之魂氣，仍可常在，流傳於後世千萬年之下，故曰歸於天。

左傳疏：「魂魄雖是性靈，但魄識少而魂識多。」此明以魂魄說為人之性靈。如知飢寒是人性，知孝弟亦屬人性。人心有靈能知，即其性。但知飢寒，必隨身亡失。抑且飯而飽，即失其飢之知。衣而溫，即失其寒之知。至於知孝弟，不因得父母懽心即失其知。抑且其身既沒，其知猶存，並能綿延長存於千百世之後。此亦即「魄識少，魂識多」之意。

易繫傳：「精氣為物，游魂為變。」如言精誠、精識、精靈，亦言人之心知。沈約神不滅論：「精靈淺弱，心慮雜擾。」言精靈亦猶言心慮。氣則猶言形，物者萬物，人為萬物之靈，亦一物也。「精氣為物」，猶言合心與身而為人。逮人之死，乃有不隨人之身以俱死者，是為魂。魂亦心知，乃已超越人身，不隨俱滅，乃若能離此死人之體而游於太空，又隨後人之身而復活，故曰「游魂為變」。如舜之孝，變為周公之孝，又變為閔子騫、曾參之孝，又變為千百世下千萬人之孝。凡此人文社會之文化傳遞，演進無極，皆是此游魂之為變。小戴禮亦曰：「體魄則降，知氣在上。」知氣即游魂也。

若從人生論轉入宇宙論，如淮南子云：「天氣為魂，地氣為魄。」此謂人身之魄，屬於地氣。人身之魂，則屬於天氣。此亦猶言魄屬陰，魂屬陽。但所從言之微異其辭，不必拘說。庾開神論謂：「天地者，陰陽之形魄；變化者，萬物之游魂。」此一說更超豁。天地亦僅屬一形體。若就形而下之具體平面觀之，則天地亦只是陰陽之形魄；若就天地之無窮變化言，則皆萬物之游魂為之。如此則不僅人類有魂，即推之萬物亦各有魂。只從每一物之生命言，若僅見有形魄，各限於其體；若從萬物大生命言，則此大生命乃貫徹流通於每一小生命之內，而各成其為游魂之轉變也。

老子稱魂魄為「營魄」，有曰：「載營魄，抱一，能無離乎？」注：「營魄，魂魄也。人載魂魄之上得以生，當愛養之。喜怒亡魂，卒驚傷魄。」陸機詩：「迨營魄之未離，假餘息於音翰。」又曰：「營魄懷茲土，精爽若飛沉。」注：「經護為營，形氣為魄。經護其形氣，使之常存也。」此言形魄知飢寒，魂之為知，則知所以經營護衛之方。魏鶴山云「魄主受納，魂主經營」是也。雲笈七籤：「形骸以敗散為期，營魄以更生為用。」此皆沿用老子「營魄」字，然亦明指魂魄，非有他義。魂魄可分為二，故老子繼之曰「抱一」。有附隨於身之知，有超越於身之知，老子意，二者不當分離。然又曰：「能嬰兒乎？」又曰：「為腹不為目，歸眞反璞。」蓋以人文演進，主要在人之心，而尤主要者，則在人心之魂。老子之意，則在預戒其偏進之為害也。

如上所述，凡中國古籍言及魂魄，皆指其人生前之心知言。惟魄乃附隨其身之知，魂乃超越於身之知，此乃其主要之區別。及人之既死，所謂鬼神，亦隨其生前之魂魄而異。易繫傳：「精氣為物，游魂為變，是故知鬼神之情狀。」小戴禮：「宰我曰：『吾聞鬼神之名，而不知其所謂。』孔子曰：『氣也者，神之感也。魄也者，鬼之感也。合鬼為神，敬之至也。』」此處氣字即指魂，魄字即指體。中國古籍言魂常兼言神。莊子書：「解心釋神，莫然無魂。」後漢書樊宏傳：「令臣魂神，慚負黃泉。」李端詩：「沉病魂神濁，清齋思慮空。」是也。言鬼則多指魄。王充論衡：「人死，精神生天，骸骨歸土，故謂之鬼。鬼者歸也。」骸骨指身言，斯魄亦隨之歸土也。關尹子：「明魂為神，幽魄為鬼。」又曰：「靈魂為賢，厲魄為愚。」又曰：「升魂為貴，降魄為賤。」可見人生兼有魂有魄，死乃為鬼為神，皆指人生之功能與變化，非實有其物，如世俗所想像也。

盧仝詩：「海月護羈魄」，羈魄猶言羈魂，乃言旅人之心神也。溫庭筠詩：「寃魄未歸荒草死」，寃魄亦猶言寃魂，然已在其人死後。可見魂魄字，生前死後皆可用。而此兩詩皆用「魄」字，不用「魂」字。不僅為字音平仄，亦因羈旅之與戰場死者，皆因身而言魄，更為妥愜也。張泌詩：「莫把羈魂弔湘魄。」湘魄指其沉湘之屍，羈魂乃指羈旅者之心情。此皆見詩人用字之斟酌。羈魂指生者言，湘魄指死者言，尤證魂魄字生死皆可用。而中國古人之魂魄鬼神觀，亦可隨處而得所證明矣。

亦有人死而確見其為鬼者，如春秋時鄭人之相驚以伯有，子產釋之曰：「人生始化曰魄，陽曰魂，取物精多則魂魄強，是以有精爽至於神明。」史記張晏注引此曰：「匹夫匹婦強死者，魂魄能依人為厲。」朱子釋之曰：「死而氣散，泯然無迹者，是其常。道理怎生有托生者。是偶然聚得氣不散，又怎生去湊著那生氣，便再生。然非其常也。」又曰：「游魂游字是漸漸散。若是為妖孽者，多是不得其死，其氣未散，故鬱結而成妖孽。」又曰：「人有不伏其死者，所以既死而其氣不散，為妖為怪。如人之凶死，及僧道既死多不散。若聖賢則安於死，豈有不散而為神怪者乎？」可見人死曰鬼，鬼者歸也，乃言其無此物。至世間確見有鬼，中國古人亦不否認，不謂絕無其事，只謂是一種偶然變態，非事理之常而已。

朱子又曰：「天地間一個公共道理，更無人物彼此之間，死生古今之別。若以我為主，則只是於自己身上認得一個精神魂魄有知有覺之物，即便目為己性，把持作弄，到死不肯放捨，謂之死而不亡，乃是私意之尤者。」此番言論，極為豁達開通。凡認人生前死後，有一靈魂轉世，又或認死後靈魂可上天堂享樂，皆所謂私意之尤。故為悲觀論者，乃謂人世是一罪惡，必有末日之審判來臨。為樂觀論者，則務求發展物質，供人身享受，以為人生進步端在此。此皆不識天地之大公理，與夫人類大生命之意義也。

世界各宗教中，與中國傳統文化對於人生觀念之較接近者，厥為印度之佛教。佛教亦無靈魂觀。魏書釋老志稱其要義，謂：「生生之類，皆因行業而起，三世識神常不滅。」此言「識神」，略如中國人言人生前之魂。然中國人言魂不言轉世，而佛教則言識神流轉，於是有輪迴；此則與中國人之人生傳統觀念大異。朱子又曰：「乾坤造化，如一大洪鑪，人物生生，無少休息，是乃所謂實然之理。不憂其斷滅也，今乃以一片大虛寂目之。而反認人物已死之知覺，謂之實然之理，豈不誤哉！」此論專是針對佛教而發。人類生前之心，有能得人心之同然者。此為由心返性，即孟子所謂「盡心知性，盡性知天」，亦可謂之由人合天，是即由每一人生前之小生命轉進到人類繼繼繩繩萬世不絕之大生命中，而何復有斷滅之憂！而人類此一短暫渺小之小生命，乃能寄存於大生命中，隨以俱前，此可謂之至神。故小生命歸入天地自然則謂之鬼，升進到大生命中而變化無盡則謂之神。中國古人之鬼神觀，亦惟如此而止。

朱子又曰：「聖賢所謂歸全安死者，亦曰無失其所受於天之理，則可以無愧而死耳。非以為實有一物，可奉持而歸之，然後吾之不斷不滅者，得以晏然安處乎溟漠之中也。」此論可以指斥其他民族所抱之靈魂觀。至於佛教，則並求此三世流轉之神識歸於涅槃滅盡，以免輪迴之苦。此雖與其他民族所抱之靈魂觀若有不同，而其同歸於挾持私意，違反自然，則一也。

蘇子由有曰：「精氣為魄，魄為鬼，志氣為魂，魂為神。禮曰：『體魄則降，志氣在上。』眾人之志，不出於飲食男女之間，與凡養生之資。其資厚者其氣強，其資約者其氣微，故氣勝志而為魄。聖賢則不然。以志一氣，清明在躬，志氣如神。故志勝氣而為魂。眾人之死為鬼，而聖人為神，志之所在異也。」依蘇氏言推之，凡務於物質之發展，競求資生之厚者，其氣強，一時若不可侮，而終不免使人生流入鬼世界。中國古人重魂輕魄，務求人人聖賢化，使人生如在神世界。而其氣之不免趨於微弱，亦所當戒。故老子必曰「抱一」，魏伯陽言「魂魄互為宅室」，而小戴禮亦必曰「合鬼與神」也。孔子適衛，告冉有先富之，繼以教。管子書言：「衣食足而後知廉恥，倉廩實而後知榮辱。」惟此衣食倉廩亦當有節制，非可如近代西方之自由資本主義，一意向物質享受、財貨富利作無限之競爭。此乃中國傳統文化一主要精義所在，古今一貫，乃迄最近世而變。然其為禍為福，為失為得，亦可不待久而知。殷鑒不遠，即在當前之西方而可證。

中國民間，復有言神仙一項。朱子曰：「氣久必散。人說神仙，一代說一項。漢世說安期生，唐以來不見說了，又說鍾離權、呂洞賓，而今又不見說了。看來他也只是養得分外壽考，然而久亦散了。」是朱子對神仙傳說，亦如其對言鬼厲，言託生轉世；社會有此傳說，儘不加否認，但明其非常道耳。論語：「子不語怪力亂神。」又曰：「敬鬼神而遠之。」正亦此意。君子修其常，小人道其變。惟變終必歸於無，此即是鬼。常自可通於久，此即是神。在神通悠久之中，亦自可包含有怪力亂神；而怪力亂神，終不能神通悠久。中國文化要旨即在此。

既言鬼神，自有祭祀。孔子曰：「祭神如神在。吾不與祭，如不祭。」此處只言祭神，不言祭鬼。鬼屬體魄，已降於土而歸於無，自無可祭。故人之所祭皆屬神。雖一庸人，當其生，若碌碌無所表其異，然其於子女，生之育之，撫之翼之，生前既心相通，死後必神相感。故古者不墓祭，獨奉神主以供祭祀。神主即死者生前神魂所棲。死者之魂，何以能棲於此木？此乃父母子女心相感而若見其如此，所以謂之神。古有神主，無神像。像屬形，已為鬼，然見像可以增思，故後世終不廢。要之父母之死，其在子女心中即神也。故曰「己不與祭如不祭」。

朱子亦曰：「所謂鬼神者，只是自家氣，自家心下思慮才動，這氣即敷於外，自然有所感通。」

又曰：「奉祭祀者，既是他子孫，畢竟只是一氣，所以有感通之理。」由此言之，祭祀必兼重所祭與其主祭者。思慮未起，鬼神莫知。若主祭者漠不動心，何從召其所祭者來享？然則鬼神豈不仍在活人心中乎！故曰：「神不歆非類，民不祀非族。」即山川之神，古人亦只祭其在己境內者。魯人只祭泰山，不祭嵩、華之嶽。若或祭之，嵩、華嶽神亦不來享。民族文化必尊傳統，其要義即在此。

王充論衡有曰：「天下無獨燃之火，世間安得有無體獨知之精？」又曰：「天地之性，能更生火，不能使滅火復燃。能更生人，不能令死人復見。」王氏此言，乃主世間無鬼，卻不能論世間無神。鬼以體魄物質言，神則以魂氣精靈言。今姑以火為喻。火本非物，乃是一種燃燒作用。然燃燒起於一物，乃可蔓延及於他物。星星之火，可以燎原。人心亦然。心非物，然心之作用，則可起於一心而蔓延及於千萬年億兆人之心。從中國人言之，此種心作用，屬魂，不屬魄；乃神，而非鬼。惟不能憑空起火，亦必憑於物。故中國人常兼言魂魄鬼神。莊子養生主亦曰：「指窮於為薪，火傳也，不知其盡也。」薪即指此有涯之生，火乃指此無窮之生。薪為鬼，火則其神也。薪乃生之奴，火則生之主也。莊子外篇又曰：「古人之書，乃古人之糟魄。」不知古人之書，乃古人精魂所寓，非糟魄也。今人讀莊周、王充之書，尚若與此兩人同坐而可上下其議論，則古人之意，何不可以言傳？惟讀古人書，貴能心知其意。若自心為糟魄，則亦無奈古人書何也。

（原載一九七五年六月一日、二日聯合報副刊）

漫談靈魂轉世

中華民族沒有和其他民族一般的靈魂觀念，遂使中華民族有與其他民族特異之宇宙觀、人生觀，而形成其文化之特異演進，此層大堪注意。佛教東來，亦沒有靈魂觀，但其「業識輪迴論」，實與其他民族之靈魂觀，有可會合之處。或其「業識輪迴論」，即從其他民族之靈魂觀中脫胎而來，亦未可知。此層有待深究原始佛學者，作進一步之研討，此不詳論。

若如其他民族所言，人生前有靈魂，死後仍有靈魂，則與佛教理想涅槃眞空之終極境界相違異。故佛教雖言投生轉世，卻不採靈魂轉世之說。但其說「業識」，乃與其他民族言靈魂仍是小異大同。至於中華民族之傳統觀念，則認從宇宙界產生人生界，人生來自自然，亦回歸自然，人生與自然之中間，更無另一存在。故每一人之生與死，只是一自然，其過程則全在人文界。遂以造成中華民族惟一看重人文精神之一項特出的文化傳統。但自佛教傳入，投生轉世之觀念，亦在中國社會中盛行，而靈魂觀念，亦藉此滲入。惟在高級智識分子中，則視此為俗說。

靈魂轉世，是否眞有其事，迄今尚不易得一確否之定論。猶憶在民國初年，余方弱冠，報載安南某地，一嬰孩能自言其前世，乃係中國山東省某縣某村某姓，其家有妻有子女。安南方面曾致書山東某縣，囑加查詢，均係實情。其時我淺見寡聞，深憾中國方面沒有派人去安南更作查詢。此後才知西方社會，如此等事，不斷有考訪紀錄，至今益盛。靈魂轉世，固尚未能信其必有，但亦不能疑其必無，此事尚待研窮。但有一層可斷言者，此等事，就中國傳統文化言，乃與人生正道不相容。

即如那安南孩子，彼既不能重返山東，仍為人父，但也不能在安南某家中安分做一孩童。直要等他年事日長，把前世記憶全忘了，才能歸到人生正道上來。做一日和尚，撞一日鐘。做這一世人，便該專心一意在這一世做此世的人，不應再記憶著前世。靈魂是靈魂，人是人。那靈魂既已投進人生界做人，便該安分守己徹頭徹尾做此世的人，不該還牽涉到那未為人前之靈魂那一面去。

人生短短百年，而靈魂則可以無限轉世。中國社會迷信傳說，前世兩人是寃家，這一世卻成為夫妻父子，正是一方對另一方報仇索寃。如此則靈魂界便來擾亂了人生界。耶穌教信有靈魂，所以耶穌教人該把愛上帝之心來愛父母。正因這一世彼是我父母，上一世，下一世，又不知是何關係。人生只如萍水相逢，靈魂則只與上帝有關係。但在中國，人只在此一世做人，更無前世、來世。彼則正是我此一世之父母，在彼亦並無前世、來世。彼之為我父母，天長地久、獨一無二。我不盡孝，機會一失，百身莫贖。此身則只是此身，此世亦只是此世，人生可貴正在此。

又如佛家之說輪迴，亦幸而只是一宗教信仰，其事祕密不為人知，並亦無從追究、證實。否則其父若前世是一豬，其母前世是一狐狸，其子前世是一狼，其女前世是一蛇，試問此世如何成得一家庭？親戚鄉黨社會相知識人，或其前世是偸、是盜、是殺人犯、是流氓惡霸，如是等等，幸而不自知，又各不知，否則試問又何以相處？故眞信輪迴，還是出家為僧是第一正道。眞信靈魂，則還是如西方中古時期始較是近理生活。惟有中國儒家提倡一套孝弟忠恕人生大道，安分守己，樂天知命，但究竟與宗教信仰靈魂、輪迴諸說，有其不相融洽處。

今再問，亞當、夏娃，偸食禁果，謫降為人，此兩人則是先有靈魂，後始為人。其他人類，全由他兩人衍生而出，應不是在天堂裏早有此幾十億靈魂絡續貶謫下地。佛說由人造業而有輪迴，則亦非在未有人類前，早有輪迴定局。故人不造業，則歸涅槃世界，超出輪迴，還於第一義空。在此方面，佛說是可交代了。但業何由始，佛家也只能說無始。而且，如豬如狐狸如狼如蛇，禽獸亦不能不造業輪迴。若佛法大行，有福德智慧的，逐漸超出輪迴，而其他衆生，不易超脫。佛又說：我不入地獄，誰入地獄？衆生不超脫，佛也不超脫。如是則此輪迴，不僅無始，亦將永無終極。眞超脫的，也只是些自了漢。又說到靈魂，若靈魂只在人生界，由人生而始有，則是否每一人定有一靈魂，死後上天堂，下地獄，或再轉世為人。此層亦還得再究。

男女交媾受孕，只是一自然現象，似乎並不是有一靈魂趁在此時來投胎，而是為懷孕十月胎胞脫離母腹、呱呱墮地時，此另一靈魂乃始投入此嬰孩身上轉世為人。似乎一般靈魂轉世說，只是如此。則試問每一人生時，是否定由一靈魂轉世？今姑承認有靈魂轉世，但究是極稀有之事，不知幾萬生命中，偶有一靈魂轉世之現象出現，究不能以一推萬，說每一人都是靈魂轉世。人生是一常，靈魂轉世是一變。今日人類知識所能承認者，似乎最多亦只能到此為止。

而且此另一靈魂之前世記憶，明是一客體；而此新生嬰孩，始是此生命之主體。客體附進此主體，終將為此主體所克服而消失其存在。故凡靈魂轉世，不久後，凡屬前世記憶，必全歸消失，那豈不是此另一靈魂也等於消失了。此後乃有此嬰孩之正常生命，亦有此嬰孩之正常心智。如前述民初那一安南小孩，勢必逐漸忘卻其為中國山東某縣某鄉某老人，而確切明白其自己之身世，與對於四圍父母以次家庭、鄉里、國家、民族等種種之關係，此嬰孩乃始自有其生命。今無端被一中國山東某縣一老人之賸餘生命侵入此嬰孩之生命中，而反客為主。此如一盜寇其入，屋中主人受其脅迫，暫時失卻自由。這一現象實在要不得，故說其與人道不相容。今若承認此安南嬰孩此下之生命乃是中國山東某縣一老人生命之延續，則整個人生皆將為之改觀。只有末日清算，始是此世界正當之歸宿。

故說靈魂與生命不同。此安南嬰孩之生命，乃自其父母媾精時孕育而來。靈魂則是生命過程中一種心智意識作用，附隨於生命，而不即是生命。當五十萬年乃至一百萬年前之原始人類，與近代人可謂同具有生命，但其心智意識則大不同。那時人，是否已有如後代人死後靈魂上天堂或下地獄等想像，自難懸揣。在其時，猿猴與人類生命至相近，是否猿猴亦有靈魂？佛家之輪迴論，認定生命只是一業，常此輪迴，只入涅槃乃得無生。則一切螻蟻蝗蝻，凡屬生命，皆有作業，應皆在此輪迴中。此一輪迴勢將成為極端複雜，無可究詰。但儘說螻蟻蝗蝻亦有生命，有作業，有輪迴，卻不可謂其亦有與人相同之靈魂。此雙方之信仰，又是誰眞誰偽，誰可信誰不可信？

今只謂靈魂是生命中一種心智意識，而又自我觀甚強者。如禽獸眾生，亦可謂其有某種心智意識作用，但並不有甚強之自我觀。似乎生命階級愈高，則自我觀愈強，而人類之自我觀尤為最強，乃有所謂個人尊嚴。然若謂人生界之前後，尚有靈魂界，則人生界實如一戲臺，靈魂界則如其後臺。演劇者皆從後臺化裝出演，演畢仍歸後臺卸裝。臺前演戲，全非眞我，全部人生，那得認眞？帝王將相，聖賢豪傑，全屬臨時扮演，何嘗有自我尊嚴可言？悲歡離合，啼笑歌哭，臺下為之感動，臺上人寧不自知其虛假？一俟歸至臺後，便全沒有這會事。若人生界背後果有一靈魂界，則全部人生，百萬年歷史傳遞，豈不只如在演戲？此與人類所持有之自我尊嚴感，實不相容。耶穌說：凱撒事由凱撒管，上帝事由他管。人生界全屬凱撒事，靈魂界始屬上帝事。故凡屬宗教信徒，則必具謙卑之德，亦必備出世之情。而中國傳統文化精神，則徹頭徹尾以人文為本位。靈魂觀自所不能接受，而宗教亦不能由中國人自創。

今縱謂靈魂轉世有其事。惟首當辨者，靈魂乃人生以後事，非人生以前事。換言之，乃是有了生命乃始有靈魂，並非有了靈魂乃始有生命。中國古人言魂魄，即在生命後，不在生命前，與其他民族所信之靈魂有不同。近代西方人研究靈魂轉世，似乎偏重在考驗其事之眞偽，即靈魂轉世事究否可信。今即信其確有，亦當繼續追問何以有此事發生，即何以在人世間突有此靈魂轉世之現象？卻不當認為凡屬人生，均係靈魂轉世。換言之，即當問其人死後，何以有此靈魂遊蕩，而遂得投胎轉世？卻不能認為每一人死後，皆有一靈魂遊蕩，以待投胎轉世。

即如民初山東某縣某老人投胎安南轉世復生，即當注意查考此一山東老人之生前種種，研究其何以有死後之靈魂遊蕩，更重要於詢問安南某嬰孩之一切。惜乎近代從事靈魂學者，關於靈魂轉世事，多側重其後一節，卻不著重其前一節。

中國人言鬼魂，似乎頗知注重其前一節。如言其人驟死，如冤死、溺死，或自縊死，或突遭強暴死，往往易有鬼魂出現，正命死者則否。推此言之，靈魂轉世，亦是一特殊事項。或其人生前自我觀太強，故其死後，尚留一番記憶。用中國古語言之，乃是一時魂氣未散，偶著嬰孩新生之體，遂有靈魂轉世之現象。此亦猶如鬼魂出現，縱謂有此事，但只偶然，非常然，不當作過分之解釋。

中國人看重生命，更看重群體之大生命。惟群體大生命，即在各別自我之小生命上表現。果無各別自我之小生命，即不見有群體大生命。尤其是歷史文化人生，苟無群體大生命，即不能有各別自我之小生命。各別自我之小生命，附著在各別自我之身。群體之大生命，則寄存於家國天下。如一人在家庭中，知孝知弟，必其自我之小生命乃與家庭大生命融凝合一，不見有甚大之分別。家之在國，國之在天下，亦然。其相互間關係，中國人稱之曰「禮」。禮字即如體字，只非一身之小體，乃一共通之大體。身之小體有心，此大體亦有心，孔子稱此心曰「仁」。孔子曰：「克己復禮為仁。」此即是要把關切各別自我小生命之心擴大轉移到共通群體之大生命上去。每一人在家中，不能只顧其自我小己生活，不管一家人生活。若其視一家人生活，亦如秦人之視越人，肥瘠痛癢，漠不關心，其人即是不孝不弟，不仁無禮，一自私自利，只知有自我觀，而又自我觀過強，成為一不知大體之小人。

曾參乃一孝子。其父杖之，「小杖則受，大杖則走」。在曾子心中，不僅顧及自己，亦顧及其父。其父必有不快於彼，乃持杖擊之。若是小杖，於己體不至有大損傷，逃避，將使其父心更不快，故忍痛受了。若其父持大杖，可使己身受重傷，或使其父事後生悔，亦使自己在重傷中不能孝養其父，所以只得逃避不受。可見曾子心中，不僅顧慮到自己，也顧慮到他父親。父與己，如在一體上考慮。此之曰孝，亦即是仁。孔子曰：「為仁由己。」父親打他，其事或不仁；但他斟情酌理，走避，或忍受，便沒事，卻即是歸於仁了。可見仁道貴在由己來做。若專要別人做，則父要子孝，子要父慈，相互間成一相爭局面，那裏猶見有仁？故孔門講仁道，一面要「克己」，一面要「由己」，全放在己身上。儒家看重自我尊嚴，應能把小我融入大我中乃有，絕非僅有自我觀者所能瞭解其中之意義。

中國人看重此仁道，亦即是人道，而同時又即是天道。天生人，不生一各別自成之人。換言之，人則絕不能各別自成。如男必配女，夫婦為人倫之始。亞當必與夏娃同時降生。故人倫即是天理。天為至尊，亦必配地。故說「一陰一陽之謂道」。若使有天無地，便也不成道。又說：「乾道成男，坤道成女。乾知大始，坤作成物。」有始不能沒有成。易卦分陰陽，又分長幼。有了大人，必有小孩。必待有此陰陽長幼之別，乃始成人道，同時亦即是天道。若在人生以前有靈魂，靈魂是否也必分男女？若靈魂亦分男女，亦該有長幼，如是則靈魂界亦宛同於人生界，天堂亦無異於塵世。若使靈魂界更無男女長幼，須待投入塵世乃有，則靈魂界實已屈從於人生界，天堂反而屈從了塵世，這裏似又說不通。中國人言人生，則直從天地大自然說起，不須先構想一上帝與靈魂。

但人自有生，往往易造成一自我觀。人生亦不能無此一自我觀，只不宜太過分。如生必有死，而認為我實未死，仍有一靈魂存在，而且此靈魂又遠在我生前，遠至我死後，長與天地同在。或自我觀太強之人，更易生此種想像，亦易信受他人此種想像。西方社會自我觀太強。希臘人越洋經商，拋妻別兒，風濤險惡，異地生疏，全賴自我一人，若向茫茫不可知之前途單槍匹馬奮進，乃易於引生一種強烈的自我觀。中國自古便成一農業社會，生於斯，長於斯，老於斯，葬於斯，人生與土地結不解緣。春耕夏耘，秋收冬藏，又與天時氣候結不解緣。而且夫耕婦饁，子牧牛、女守家，五口百畝，通力合作，融成一生活體。每一人之自我觀，不會太強烈。而且深深體會到其小我生命之上自父祖，下傳子孫，其家庭、墳墓、宗祠，皆可為之作證。因此不易信受單獨一靈魂輾轉來往於斯世之想法。

中國人亦言神仙長生不死。但神仙不死，仍從身生命起念。既重身生命，亦不免要從群體大生命中脫出。此較接近莊老道家出世思想。孔子儒家之生活理想，則徹頭徹尾在群體中。孔子曰：「吾非斯人之徒與而誰與？」曾子曰：「任重而道遠；仁以為己任，不亦重乎！死而後已，不亦遠乎！」孟子曰：「天將降大任於斯人也。」任有大小，而總是有一責任存在。人身小生命，乃以其所屬之群體大生命為責任。責任既重，死了方卸責。百年的身生命，已覺路途夠遙遠了，總該有一卸責之時。范仲淹為秀才時，即以天下為己任，「先天下之憂而憂，後天下之樂而樂」。那樣的心理習慣，在其生命過程中，長知有家國天下，卻像不知有己。己身小生命，只像一擔子，擔子上挑的，乃是家國天下群體大生命。試問他小生命終結，死了，生前重擔放下，儻使死後有知，生前的心智意識尚有存留，他所留戀不忘的，豈不還是那擔子，還是那擔子上所挑的一切？因此在中國社會上聖人、賢人死了，應沒有靈魂轉世之事。其他民族所抱的靈魂觀，由中國聖賢看來，好像人生重擔，只該由他一人挑，只知有己，不知有人，絕不是「克己復禮」之道。

今再說，由宗教講來，靈魂降世乃是犯了罪來受懲罰。由一般世俗來看，靈魂入世，乃如旅客漫遊，相互間既是素不相關，一旦聚首，逢場作戲，各尋一番快樂而止。西方中古世紀後轉出文藝復興，不能說沒有這番心理。大都市乃至資本主義由此踵起。尋快樂引起打架，打架後還只是尋快樂。稍可作為警戒的，一面是死後之地獄，一面是生前之法堂。此百年的短暫人生，真覺無意義，意義只在永久長存的靈魂界。但天地生人，卻又偏偏不生他成為一完整人，只生他或男或女的成一半面人。於是人生唯一意義，好像只在男女戀愛上。但戀愛、結婚、離婚，亦只是各人自由。自由之上，更無其他道義可言。及其生男育女，又只是另一靈魂轉世，與夫婦雙方各無關係。所以自我觀，即個人主義，會繼漲增高，而個人尊嚴，則反而低落了。個人主義下之個人尊嚴，亦只是各別尊嚴他自己，誰也不會來尊嚴誰。不像中國人講人倫，父慈子孝，乃是子尊其父，父嚴其子。兩人合挑一擔子，你得尊嚴我，我得尊嚴你，否則那擔子會挑不起。此則是講道義，不是講自由。

近代西方，自然科學興起，生物學、生理學、心理學，都插不進一靈魂觀。他們說是上帝迷失了，其實也是靈魂迷失了。但近代西方之靈魂學者，同樣以自然科學方法來作研尋。據所報告，似乎不能一概否認靈魂轉世之確有其事。但據中國人舊說，仍是一種魂氣不散，偶發的現象，亦如寃鬼為厲一般，卻可與整個宇宙觀、人生觀無關。不能只據此等事，便認在人生界以外另有一靈魂界。而在中國人傳統的人生理想、人生修養上，則縱使每人生前有此一靈魂，每人死後仍有此一靈魂，亦貴在能消化此靈魂歸入人生，來善盡其人生道義。而此生前死後之一靈魂，則寧可置之不問，把它忘了。即如你上臺演戲，該一心一意和臺上其他角色共同演出一好戲，卻不要只想後臺。此是人生大藝術，亦是人生大道義。孔子「不語怪力亂神」，又曰「敬鬼神而遠之」。既不定要否認，卻不表其重視。若套用耶穌的話來說，不如說上帝事由耶穌管，世間人生界一切事，還是由孔子管，比由凱撒管，會好得多。

（原載一九七五年六月四日、五日中華日報副刊）

生命的認識

每一人各自最寶貴他的生命。

生命最具體，然亦最抽象。因其最具體，故最易認識。亦因其最抽象，故亦最不易認識。生命又最多變化，亦於變化中見進步。人類生命，乃生命中之最進步者。然因其最進步，故亦最不易認識。

生命有大小。如草可說是一小生命，樹可說是一大生命。樹有枝有葉，每一枝葉亦不可不說他是一生命，只是小生命。而樹之本身，則可稱是一大生命。有時當犧牲小生命來完成大生命。如秋冬來臨，樹葉凋零，逢春再發，即是犧牲了葉的小生命來完成樹的大生命。故一樹生命，可達數十年百年以上，而樹葉則年必一凋。有時為求樹之生長，而修剪其枝條，亦是犧牲小生命來完成大生命。為求樹之繁殖，又必開花結果。花謝果落，生命極短，但另一樹之新生命，則由是開始。花果亦可說是小生命，為樹之大生命而始有其意義與價值。

生命最早何自來，此事尚不為人所知。生命最後於何去，此事亦尚不為人所知。今所可知者，生命乃自生命中來，亦向生命中去。

何以謂生命從生命中來？如樹上長枝葉，開花結果，父母生育子女等，其事易知。何以謂生命還向生命中去？其事若不易知。如樹葉凋零，為求樹身完長。樹葉失去其小生命，為護養樹身之大生命。故曰生命還向生命中去。人人期求長生不老，但若果如願，將妨礙了此下的幼小新生。故每一人必老必死，乃為著下面的新生代。故知生命之死亡，乃為生命之繼續生長而死亡。換言之，則一切死亡，仍死亡在生命中。

由「身生命」轉出「心生命」乃是生命上一絕大變化，絕大進步。

一切禽獸眾生，皆已有心的端倪，亦有心的活動，但不能說其有了心生命。惟到人類，始有心生命。但在原始人時期，其心生命亦未成熟。須待人類文化愈進步，其心生命乃益臻成熟，益臻壯旺。最先，是身生命為主，心生命為副，心只聽身的使喚驅遣。但到今天，心生命已轉成為主，身生命轉退為副。換言之，主要的生命在心不在身。在先，飢飽寒暖是人的生命中最大要事。心的作用，只在謀求身的溫飽上見。但至今，則喜怒哀樂，始是人的生命中之最大要事。人生主要，不僅在求溫飽，更要在求喜樂。而所喜所樂，亦多不在溫飽上。

喜怒哀樂，是心生命。飢飽寒暖，是身生命。飢飽寒暖，僅在身體感覺上有少許分數相差。喜怒哀樂，則在心情反應上有極相懸殊的實質相異。

身生命是狹小的，僅限於各自的七尺之軀。心生命是廣大的。如夫妻、父母、子女、兄弟，可以心與心相印，心與心相融，共成一家庭的大生命。推而至於親戚、朋友、鄰里、鄉黨、社會、國家、天下，可以融成一人類的大生命。此惟心生命有之，身生命即不可能。

身生命極短暫，僅限於各自的百年之壽。心生命可悠久，常存天地間，永生不滅。如堯舜的心生命，可謂至今四千年常存。孔子的心生命，可謂至今兩千五百年常存。存在那裏？即存在後世人心裏。古人心、後人心，可以相通相印，融合成一心的大生命。

即如歌唱彈奏，亦皆出自人類心生命之一種表演。聲音飄浮空中，一逝即去，不可復留。然而由心生命所發，則可永存天壤間。一代大音樂家，他的身生命，隨其屍體，長埋地下，腐壞以盡。但他生前一歌一曲，只把來譜下，後人可以依譜再奏。此歌此曲，可以在人間時時復活。古代詩人寫下一首詩，收在詩經三百首裏的，豈不到今已三千年，但依然不斷有人在誦這首詩？孔子說的話，記在論語裏，豈不到今已兩千五百年，但依然不斷有人在說這許多句話？音樂如此，文學義理更如此。這是人類心生命不朽之明證。

人類的歷史文化，便是由人類心生命所造成。禽獸眾生，僅有身生命，更無心生命，因此不能有歷史文化。原始人乃及現代有些處的野蠻人，沒有進入到心生命階段，亦不能有歷史文化形成。

人既在歷史文化中生下，亦當在歷史文化中死去，其心生命亦當投入歷史文化之大生命中而獲得其存留。但其間有有名，有無名。有正面的，有反面的。歷史文化中正面有名人物之心生命，乃是在心生命中發展到最高階層而由後人精選出來作為人生最高標榜、最上樣品的。我們該仿照此標榜與樣品來各自製造各自的心生命。

身生命賦自天地大自然，心生命則全由人類自己創造。故身生命乃在自然物質世界中，而心生命則在文化精神世界中。精神世界固必依存於物質世界，但二者究有別。如音樂歌唱，必依存於喉舌絲竹，喉舌絲竹屬於物質世界，必待人類心生命滲入，其出聲乃成為音樂。風聲水聲，只是物質世界中之自然音，伯牙鼓琴，高山流水，雖說是模倣自然音，而注入了伯牙一己之心生命，乃成為人類文化精神世界中之產物。物質世界之自然音，可以時時消失，時時變；但注入了人類之心生命，則不易消失，不易變，而可以永久常存。

近代自然科學，亦是人類心生命所貫注、所寄存。但科學知識，只在物質世界中。科學創造，科學應用，亦仍在物質世界中。此等皆可變，可變則有進步。惟科學家之精神，乃是科學家之心生命之在精神世界中。此項生命與精神，則可常存天地間不變。自哥白尼、牛頓以來，天文學、力學皆已變，皆有進步。新知識產生，舊知識即消失。但牛頓、哥白尼之心生命，其在精神世界中者，可以至今不變、不消失，乃亦無進步可言。今人敍述哥白尼、牛頓天文學、力學之發現，主要乃在由此而見兩人之心生命之依然存在。至其發現，則至今已盡人皆知，不煩詳述。

有關人類身生命之享受，皆在物質世界中，亦有變，亦可有進步。目前中國人之身生活，較之兩千五百年前孔子之身生活，不知變了多少，而進步了多少。孔子時代之物質世界，至今全變了，全消失，全不存在了。孔子的身生命，也已同樣消失。但孔子之心生命，則在精神世界中，依然常在，永不消失，並亦不可變，因亦無進步可言。不能謂今天人類的心生命，已較孔子為進步。

今再以樹為喻。根埋地下，幹枝葉花果伸出空中。沒有根，即無幹枝葉花果。此如人類沒有了身生命，亦將沒有心生命。但樹生命之主要表現，應在其幹枝葉花果之不斷伸長與發展。樹之根，乃為樹生命之基本，但不能即以此代表樹生命。水與土，營養了樹的根；陽光空氣，則營養了樹的幹枝葉花果。自然科學物質創造亦如地下水土，只營養了人類的身生命，音樂、藝術、文學、哲理、宗教信仰、文字著述，則如空中之陽光空氣，營養了人類的心生命。兩者各有意義，各有價值，太偏重了一邊都不是。

但有時，身生命和心生命會發生正面衝突。中國傳統文化，一向能懂得心生命之意義與價值而加以重視。孔孟遺訓，殺身成仁，捨生取義，即是教人要能犧牲身生命來完成護衛其心生命。歷史上此等豪傑聖哲，古今不絕書。即舉臺灣嘉義吳鳳為例。

吳鳳的身生命，早消失了幾近兩百年。但吳鳳的心生命，卻永存不朽，常在精神世界中。只要我們有心想接觸他，立刻便可接觸到。阿里山可以不斷開發，不斷改觀，今天的阿里山，已與兩百年前大不同，但吳鳳的心生命，則依然是那時的，不壞不變，可以赫然如在我目前，肅然如在我心中。每一人只要能投入此生命精神世界中，自會遇見他存在。這並不是一種宗教信仰，也不需任何科學實驗，又不是某種哲學思維與文學描寫，這乃是一件具體事實而表現在各人心中的一項生命精神。只要以心會心，自可知之。

軍中生活，有時易使心生命活躍勝過身生命。換言之，軍中生活，都該由心來支配身，不該由身來支配心。又當使千萬個身只在一條心上活動。貴會都是經此訓練的人轉身來服務社會。歷年成績，亦已昭彰在人耳目。我曾親身目覩過貴會許多成績，尤其是花蓮太魯閣到天祥那一段橫貫公路，我幸能在正修工時去參觀過兩次。使我深深體會到人類心生命之偉大與其幽深之表現。不明白其中意義的人，只認為是人身的勞力發生了作用。但當更透進一層來看到人心之艱苦卓絕與其萬眾一心之歷久不懈、每進益勵的那一番心生命精神之在其背後作主，乃使天地為之變色，山川為之改觀，風雲氣象，從奇祕中發光明。此多年來，遊人踵至，驚心動魄，莫不嗟嘆欣賞此一段偉大工程。但當更透進一層，體會到那是一番人類心生命之活動與努力。

然此尚是具體易見之事。更透進一層，便見臺灣開發三、四百年來，到處都可想見我們中國人閩粵同胞心生命所寄託之痕迹。更進一層，便知我中華民族國家歷史文化之所積累完成者，亦莫非由我中華民族四千年來之心生命之所積累而完成。

心生命必寄存於身生命，身生命必投入於心生命，亦如大生命必寄存於小生命，而小生命亦必投入此大生命。上下古今，千萬億兆人之心，可以會成一大心，而此一大心，仍必寄存表現於每一人之心。中華四千年文化，是中國人一條心的大生命，而至今仍寄存表現在當前吾中國人每一人之心中，只有深淺多少之別而已。若不在此一大心中生活，此人便如沒有其生命，只如禽獸眾生般，有其狹小短暫之身生命而止。

今天我得機會來此作演講，亟盼貴會諸君子益警惕、策勵此心，各把每人的個別心會通成一群體之共同心，又能上接古人心，下開後世心，來發榮滋長我中華民族的歷史心與文化心。如此，亦使各人的心生命乃得永存不朽於天地間。

（國軍退除役官兵輔導委員會演講辭，原載一九七五年五月九日、十日中華日報副刊。）

人生何處去

人生向何處去，亦可答稱：人生必然向死的路上去。生必有死，但人死後又向何處去？此一問題，乃從人生問題轉到人死問題，其重要性也決不在人生問題之下。

解答此問題者，可舉三說為代表。一佛家說。佛教雖起在印度，但其完成與暢行，則全在中國。佛教言人死當歸涅槃，涅槃乃一種虛無寂滅義。一切現象，皆在寂滅中來，亦向寂滅中去。但人生還向寂滅，事有不易。人身由地、水、風、火四大合成，人死則四大皆空。但人生時有作業，此業則不隨四大俱去，仍留存有作用，於是佛家乃有「輪迴」之說。生前作了業，死後會仍回入世。如是則死生輪迴，永無終止，譬之如一大苦海。故人生前，唯當減少作業，俾可逐漸超渡此苦海。先求出家，擺棄父子、兄弟、夫婦種種親戚關係，又須節縮衣食種種要求，把人生作業盡量減少至最低度。尤須能轉換作業，大慈大悲，救苦救難，方便幫助人同出此苦海。如是乃得逐漸回歸涅槃。至於消極自殺，如投身懸崖等，亦非正途，因其生前作業仍在，將仍不脫輪迴之苦。其次是耶穌教，上帝創世，亞當、夏娃犯罪被謫，降世為人。果能知罪修行，及其死後，靈魂仍可回到天堂。

耶、佛兩教雙方之宇宙論及人生論各不同。耶教有上帝、有天堂，人生由天堂因犯罪惡墮落入塵世，故耶教對此人生，主張一種「原始罪惡論」。此塵世即是一罪惡聚，必有一末日，受上帝之總清算。佛教則無上帝、無靈魂，只有此作業輪迴之苦海。佛教亦有往生極樂世界之說，但此極樂世界，實際即是一淨土、一涅槃，一切皆空，應非如耶教之天堂。

佛教入中國，已在東漢後。耶教更後，其流行已在明代之末。中國人在此兩宗教傳入以前，自己另有一套信仰。此當以儒家教義為主。子路問死，子曰：「未知生，焉知死？」孔子意，要懂得死後，先要懂得生前。生是此人，死亦是此人。若不懂得生前那人，又如何會懂得死後那人。然則人究是什麼呢？孟子曰：「仁者人也。」大家總認此六尺之軀之此一個我為人，其實此六尺之軀之此一個我，卻並不眞實即成為一人。人必在人群中成一人，必在與其他人配搭下始成為一人。如嬰孩初生，若無父母養育，亦得其他人養育，否則此嬰孩如何得成人？其實，嬰孩成人，也只成了一我，還不得眞稱成一人。自然生人，根本便是不完全的，或是男，或是女，各得一半。必男女相配搭，乃得再生下一代人。故中國人稱男女交媾為「人道」。無此道，也即無此人了。慈孝之道，老幼相顧；夫婦之道，男女相悅；此皆是「人道」，亦即是「仁道」。人在仁道中始成人。鄭玄說：「仁者，相人偶。」這是說人與人相配搭始成仁，即猶說人與人相配搭始成人。從此義說下，亦可說：人從人中生，亦向人中死。

遠在孔子前，魯國人叔孫豹有「三不朽」之說。若把此六尺之軀認為人，人死了，一堆骨肉，終歸腐爛，那有不朽之理。縱使如古埃及人作為木乃伊，好像此六尺之軀依然存在，但此活的人則究已死了。但若深一層看，每一人之生，必生在其他人之心裏，如嬰孩必生在其父母及其他養育他之人之心裏。同樣道理，其人之死，亦必死在其他人心裏。其實死後無知，在死者自己，或許並不知他自己之死。則每一人心裏，在其生前，其實是只有生，沒有死；但在其他人心裏，則知他死了。換言之，也只是在活人心裏知有死，因而為他悲哀，弔祭他、紀念他，還好像他沒有死般。豈不他依然仍活在其他人心裏。但此亦為時有限。若此種心情能永久維持，其人長在他人心中，此則謂之不朽。

叔孫豹以立德、立功、立言為三不朽。立言不朽，最易明白。如叔孫豹說了三不朽那番話，兩千六百年到今天，仍多人在說他那番話，那番話像並不死，則說那番話的叔孫豹，也像並不死，好像叔孫豹仍在說他那番話。立功如大禹治水，若使沒有夏禹，洪水氾濫，那時的中國人早全淹滅了。後世的中國人，紀念夏禹，永不忘懷，便像夏禹沒有死。立德好像最不關他人事，如大舜之孝，只是孝他自己父母，與其他人無關。但孝心是人類之公心，孝道是人生之大道，自舜以來四千年，中國社會不斷出孝子。那些孝子，固亦各孝他們自己父母，好像與舜無關，亦復各不相關，但他們那一番孝心，則大家共同相似，亦都與舜相似。所以在舜生前他那六尺之軀早死了，但舜生前那一顆心，則好像仍活在人間，因此亦謂之不朽。而且較之立功、立言更深入、更直接，因此乃居三不朽中之第一位，最為不朽之模範與標準。

但孔子為何不稱述叔孫豹那番話？據今推想，孔子只教人為人則盡人道，且勿管死後。對父母自該孝，若為求立德不朽而孝，那就此心夾雜，有所為而為，不得為純孝。我只應一心求孝，我自應學舜盡孝道，縱使我不知有舜，我一心純孝卻與舜暗合，但不該為要學舜之不朽才來孝。活一天做人，便該盡一天之人道，且莫管死後，所以說「未知生，焉知死」。人之生前，只是在人群中盡人道，乃始算得是一人。孔子之言人生，主要即在共同此一心，長久此一道，而總名之曰「仁」。至於孝弟忠恕，乃只是此仁心仁道發露之一端。人生即賴此共同之心與長久之道所維持。至於何人能在此人生中死後獲不朽，似非孔子所計及。

孔子又說：「有殺身以成仁，無求生以害仁。」活一天做人，便該盡一天人道。若在人道上要我死，我便該死。我之死，亦為盡人道。死亦只是人生中一大道。若使人人不死，下面新人又何從能不絕地生？但在人道中則只該有人有道，不該於人與道之外別有一我。我是個人的，單一個人不得成為人。人道則是共通的。須得有了人始有我，我須得在人中稱我。嬰孩學語先能稱媽，乃能稱爸，然後乃能稱我。苟若無人，何來有我。只要有此人，便該有此道。亦只因有此道，才始有此人。故我今日為人，便該有道。道應我死，我便該死。可見人之死，乃是為道而死。在自然之道中，人必該有一死。在為人之道中，人有時該自盡，自求死。死亦只是人生中一道。「子絕四：毋意、毋必、毋固、毋我。」若有了我見固執，必欲此，不欲彼，私意既生，自不願死，死後猶更欲求不朽，豈不仍是一我見？而孔子用心則不在此。故曰：「朝聞道，夕死可矣。」道即指的人生問題，死亦已在內了。死後如何，便可不問，故孔子不談不朽，亦不討論人死問題。

但中國孔子以下之儒家，仍然常稱述叔孫豹之言三不朽。此只是退一步言之。只要不妨害到第一義，還可有第二義。孔子言仁，此是人生中第一義。叔孫豹言不朽，則已是第二義以下了。因人在人中生，還向人中死，人死後亦當還在人中，於是乃有所謂鬼神之傳說。鬼神有兩種，一是人心中之鬼神，一是人心外之鬼神。孔子敬鬼神而遠之。孔子亦不定說人死後無鬼神存在，此指人心外之鬼神；只說我敬他便是，此指人心中之鬼神。生前死後，既屬兩個世界，死後的世界我不知，則我敬他也就不必要近他。而且也與他無可相近。故孔子及儒家只重祭祀。祭祀亦仍只是盡人道。孔子說：「祭神如神在，我不與祭，如不祭。」果使祭者之心不在，斯所祭之神亦如不在。必待祭者心在，斯所祭之神亦如在。可見死人之神，還是在活人心中，不朽亦只不朽在活人之心中。孔子曰：「甚矣我衰也，久矣我不復夢見周公。」可見當孔子未衰時，周公之人格與其事業，即周公之神，日常活躍呈現在孔子之心中。如此則豈不周公在孔子心中，一如其長在。但到孔子衰了，周公人格在孔子心中之活動也退了。這裏便有兩邊道理。似乎叔孫豹遠去向那邊說，而孔子則拉近來向這邊說。固然亦實是一個道理，亦只是一個事實，但經過叔孫豹說，還得有孔子說；而經了孔子說，則可不再有叔孫豹說，但亦仍不害其有叔孫豹之說。

孔子又說：「人能弘道，非道弘人。」若說鬼神即是道，亦可說，人能使鬼神在人間活現，但鬼神實是無法使他自己活現來人間。若如我們今天不信孔子之道，孔子之道也便不能在今天的中國社會中活現。孔子早已死在兩千五百年之前，那裏還有孔子之神存在？孔子所著重說的只是這一面。但若我們自己心念一轉，只在我心上轉念到孔子，則孔子之道乃及孔子之神，便如在我目前，亦如在我心中。叔孫豹說的乃是這一面。只要我們懂得了孔子所說，叔孫豹之說，便已包含在內，說也得，不說也得。

後代的中國人兼信佛教。如說人生爭衣爭食，爭權爭利，到頭死了一場空。這也未始不是。但既知死後一場空，何不生前不爭不奪好好為人？叔孫豹所言之德、功、言，固亦是人生中之業，但不是自私自顧作惡業。能立德、功、言，至少已是諸惡莫作。若果死後有輪迴，在六道中，至少亦必向上面輪迴，決不至向下面輪迴。所以人儘可在家作優婆塞、優婆夷，不必定要背棄父母，拋離妻子，出家為僧為尼。果能信從孔子之生前，豈不與信從釋迦之死後，還可兩全其美。

更後代的中國人，又兼信了耶教。但信耶教，仍亦可兼信孔子。孔子教人孝弟忠恕，仁義廉恥，修身齊家治國平天下。豈不在其生前，也已盡可能贖了罪？果使有上帝、有靈魂，孔子死後，他的靈魂也會奉召進天國。豈能因孔子在生前未知有耶穌，未信奉耶穌教義，上帝也把孔子靈魂和魔鬼一般罰進地獄；那上帝豈不太褊狹，太自私了！所以在明清之際的中國人，一面信上帝耶穌，一面仍想保留孔子教孝、祭祀祖先之遺俗。其先為梵蒂岡拒絕，但到今則此爭持也漸歸平息了。

此刻科學昌隆，天文學、生物學上種種發現，在西方有「上帝迷失」之歎。但在中國，若把孔子儒家所傳的心性之學來體會耶穌的十字架精神，豈不反可更直接、更明白，不煩在上帝創世與降生人類的傳說上來多尋證據，多作辯護。又如舉世在衣食權利上奔競攘奪，若有某民族、某社會一意信奉佛教，群相出家離俗，為僧為尼，豈不將迅速自取滅亡？也只有如中國孔子儒家講求修齊治平大道，先能自求生存，而亦並不背於釋迦大慈大悲、救苦救難的那一套出世精神。佛家說：「做一天和尚撞一天鐘。」又說：「我不入地獄，誰入地獄。」在今天，信中國孔子教義，也正如做和尚撞鐘，也正是先進地獄，好救人出地獄。

我們的蔣公，畢生信奉孔子儒義，但亦信佛教。如在日月潭，為紀念其母王太夫人，修建了一座慈恩塔。至其信耶教，則人人皆知。以一人之身，而兼信了儒、釋、耶三教，於此正見中國傳統文化涵義之宏通而廣大。此刻蔣公崩殂，依佛家教義說，在其六道輪迴中，應趨向何道；依耶教教義說，其靈魂是否直接已上了天國；凡此皆待各人信仰去決定。但他老人家，顯然仍活在我們人人心中。立德、立功、立言，應長垂史籍，傳世不朽。此則依中國儒家義言，更屬明白可知，確切可信。三教精義，我不能在此刻深求，我再提出宋代理學家「喫緊為人」一語四字來奉獻於凡信教人，信任何教，乃至不信教人，相與共勉。

（原載一九七五年五月九日聯合報副刊。）

人生之兩面

一

人生是一個整體，但為研討方便起見，不妨將它分成兩方面來講。一是內在的心靈，一是外在的身體。心靈生活亦稱精神生活，身體生活亦稱物質生活。粗略言之，由大自然物質中醞釀出生命，再由生命中醞釀出心靈。但亦可說，只要有生命的，便有心靈精神。直從下等微生物開始，最少也可說便具有一個求生的意志。稍進一步，便有一種保生的智慧。更進一步，便有一種樂生的情感。此皆是一種心靈精神生活附隨於身體物質生活而見。亦可說意志在先，智慧次之，情感最後，此為一切生命心靈作用進展之三階層。可是生命演進到人類，便見與其他生命大不同。其他生命，都是以物質生活為主，心靈精神只是一種副作用，來幫助其物質生活的。而人類生命，卻似反轉過來，以心靈精神的生活為主，而物質身體的生活，轉成為幫助心靈精神生活的副作用。主役之間地位互易。其他生命，像是以物質生活為目的，心靈生活為手段。人類生命，則以心靈精神生活為目的，而以身體物質生活為手段。我們中國人說「人為萬物之靈」，此是說：人也是一物，也是一種生物，只人在生物中特別有靈。這個「靈」字就指的心靈，也可稱之為「靈明」或「靈覺」。明與覺，是人類此心最重要的功能和作用。就自然演化言，先有了物質然後才有生命，有了生命然後才有心靈，這是進化程序一步步地如此向前推進。所以在生命中，心靈是最後進化所得，最有價值，又是最有意義的。我們說人的心靈精神生活乃超出於身體物質生活之上，只說的是事實，不是任何人所發的某種高論。

在人類生命中，最偉大的一點成就，就是人類能成群。成群也不只是由人類開始，動物間也已慢慢進展到有群，尤著的如蜂蟻。但人在群體生活中，又有了家庭、社會、國家和民族，這些全不是其他生命以物質生活為主的所有，而是由精神生活中產生。人的生活，又有最重要的一點，就是人對自己生命能夠感到快樂。剛才所講的求生意志，乃及如何保持生命的一些智慧，此是大多數生命所同有。只有一種樂生之情，乃最為人生之特出處。當然理智、情感可相通，但究不是一個。求知識，不一定便是快樂。快樂屬於情感方面。多數動物能哭不能笑。小孩子初生墮地，第一聲就是哭，要經過一段時期後才會笑。笑是人類所獨有，乃在大自然生命演進中一種最寶貴的樂生之情。中國人稱「孩童」，「孩」字就指笑。人生普遍理想，應該少哭多笑。人生既以樂生之情為其最高發展，而仍不能免於哀傷悲痛而有哭。此種哀傷悲痛之哭，亦為人生情感中最可珍貴的。動物不會笑，也同樣不會如人之哭。換言之，哀與樂是眞人生，是人生之眞境界。

樂生先要能安生。生命在危險中便不安，當然就不樂。這個樂，不在身體上，不從外面加進去，而乃發自內心。人活著要吃，不吃就不能保持生命，但這是物質人生，屬於身體所需要。從動物到人類都如此。要求吃飽，事很簡單，但要吃得知味，便轉移到情感，轉移到心靈人生方面來。中庸上說：「人鮮不飲食，鮮能知味。」知味有多少階層，人與人不同。高級的人，才懂得高級的味。低級的人，只懂得低級的味。同是一碗鷄湯，在不同環境中吃，其味就各不同。鷄湯從外面吃進去，但味則從心靈內部感覺到。有時，一個人吃粗茶淡飯，比別人吃鷄鴨魚肉還好，這就是味不同。這個「味」字，在人生中牽涉很廣，也很深。我們總要自己生活得有味。由此可知，人生主要，應該是高出於物質人生之上的內部人生，應該是心靈的。其他動物，乃是以身體物質生活為目標，以心靈精神生活為手段的一種「心為形役」的低級生命。高級生命則「形為心役」，以身體物質生活為手段，以心靈精神生活為目標。我們定要認清楚，在人類生活中，心的價值意義，遠勝過了身的價值意義。我們試看全世界人類，那一個民族的歷史文化傳統能特別看準了這一點來加以提倡的，則只有我們中國人。我們中華民族的文化，看重心靈人生。這並不如我們今天所說，只是某些人所提倡的一種道德教訓，這乃是天地間生命順序之自然發展。我們中國人只是根據了這個自然實況而來加以發揮而已。

二

其次要講到物質身體生活與心靈精神生活之不同處。物質身體生活，大家都一樣。餓了要吃，冷了要穿，倦了要休息。但從另一面講，此種人生，乃是個別不相通的。我喝一杯水，與你不相干。吃飯各飽了各自的肚子，你吃飽了，別人並不飽。你穿暖了，別人並不暖。因此，在這些上，就必然會引起人類間相互的爭奪。但是精神生活便大不同，這是一體相通的。如今天在座諸位，若大家是來聚餐，該得準備多少吃的東西。但今天是來聽一次講演，一人講，大家聽，這是心與心之相通，是精神的。一人心中話，可說給人人聽。但一人手中食，不能拿供人人吃。中國人有句話說：「一人向隅，舉座為之不懽。」滿堂飲酒，有一人向隅悲泣，則一堂皆為之不樂。這是心靈精神方面的事。人生必到了心靈精神人生，才有這樣一個共通的境界。老子書裏說：「既以為人己愈有，既以與人己愈多。」假使我今天是一個廚司，做菜請大家吃，大家吃飽後走了，菜亦沒有了，所以來吃的也必得出錢買。但今天我是來講演的，將我心中話講給大家聽，不僅諸位聽到，我自己也會對我自己話有增添，有生發。這不是我講給諸位聽後，而我自己反而更多了嗎？吃的、穿的、住的，一切物質方面的東西，不能把給人。我把給了你，我自己就沒有，或者減少。至於心靈精神方面的，給予了人，自己一點也不減少，只有興起他人心靈上之共鳴。所以老師教學生，定會「教學相長」。歌星唱歌，定要有人聽。西方有些電影明星，不願意拍電影，而願意在舞臺上表演。因為在舞臺上表演，下面有觀眾，心與心當下交感相通，他會感到更快樂。我們人都抱有一種意志，我的意志，得你贊成，我的意志會更堅強。我的智慧也不能老放在腦子裏，會枯槁窒塞，要得向人傳播，和人討論，智慧會更發展。這是精神生活。物質生活主要是鈔票、珠寶或者是權力。有了權力可以拿到財富，但財富權力都不能給予人；給予了人，自己就沒有。這是我們內在的心靈精神人生與外在的身體物質人生所不同之處。

加以物質生活為時甚短。早晨六時進早餐，中午十二時仍得進中餐，下午六時又得進晚餐。飽吃一頓，只能維持一段時間肚子不餓。又且物質生活必是有限的，水喝夠了就不要喝，飯吃飽了又不要吃。但過了一段時間，又要喝，又要吃。疲倦了要休息，但睡久了便不能再睡，定要起身。所以這些都是一種有限度的滿足，距離一段時間就沒有，下面要再來求滿足。老是如此重複，吃了還要吃，睡了還要睡。天天這樣，年年如此，而也沒有多大進步。我們不要認為今天的物質人生是進步，今天我們吃一頓早餐，各色食品可以來自美國、非洲、歐洲或南洋，在以前是帝王所吃不到的，現在平民都可以吃到；但是吃下去了只是一個飽，在飽與飽之間，則並沒有進步。顏回「一簞食，一瓢飲，在陋巷，人不堪其憂，回也不改其樂」。諸位在大旅館住下，在大餐廳裏吃一頓，不一定比鄉下窮人住茅舍、吃粗飯會快樂些。物質生活只是單調重複，一時容易滿足，但卻永遠不滿足。

且不講吃與穿，再來講人的整個身體。將來科學更發達，或許可以活到二百歲。但還是要分幼年、青年、壯年、老年。若只延長了老年階段，多活幾十年，天天在家裏吃，在床上睡，那又有什麼意思？若延長了壯年工作時期，儘工作，儘無休止，儘不滿足，又所為何來？人有生老病死，這種物質人生，總是有限度的。精神人生卻可永久存在。每一人都能有所回想與記憶。回想幼年、回想父母、回想一切，我們所能回想的，卻都是心靈生活方面的。我們想到的是喜怒哀樂，感情方面的多。在那一個場合裏，我吃得最開心？我父親八十大壽，大家都來道賀，這件事永記不忘。在我心靈上，這是快樂的一天。或是有某種悲傷事，也永記不忘，這是在我心靈上最不快樂的一天。天天吃飯穿衣，都能記得嗎？這些是記不得的。眞的人生，才能留在記憶裏。天天吃飯穿衣，有什麼好記的呢？也許在某一天吃了瀉肚，這會記得，平常吃就記不得。所以吃的人生，實是一番空虛的人生。我們不把它留在記憶裏，不再去回想。記得想到，就算有這件事。不記得，不想到，就如沒有了這件事。人生固然要一些記不得想不起的飽暖物質的人生，但我們卻不該不去看重那些可以記得想起的東西。

世界上各大宗教，尤其如佛教，幾可說都要把一切現實人生全不重視、全忘掉，來另外寄情於天堂樂土。這不是一件太容易的事，而且也是一件不必要的事。主要是在宗教精神與現實人生之外另有一個文化精神。教人能追想回憶永不忘的，就如我們中國文化與孔孟思想所理想的人生。

且從我們文化中來講我們的文學與藝術，重要精神也在此。中國文學藝術的重要性，主要便在叫人能不忘。即如音樂，也必希望有「餘音繞樑，三日不忘」之感。這些都要能深入我們心靈裏去，變成了我們生命的一部分，生命之永恆即由此見。孔子在齊國聽到韶樂，「三月不知肉味」。物質人生，遇到這樣的心情下，便全不足道。每一人，逢到喜怒哀樂眞激動了此心，都會如此。關於這點，我想不必多講。只要諸位各自反省，便見是愈想愈明白，愈想愈眞實。

也許諸位會說，物質生活是生活的基礎，這話並不錯。如建造房屋要先打好基礎，再在地基上來動工建造。但人只住房屋中，不住在地基上。如我們今天在此講演，也是在房子裏，不在平地基礎上。栽一盆花，沒有根，當然不成；然須能從根上開花，更要能結果才是。心靈人生乃是後期高級的人生，物質身體人生只是早期低級的人生。中國人並不是不懂得物質人生之重要，只認為心靈人生更重要。在人生大道上，打好基礎，就應該開始建造。原始人自有了群體生活，心的需要與物的需要便該輕重倒置，便該有家庭，有社會，有民族，有歷史，便該開始跑上精神人生的大道上去。

三

在這裏，有兩條路。一條是正路，一條是崎路。人有了群，便走上了正路，一切吃的穿的物質生活易解決，不像以前要走崎路。但我們不要說條條大路可以通羅馬，儘多路可以走不通。你莫說任何手段都可得快樂，有些南轅北轍，不僅走不通，而且更遠了。今天的世界，是一個快樂還是痛苦的世界呢？今天的世界，是一個安定還是危險的世界呢？大家都像過了今天不曉得明天，人生如此般的不安，快樂又在那裏呢？無怪大家都感到煩躁苦悶。看一場電影，喝一杯咖啡，到館子吃一頓小吃，儘排遣也沒有用，痛苦暫去又生。但我們眞認為人生是該痛苦的嗎？該是永遠在一個危險不安的狀態下向前嗎？我們面前明明擺著幾條路，我們也該在這許多條路上有一何去何從之選擇。

我試舉個例：第一、如說創造與養育：現在只聽年輕人講創造，好像什麼東西都要創造，甚至主張要創造新的人生。但從前中國人不多講創造，而多講了養育。「創造」是從沒有創造出有，如沒有杯子，造出杯子。現在的科學，不知道創造了多少新東西新花樣。但中國人講「養」，講「育」，則是另一條路。一個小孩子，父母生下，已是一人，但不養，又怎辦？諸位試想，父母養育孩子成長，眞不容易。花草樹木，凡有生命皆須養。不管科學如何發達，也造不出一個生命。據說國外已發明了人工射精受孕。但究到何日，人類可以不用人生人？人工射精受孕，距離不用人生人目標尚遠。總之科學不能創造生命。如果能，這生命和我們今天的生命將完全是另外一件事。我們人現在的生命，必由父母所生。一胎一個，或兩或三，甚至一胎生了五個，全世界報紙都會登載。人不能像造杯子一樣，到工廠裏去生產，一造就是一千一萬。果是這樣，人還有什麼意義價值？造是造沒有生命的，養是養有生命的，兩者絕不同。但我們今天只看重「造」，沒有看重「養」。這在我們現代人的觀念裏，可說是一個很嚴重的缺點。而且造出來的物，本是無生命的，只造來給人用，而其結果反會來支配妨害人。如這講堂，許多椅子，來聽講的每人坐一張。如將這禮堂作為結婚等別的用途，一切就得重新佈置。今天，造出許多無生命的物來壓在我們有生命人的上面，轉使人生受支配，受壓迫，受妨害。歷史上，早已不乏其例。如埃及金字塔、羅馬鬥獸場，都是人造的大建築物。但埃及造金字塔，便送掉了埃及民族的生命。羅馬造鬥獸場，也斷送了羅馬帝國的生命。這是千眞萬確的。今天我們又快到這個階段了。

我且講一件事，現在掌握全世界人類生命大權的，卻像要轉到阿拉伯人手裏去。他們石油不賣給誰，誰就遭困，全世界都在發生能源問題，變成了石油來支配人。人類文化進步到今天，卻使全世界人都進入石油支配之下，難道這就是人生文化的理想與進步嗎？這顯然是物質在阻礙著人，在支配著人。又如原子彈核子武器，可以毀滅全世界，變成人人都怕。美國、蘇俄，是今世界上兩個核子大國，但他們也都怕。核子武器究竟到那一天可以決定不用，現在還看不出來。天地間本沒有核子武器，由人造來傷害人，到頭也會傷害到自己。即如你蓋一所房子，太大了，那房子不但會阻礙你的前途，連你的子孫們也會受害。中國古人說「高明之家，鬼瞰其室」，就是這道理。

當我在小孩時，大家都講教育救國，今天轉講科學救國。中國傳統文化最偉大處就是講教育，「育」就是「養」。「十年樹木，百年樹人。」栽培樹木要等十年，栽培人要等一百年。一百年早已換了三世，那不太遠嗎？但我們中國人到今已有五十個一百年。五千年的歷史，都是養來的，不是造出的。怎麼一下子可以造出五千年歷史來？今天我們卻要一下子來創造我們自己所想像的新中國人，其實卻是要把中國人變成西洋人、美國人，把學校全變成工廠，天下那有這般輕易事？造化本是天地功能，中國人也是天地造化所生，又經幾千年培養，豈是一天所能改造！工廠固是重要，可以製造東西，但學校更重要，學校功能在養人。東西賣出可以賺錢，但培養人才不是賣出去賺錢的。如我們種一盆花，要施肥，要修剪，要細心培養，慢慢等它開花。我們講教育，德、智、體、群、美，皆在養育人所既有的心靈和精神和德性方面的，豈可隨我意製造。中國人一向看重教育，又豈如美國杜威所說，教育等於是一張支票，可以到銀行裏兌現。中國人的教育理想，注重在培養人的心靈精神，養心、養性、養智、養德，中國人在這「養」字方面卻講得很多了。

第二、講到方法與工夫：有人說，有兩句中國話，現已變為世界話。一是「頂好」，二是「工夫」。這兩句話，都是外國人學中國話喜歡說的。最近美國拍了一部電影叫「中國工夫」，來宣傳中國人的武術。如打太極拳，若論方法，兩三個月就會，但要打得好，就要下工夫。現在人總喜歡講科學方法，常有人向我問讀書方法，其實讀書更要是肯下工夫。如打太極拳，下了二三十年工夫，自然就好。在二十年前，我看到梅蘭芳舞臺生涯五十年一書。梅蘭芳是科班出身，從小學起，待他到上海掛頭牌，還不斷用心學，他畢生花了五十年的工夫，別人自然就唱不過他。當然也要有方法，但有了方法還要有工夫。科學家在實驗室裏下工夫，往往幾十年不輟。中國人好講工夫，文學藝術方面不必講，更要是做人。孔子說：「吾十有五而志於學，三十而立，四十而不惑，五十而知天命，六十而耳順，七十而從心所欲，不踰矩。」這不是畢生在下工夫嗎？大聖人自十五志學開始就懂得自己養自己，今天我們有沒有能當心自己的呢？我想一般所當心的，只是外在與身體有關屬於物質方面的。最了不得，或許可以做到孔子所說的「三十而立」。可是今天我們中國人卻總是立不起來，外國人向東，我們也向東，外國人向西，我們也向西；自己不立，總跟著外國人學樣。近百年來我們就從沒有自立過。「三十而立」已很難，「四十不惑」就更難。他們有錢有武力，我們沒有，好像一切問題就解決不了。「五十而知天命」，那更難。孔子一生學不厭，教不倦，學做人，學自己生活。孔子說：「學而時習之，不亦說乎。有朋自遠方來，不亦樂乎。」學與教育有他自己的快樂，卻得要有自己的工夫。

諸位也許會說，那是過去農業時代的話，今天已到原子時代。但那就可以不學不教，另來一套方法嗎？明代理學家們說：「工夫即本體，本體即工夫。」這是哲學上的話。總之我們中國人很看重工夫。但至少，今天我所接觸到的年輕人，只是問方法，沒有看重到下工夫。我認為工夫即是生命，要花時間，時間亦即是生命。我告訴諸位，一分鐘不用工夫，就是浪費了一分鐘時間，也就喪失了一分鐘的生命。中國人的一切至要方法就是下工夫。今天外國人看到中國人的武術，遂認識到中國「工夫」二字。我們要知道，向人討方法易，自己下工夫不易。中國人常講修養工夫，孔子便是七十年在此工夫上，如何我們不去重視工夫！

第三、是新與舊：今天一般人只喜歡講新，不喜歡講舊。新時代、新風氣、新思想，甚至要講新民族和新國家，一切都要新。可是舊的也不是全不好。有的要新，有的要舊。中國人說：「器惟求新，人惟求舊。」朋友要舊，鄉里要舊。造出來的東西要新，如新房子，新衣服。但如說要新家庭，父親不是原來的舊父親，母親也不是原來的舊母親，連兄弟姊妹妻室兒女也都不是我原來那一批舊的，那我定會大哭一場。倘使我活到五、六十歲，父母兄弟姐妹妻室兒女都健在，這不好嗎？新朋友總不如舊朋友，新民族也總不如舊民族。中華民族已有五千年歷史，現在認為舊了，定要去創造一個新民族，這又是什麼道理？我們的生命愈舊愈值錢，青年中年總不如老年，因老年中已包括了青年中年，而且舊生命中有新生命，新生命中不一定有舊生命。天天吃飯，每天要有些新的加進去。讀書做學問，也要今天的能和昨天不同。並不是有了舊不要新，但今天我們所講，則是只要新不要舊。或許我講話似乎多用了一些力，但我用力講這裏，並沒有去反對那邊。或許諸位聽我講這邊，覺得奇怪，其實也並不奇怪。諸位試去多看幾本中國書就知道。中國書裏有新，卻也有舊，其實外國書也一樣。新與舊，兩不能廢。我們只能在舊的中間來求新。世上最舊的莫過於我們這一個中華民族，今天我們一意求新，要科學方法創造，但舊的終不能丟掉。舊家庭、舊社會，不能儘求翻新。舊歷史，也不能重寫。所以舊的我們也要，我們要能以舊為主，從舊中求新，不能喜新棄舊。

第四、要講止與進：今天大家異口同聲都在講進步。「止，吾止也；進，吾進也。」「知足不辱，知止不殆。」中國人也非不講進，但講進也要能知止。「載飛載止」，要在此止上停得下。只求進，不知止，那不行。一隻足止，一隻足進。先要站穩，能止，才能進。若要兩足一齊進，這只是跳躍。可是跳了一步之後，還要雙足落地，站穩了再能跳。出外旅行，下了飛機，首先該去找一個旅館，不能一天到晚在街上跑，有了旅館才得安定，有了休息才能再遊覽。今天我們一切都要講進步，不進步就是落伍，這是對的。但我要問，進步到那裏為止？有沒有一個歸宿？今天我們人類最大問題是只求進步，不求歸宿。沒有歸宿卻最痛苦。如出外跑，從早到晚不回家，天黑了怎辦？到館子裏吃頓飯，吃了後又怎辦？去看一場電影，電影看完了又怎辦？再到街上跑，跑到什麼時候止？總得要一個歸宿。無歸宿，比不進步更痛苦。世界上各大宗教都告訴我們一個歸宿，可是這個歸宿不在我們活著的時候，而在我們死了之後，始是上天堂，往西方極樂世界。但人在活著時也要有歸宿，要如我剛才所講一足止，一足進，無論跑到那裏，隨時都可以停下來，隨時有個歸宿。人生要能這樣才能安，才能樂，此始是所謂圓滿。中國人所講的「圓滿」，也就是今天所講的「頂好」。我有一百萬家產，你有兩百萬，我當然不是頂好，可是他又有了三百萬，你又不是頂好。人生不能從比較上來論。「大學之道，在明明德，在親民，在止於至善。」百善孝為先，「為人父止於慈，為人子止於孝。」中國人認為，至善便是人生歸宿處。舜的家，可說是一個最不理想的家，但在舜也只有孝，因舜之孝，而舜的家也一切改造了。孝從心發，盡人所能，孝是不講物質條件的。拿一千元給父母是孝，向父母拿一千元繳學費也並非不孝，孝不孝只在自己心上。「與朋友交止於信」，信也只在心上，沒有物質條件。中國人這一套話，到今天已講了兩千多年，我想再過兩千多年，這說法還是會存在，還是說得通，行得通。中國人講一個「止」字，並不妨礙了進步。進步也要不妨礙隨時有一個歇腳，這歇腳就是人生一大歸宿。佛教說「定」，說「慧」，說「止」，說「觀」。如車兩輪，如鳥雙翼，兩個輪可以動，兩個翼可以飛。我們千萬不該只講到一偏去。

第五、慾與情：慾是要拿進來，情則要拿出去。我們與父母兄弟姐妹相處，與師友同學交往，懂得要拿出的，便是情，這也是精神生活。吃飯穿衣只講拿進的，這是物質生活，這是欲。欲無止境，情則有止。如我買一部電視機，認為不好，要去換一部彩色的。買了一輛車，認為不好，要去換一部最新型的。外面變，我也跟著變，此所謂「欲壑難填」。情則可以當下停下不想換。外面儘變，我不變。父母老了，我還是孝。子女長大了，我還是慈。這一人如果多情寡欲，他定是一個快樂人。如果是多欲寡情，最好不和他交朋友。使我今天偶有不樂，且自己反問自己，究是為著情，還是為著欲？欲望有小，有大。如上了月球，還要上火星，這是為了研究物理，但依然是一種欲，卻並不是人情，也不是天理。天理不一定要人上月球，從前人類並不曾上月球，卻不能說那時人類無天理。我此刻並未上月球，也不能說我此人無天理。滅天理而窮人欲，則是大不應該的。今天全世界人類都在提倡欲望，尤其是許多商家登廣告，做宣傳，想盡方法要引起你欲望，好把你錢袋裏的錢吸收去，要你去買他的東西；但你所買這些東西，卻都與你不發生感情。也可說，凡是登廣告作宣傳，一切哄動你，對你都沒有感情。反過來說，我們少一輛汽車，並不就是人生缺點。少了父母、夫婦、兄弟姐妹的懽情，這才是人生最大缺點。這是金錢買不來的。一面是物質人生，另一面是精神人生。

第六、是德與力：「驥不稱其力，稱其德也。」「王者以德服人，霸者以力服人。」今天世界上，都是心不服，我買你的東西，卻並不佩服你。我與你結盟聯交，是怕你有原子彈，怕你不賣給我石油，也非為佩服你這一國家。私人之間，也有王道、霸道之別。物質進步，只表現了人之多欲與有力，並不表現了人之多情與有德。若人類盡成為寡情缺德之人，則物質種種進步，終於救不了人類。

四

我今天所講，似乎有點偏重於講中國文化。我認為將來的世界，正要中國文化來領導。近代世界，由西方人領導，發生了第一次以及第二次世界大戰。是否不再發生第三次，此刻還不能知。他們正靠打仗來領導，不打仗，誰會佩服你領導？今天諸位手邊都有一本陽曆，年初我在臺中的演講詞，與今天所講有些相同的地方。我認為中國文化可以救世界。其實講起來也很簡單，因為中國文化是農業的文化，西方是商業的文化。農業文化要下工夫，商業文化要講方法。用什麼方法去賺人錢，大學裏也開有廣告課，怎樣登廣告才賺錢？農人講養，一塊田，父傳子，子傳孫，一代一代傳下。中國人看重時間，愈久愈好，耕熟田好過墾荒。西方人做生意要跑新碼頭，所以他們講新講進，中國人講安講樂。我剛才所講的許多點，都可說是農村人和城市人的不同。如農村人感情重，都市人欲望重。如此類推，東方文化偏重了人生之這一面，西方文化偏重了人生之那一面。要講人生，那一面也不能少。但在農業文化裏可以產生出商業，在商業文化裏卻不能產生出農業。農村人心可以救今天的世界，都市人心不能。中國社會分士、農、工、商。士在最前，因為士懂得人生大道，他可以領導社會。但此後中國社會也快沒有士了。今天已是只有「公教人員」，都變成了一種職業。若論職業，自不如工商界。今天我們學西方，又一切都要講民主。其實西方今天的民主，也操在工商資本家手裏。如美國今天的選舉法，將非變不可。我們社會沒有錢，那能學得像美國。我們要把眼光放大放遠一點，不要光看人家羨慕，應該回頭來看看自己。說外國好，我固贊成。說中國不好，我也贊成。但總也有些好的地方，才能五千年立足於天地間。如說中國都不好，擁有了七億不好的人，又怎麼辦？其實中國不好，那會有七億人口？又那會有五千年歷史？一人活了八十九十，定有人來問你養生之道。我們的民族，活了五千年，有了七億人口，卻定要去問人立國之道。青年該比老年人健，但不必也如那老年人壽。

我今天舉出了許多點，只說一個人不要太偏向外面。人生有其內部心靈方面的人生，也有意義和價值，至少不比外面物質身體方面的人生意義價值差。前兩天我在報紙上看到日本前首相佐藤有一番講演，他告日本人說：「我們現在要講道德革命，來革新教育，再這樣講物質文明，下去將會不得了。」他究也是一個東方人，他也讀過中國書，所以能這樣說話。其實西方也非沒有人說這些話。總之，我們不該專向外面看，人生不專在外部，物質人生外還是有心靈人生。心靈人生主要在求安樂。我請問諸位，人生除了求安樂之外，還要求什麼？

（一九七三年十月二十八日臺北「教育部」社教司文化講座講辭，一九七四年二月社教司編文化講座專集之九，三月教育與文化四一三期轉載。）

附錄

一

我從前草過一篇「靈魂與心」的文章，大意是要從哲學思想之基本處，粗枝大葉地來分辨東西雙方思想之異同。本文亦仍此旨，盼讀者能參考互觀之。

要說到人的生命，便連帶想到時間。時間與生命，幾乎有些處不能嚴格區別。沒有時間，便沒有生命。但時間又是如何的一會事呢？普通想像時間，恰如一條直線般，從過去經現在到未來。而那線則其長莫測，從很遠的過去到很遠的未來，不見其首，不見其尾。過去之長不可知，未來之長又屬不可知，只有現在，卻又其短無比。現在只像是過去與未來之交界處，並且剎那剎那變滅，刻刻不停留，因此現在只如電光石火一般。將此短促不停留的現在，與無限悠遠的過去與未來相較，自然使人對於生命要發生無限的悲愴與無限的惶恐。

大體上說來，印度佛教思想，尤其對現在的短促性更描述得用力。而現代西方科學智識，則對過去與未來之悠遠尤其發揮得具體而詳確。自人類歷史上溯生物進化，再由生物進化推到地層沿革，再由地層沿革逆推到天文演變；從前認為悠遠不可知的過去，現代科學智識已知道了不少，但到頭依然是一個不可知。而且正因為對過去所知的多了，卻感到過去之悠遠不可知者更甚更悠遠了。其未來方面，也隨過去之智識而相對進展，先由人類歷史懸想到人種絕滅，嗣由地球冷卻而懸想到生物全息，再至於太陽熱力消盡。而天體之渺茫不可知的部分，還是依然的不可知，一樣如對過去般，使人感到未來之悠遠不可知，是更甚更悠遠了。

總之，過去與未來之悠久，一樣是不可想像。人類對過去與未來之智識愈增，則其不可想像亦愈甚。過去與未來之悠遠愈覺其不可想像，則相對的人生現在之短促亦更見為不可想像了。這是古代印度佛學與近代西方科學智識之所昭示，亦即人類對於時間的一般想像之所同。莊周有言：「我生也有涯，而知也無涯。以有涯隨無涯，殆已。已而為知者，殆而已矣。」這一句話，從現代人的智識看來，是更確切更有味了。

二

但此處卻有一問題，從哲學見解上說，是屬於知識論方面的問題。試問過去之悠遠究竟有限或無限？若有限，則試問起原何始？若不知起原何始，如何說其有限。若謂是無限，則無限不可知，既不可知，又何從而知其為無限？當知無論謂有限或無限，皆非人類智識所能知。既非人類智識所知，則又何從論定其為有限或無限？其對未來方面亦然。更有進者，過去之原始，不可知；未來之終極，亦不可知；因不可知，則又何從而知過去現在未來之成一直線狀而進行？換言之，安知過去之原始不與未來之終極走上同一方位，歸宿於同一處所乎？既屬同一不可知，何從而判分兩域？必曰若者為過去，若者為未來，其間劃若鴻溝不相會通合併乎？其實凡屬所謂過去與未來者，就人類智識言，皆尚屬現在。其眞過去與眞未來，則已超出人類智識之外，人又何從而知之？

故苟本人類智識嚴格言之，人生只有兩種時間或兩個世界；一為可知者，一為不可知者。人生由不可知來，復回歸不可知去。世界之原始與終極，人生之過去與未來，皆屬不可知。既屬不可知，則安知不同一境界，同一性質。如是則並無三世，只有兩世；並非一直線，乃成一圓形。因其由不可知而來，仍歸不可知而去，並非無限向前，而係循環往復也。今試作略圖如下：

1.時間之直線觀

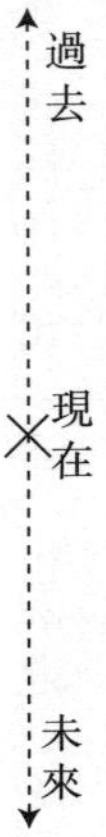

2.時間之球形觀

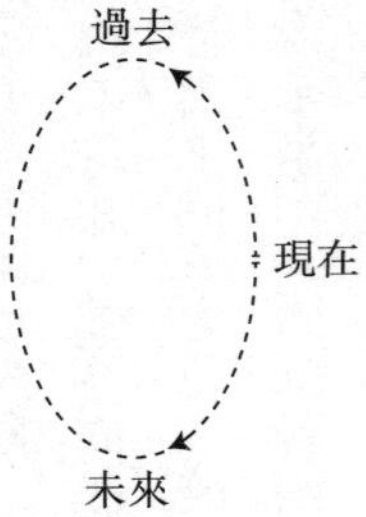

此兩種時間想像之不同，影響於人生觀之差別。凡想像時間作直線者，必以人生為無限向前；凡想像時間作球形者，必以人生為圓滿具足。

三

佛學上之三世輪迴，此即一種無限向前也。今日西方科學界之進化論與機械論，此亦一種無限向前也。惟印度佛學對此無限向前之人生發生一種厭倦，遂主以無餘涅槃滅度之。今日西方人之對此無限向前之人生，則即以一種無限向前之精神與興趣追逐之，因而勇往直前，無所顧慮亦無所怯弱。

此兩種人生觀，雖勇怯不同，欣厭有異，然有一相似點，即皆以人生為無限者。

人生既屬無限，而現前實際，則甚短促，乃即以短促為無限。佛家主張一念三千，西方人受科學薰陶，亦僅圖目前實際人生之滿足。既不主懷念歷史，亦不主祈嚮將來，宗教精神與古典主義皆若與科學觀點不相融洽。

故近代科學觀念上之現在，雖與古代印度佛學之現在，廣狹不同，其積極與消極之態度亦異，然其在無限之人生中，只有把捉現在，不問過去與將來之意味，則頗相類似也。

四

中國人之人生觀則實從球形時間觀中得來，故常主人生為圓滿具足，而不認為無限向前。所謂無限向前者，乃主人生如一直線，從可知之現在走向不可知之將來。所謂圓滿具足者，乃主人生如一球形，其生命之可知部分，乃屬此球體之浮面；其不可知部分，則屬此球體之底層。此浮面與底層，本無分別，實屬一體，僅以人類之智識而分別之為二。人類智識對此球體，如一橫切線。其呈顯於人類智識線之上者，則見為浮面，其沉隱於人類智識線之下者，則見為底層。大體言之，此人類智識線之橫切面，僅當此球體之極薄部分，浮面極小，底層極大。又此球體時時轉動，故此呈顯於橫切線以上之浮面，亦時時而變。要之，則為此球體之極小一部分，則雖萬變而終不變也。

中國人稱此浮面曰「陽」，稱此底層曰「陰」。此在易經始用此二字，其在莊老，則常稱曰「有」「無」。天地萬物生於有，有生於無，天地萬物復歸於無。

此所謂有無者，乃指名字言說，現在人之所知。過去與未來，人之所不知，不知則無可名字言說。既不可名字言說，則過去未來混論為一，不得強不知以為知、必以若者為過去若者為未來也。

五

既主人生從不知來，又回歸不知去，其人生之可知部分，較之不可知部分，又屬渺小難論。故人生者，乃此不可知部分之一小點而為可知者，而其混論，整體則為一不可知。「可知」與「不可知」混論為一體，若以此整體譬之如一球，人類之智識譬如一水面，此球體浸入此水面，其大部則沉浸在水面之下，此為過去與未來，屬於不可知者。其浮現在水面之上者為現在，屬於可知者。此球體在水面時時轉動，故浮面可知部分亦時時新異，不居故常，如此之人生所以見為圓滿具足者，因可知與不可知既屬一體，則人生並非由此至彼，永永向前；實僅為一體之循環轉動，往復無端而已。如此則過去、現在、未來，連為一圈，生命與非生命融為一體，既不需永遠向前追逐，亦並無無窮數之三世輪迴，並不需別求超升，轉入另一世界，此在中國人觀念，即為「天人合一」。其球體之底層為天，其球體之浮面為人，人生即在大自然中，而為大自然之一部分，此大自然之永久生命則循環無端，周而復始。

在人類短促之智識中，則若有過去、現在、未來，在大自然之永久生命中，則無起無迄，無首無尾，常此翻滾轉動而已。生命並非由此至彼，故為現前具足也。

編者案：本稿從錢先生遺稿中理出，原稿無題，似尚未完篇。據稿紙及字跡考證，本稿或寫於民國三十六年，先生在昆明見思想與時代發表其前兩年所著靈魂與心一文，有感而續作。

《錢穆先生全集》總書目

甲編

國學概論
四書釋義
論語文解
論語新解
孔子與論語
孔子傳
先秦諸子繫年
墨子　惠施公孫龍
莊子纂箋
莊老通辨
兩漢經學今古文平議
宋明理學概述
宋代理學三書隨劄
陽明學述要
朱子新學案（全五册）
中國近三百年學術史（一、二）
中國學術思想史論叢（全十册）
中國思想史
中國思想通俗講話
學籥
中國學術通義
現代中國學術論衡

乙編

周公
秦漢史
國史大綱（上、下）
中國文化史導論

中國歷史精神
國史新論
中國歷代政治得失
中國歷史研究法
中國史學發微
讀史隨劄
中國史學名著
史記地名考（上、下）
古史地理論叢

丙編

文化學大義
民族與文化
中華文化十二講
中國文化精神
湖上閒思錄
人生十論
政學私言
從中國歷史來看中國民族性及中國文化
文化與教育
歷史與文化論叢
世界局勢與中國文化
中國文化叢談
中國文學論叢
理學六家詩鈔
靈魂與心
雙溪獨語
晚學盲言（上、下）
新亞遺鐸
八十憶雙親師友雜憶合刊
講堂遺錄（一、二）
素書樓餘瀋
總目

錢穆先生全集

錢穆先生全集

［新校本］

靈魂與心

九州出版社

圖書在版編目（CIP）數據

靈魂與心 / 錢穆著 . -- 北京：九州出版社，2011.7（2017.6 重印）
（錢穆先生全集）
ISBN 978-7-5108-1003-9

Ⅰ . ①靈… Ⅱ . ①錢… Ⅲ . ①哲學 – 研究 – 中國 – 現代 Ⅳ . ① B261.5

中國版本圖書館 CIP 數據核字（2011）第 100603 號

靈魂與心

作　　者　錢　穆　著
責任編輯　張海濤　劉瑞蛟
出版發行　九州出版社
裝幀設計　陸智昌　張萬興
地　　址　北京市西城區阜外大街甲 35 號
郵　　編　100037
發行電話　（010）68992190/3/5/6
網　　址　www.jiuzhoupress.com
印　　刷　三河市東方印刷有限公司
開　　本　635 毫米 ×970 毫米　16 開
插頁印張　0.5
印　　張　13.25
字　　數　150 千字
版　　次　2011 年 7 月第 1 版
印　　次　2017 年 6 月第 2 次印刷
書　　號　ISBN 978-7-5108-1003-9
定　　價　28.00 元

靈魂與心

錢穆

錢穆先生手迹

錢穆先生印·錢穆

新校本說明

錢穆先生全集，在臺灣經由錢賓四先生全集編輯委員會整理編輯而成，臺灣聯經出版事業公司一九九八年以「錢賓四先生全集」為題出版。作為海峽兩岸出版交流中心籌劃引進的重要項目，這次出版，對原版本進行了重排新校，訂正文中體例、格式、標號、文字等方面存在的疏誤。至於錢穆先生全集的內容以及錢賓四先生全集編輯委員會的注解說明等，新校本保留原貌。

九州出版社

出版說明

西方思想中，「靈魂」一觀念顯佔重要地位。靈魂與肉體對立，引申而為感官與理性對立、精神與物質對立，由此產生西方哲學中之二元觀。中國人非不言魂魄鬼神，唯其曰神曰魂，皆與西方意想不同。中國人極重心靈生活，然其所偏重實在「心」而不在飄渺之「靈魂」。故孔孟以還儒家思想即以心性論為特長，而中國哲學亦自然形成直指人心一元論的人生觀與宇宙觀。西方人言靈魂不朽，因寄意於上帝與天堂；中國人之不朽，則只在人世間，只在古往今來心與心之交感上。

本書集錢賓四先生論靈魂與心與鬼神與魂魄與宗教與葬祭與生命之十二篇文字而成。最早之一文，為民國三十一年先生初喪母時所作論古代對於鬼魂及葬祭之觀念；最晚之文，則皆作於一九七五＊年蔣公逝世後數月之間，包括再論靈魂與心之屬，凡五篇。先生雖自謙諸文未必能「於此宇宙人生之奇祕有所解答」，而其深心所在，則仍不外揭揚中國古哲之高情曠識，尤望中國獨特之思想文化能有

＊新校本編者注：原文為「民國」紀年。下同。

以補益於今日「上帝迷失」之世界。

此書初版在一九七六年二月，由臺北聯經出版事業公司版行。今整理先生全集，爰依新例加入書名號、私名號及重點引號，並查對全部古籍引文，改正原有誤植文字。又遺稿中有一稿未題篇名，先生自言作於靈魂與心一文之後而續有所闡申，今亦增附本書之末以為「附錄」。

本書之整理，由江敏華小姐負責。

錢賓四先生全集編輯委員會　謹識

目次

自序

余生鄉村間，聚族而居。一村當近百家，皆同姓同族。婚喪喜慶，必相會合，而喪葬尤嚴重，老幼畢集。歲時祭祀祠堂墳墓，為人生一大場合。長老傳述祖先故事，又有各家非常奇怪之事，夏夜乘涼，冬晨曝陽，述說弗衰。遂若鬼世界與人世界，緊密相繫，不可相割。及長，稍窺書籍，乃知古先聖哲遺言舊訓，若與我童年所聞，絕非一事。中心滋疑，懷不能釋。

年事益長，見聞益廣，又知西方宗教、哲學、科學，其論宇宙人生，皆與我夙所存想不同。人生有此一大問題，乃知非我淺陋愚昧所能解決。語之人，資為談助，可以歷時移辰不倦不休，然亦不能引人對此作深切之研究。余既不信教，亦不通科學、哲學，則亦惟有安於其淺陋愚昧而止。

偶亦返於自幼所讀舊籍，於中國古先聖哲遺言舊訓，時覺咀嚼不盡，其味無窮。其於解決此宇宙人生大問題，是否確當，余不敢言。然於余之淺陋愚昧，奉以終生，時加尋繹，乃若有一軌途，可以使余矻矻孳孳而不倦。偶有感觸，於此問題，乃亦時有撰述。非敢謂於此宇宙人生之奇祕有所解答，實亦聊抒余心之所存想而止。

最近又偶有所感，隨筆抒寫，忽得五篇，而余年亦已八十有一矣。因回檢舊稿所存，最先當起於民國三十一年，余年四十八，有一題，題名論古代對於鬼魂及葬祭之觀念。其時余新喪母，又道途遠隔，未能親奉葬祭之禮，乃涉筆偶及於此，距今已三十四年矣。此下遞有撰述，彙而存之。雖各篇所見，容有不同，而大體則一貫相承。雖措辭容有重複，然要之可以各自成篇。一依其舊，亦見余個人對此問題歷年存想累積之眞相。亦有自己學問稍有長進，於舊時見解略有改定，然對此大問題之大觀點，則三十四年實無大改進。淺陋愚昧，則亦惟此而止矣。

今彙刊此編，而名其書曰靈魂與心，是亦編中一篇名，成稿於民國三十四年，距今亦適三十年矣。因編中所論，皆與靈魂與心有關。人有靈魂與否，至今不可知。然人各有心，則各自反躬撫膺而可知。孔子曰：「知之為知之，不知為不知，是知也。」讀斯編者，各就所知，是亦可以相悅而解，固不必相尋於荒漠無何有之鄉也。是為序。

一九七五年春植樹節後三日錢穆識於臺北士林外雙溪之素書樓，時年八十有一。

靈魂與心

一

我常想要東西雙方人相互瞭解其對方之文化，應該把東西雙方的思想體系，先作幾個清晰的比較。這一種比較，應該特別注重他們的相異處，而其相同之點則不妨稍緩。又應該從粗大基本處著眼，從其來源較遠、牽涉較廣處下手，而專門精細的節目，則不妨暫時擱置。如此始可理出一頭緒，作為進一步探討之預備。本文即為此嘗試而作。

在古代希臘人思想裏，「靈魂」一觀念，顯占重要地位。畢太哥拉最注重的理論，便是一種輪廻不朽說，他認為有一個靈魂可從此體轉移而至彼體。直到柏拉圖，亦有他的靈魂先在不朽論與後在不朽論，他亦認為一人之靈魂，可以有他的前生與來生。此亦依然是一種靈魂不滅的想像。與靈魂相對立者為「肉體」。肉體終歸變滅，無法永生，而靈魂可以不朽。從此便引申出「感官」與「理性」之對立。感官屬於肉體，理性本諸靈魂。從感官所接觸到的世界，是一種物質世界，而理性所接觸的世界，則是精神世界。由靈、肉對立又引申而有「精神」、「物質」兩世界之對立。這種二元世界觀，實從二元的人生觀而來。所謂二元的人生觀，即認在肉體生命以外，另有一個靈魂生命。這一思想，開始甚早，似乎並不在希臘本土，而實在希臘的東方殖民地產生。這一思想開始便似帶有東方色彩。（此處所謂東方，只指西方系統中之東方，最遠及於印度，與本文主要之東方指中國而言者不同。）希臘與印度同屬雅利安族，他們雙方對於靈魂觀與世界觀，均有好許相似處，此等定有他更古同一的來源。

這一種人生與世界的二元觀，影響到希臘本土哲學。柏拉圖的觀念論，便從「現象」與「本體」之二元對立的觀念下發展而來。希臘人雖是一種現世愛好的民族，但在柏拉圖學說裏面，已染有棄世寡欲的精神極為濃重。他深覺到在這個世界之外，應該另有一個世界，為此世界之本。如此則對現世界生活，到底免不了要抱消極態度。而在此世界中，物質與精神亦到底融不成一片，不免要永遠有衝突。此後新柏拉圖主義，便專從柏拉圖學說中神祕的與禁欲的方面擴展。這種宇宙上的二元觀，尋其根柢，還在人生之二元觀。所以普羅太奴，新柏拉圖主義者的代表，以有此身體為大辱，他說靈魂正為著身體之罪惡而在哭泣。此種靈、肉對立，理性與感官衝突的感覺，在斯多噶派的學說裏更為顯著。斯多噶派「理性」與「反理性」之區分，即等於柏拉圖「超感覺」與「感覺」之區分。同樣將人之理性與感覺劃分，肉體人格之外，另有精神人格。倫理上之二元觀，早為基督教宗教上之二元觀導其先路。基督教之靈魂觀念，同樣是東方色彩，同樣是靈、肉對立的二元觀，因此可與畢太哥拉派、柏拉圖、斯多噶派相融洽。從希臘思想轉至基督教，其接榫處只在此。

二

自從基督教在西方宣揚開以後，西方人對於世界的二重觀念，更為清澈鮮明。奧古斯丁的神之城，只在天上，不在地上。人生之終極，靈魂之救度，精神世界之重視，均為西方中古時代之特殊表徵。這一趨勢，直要到文藝復興時期始有轉變。文藝復興，外面看是從基督教轉返希臘，裏面看則是從靈魂轉返肉體，從天上轉歸地上，從精神觀念轉歸到自然現象。自此以下的西方思想，似乎「靈魂」的地位逐漸降低，「心」的地位逐漸提高，西方思想界另有一番新生氣。這或許是北歐新民族一種特殊精神之表現。但因思想傳統沿襲已久，此下的思想路徑，似乎仍擺脫不掉已往的舊軌轍。

關於心的重要地位，其實在奧古斯丁的理論中已見端倪，不過到文藝復興以後，更有進展。奧古斯丁雖知看重個人內心的地位，他還是說，在神的眞理面前，人之內心仍只有被動。人心只是次要的，神才是主要，人的靈魂才是主要。中世以後的哲學家，漸漸認為人的心智可以自尋眞理，而不在神的面前被動了。但大體論之，此下的哲學問題，仍然沿襲以前的舊路徑。在人心方面，依然是取感覺與理性對立的看法。從感覺認識外界的便成了經驗主義，從理性認識外界的便成了理性主義。在英國自羅吉培根以下，大體都算是經驗主義。而大陸學者如笛卡兒、斯賓諾沙、來勃尼茲等，則為理性主義。理性主義派依然喜歡講神，也一樣要講靈魂，也依然要走入二元的世界觀。此種理論，依然不離中世紀經院哲學之舊傾向，依然帶有古代神與靈魂之舊信念。既然仍不能不歸極於此渺茫無稽的神與靈魂，則依賴理性與智識，有時尚不如依賴信仰轉為直捷。因此理性派的學者，到底只成了一種折衷主義。折衷主義本由懷疑而來，終必仍歸到懷疑而去，折衷是一種不徹底、不到家的辦法。然而如英國洛克、勃克萊、休謨一派的懷疑論，只靠經驗實證，只認現象世界為眞實，只在肉體感官上裝置人生，全部人生只根據在各自的感覺上。因為故意要把靈魂觀念排斥，遂致把人心的境界和功能也看得狹窄了。人心只是一個感受外界印象的機關，全部人生亦只是些印象與感覺。這一種人生觀，實為大部分人類心理所不願接受。接受了這一種觀念，則人生太無意味。

在英國思想界，常有一種奇異的結合。一方面可以抱徹底的唯物見解，但同時對宗教的傳統信仰與習慣猶能依然尊敬恪守，如牛頓即其一例。然此種極端的唯物論與宗教精神之結合，只可說是英吉利土壤之特殊產物，非其他民族所能追隨。因此英吉利思想可以安於經驗主義與幸福主義的圈套裏，而其他民族則仍不能不另尋出路。於是有近代的德國哲學。康德從休謨而起，其事正如古希臘哲人思想之後來了蘇格拉底與柏拉圖。普通的概念與特殊的經驗之關係，此問題乃蘇格拉底以後希臘哲學上之中心問題。近代德國學派，亦依然要在英國派專重經驗與感覺的上面安放一個共同的範疇。

英、德思想之對立，大體猶如中古時期唯名論與實在論之對立，依然是西方思想系統上一個舊裂痕。康德思想並不能徹底消融西方思想界由來已久之對立形勢，先在的我（即「靈魂」）並不能為經驗的我所實驗，但他卻能約束經驗的我；這依然帶些理性派的神祕。康德哲學依然沿著西方感官界與理性界對立之舊傳統，依然不能不有現象界與精神界之對立。因此從康德而起的，如費希脫之我與非我論，黑格爾之精神世界之發展論，大體說來，他們雖都想在唯心論的系統下求到世界之統一性，但到底還是擺脫不掉從來已久的思想界上之二元對立。這是從「心」的方面講。若轉從「物」的方面講，一樣有走不通之苦。近代西方的物質論者對於力的迷信，成為十九世紀哲學思想之特徵。其實物質論者與宗教哲學並無二致，僅以本質觀念代替神的觀念，以力的主宰代替上帝的主宰；所謂不同，如此而已。因此自然主宰說與宇宙神造觀，機械論與目的論，一樣成為西方二元哲學衍變中應有之兩大綱羅，使西方思想界不陷於此，即陷於彼，有求出不得之苦。

近代西方人常在外物的經驗與內心的理性之對立中找不到妥當的出路，遂復轉入生活意志一條路上去。此在德國，消極的如叔本華之幻想主義，積極的如尼采之超人主義，論其淵源，依然都以康德為出發點。叔本華對現世生活只想逃避，尼采則主張改造現世。他們的態度，顯然都是極濃重的個人主義與現世主義者。個人主義與現世主義到底不能滿足人類內心一種不朽與永生之要求。在英國方面則有達爾文。達爾文與尼采正可代表近代西方英、德精神之不同。他們的相同點，只在提高生活意志一方面。但意志的重要，在中世紀奧古斯丁亦復先已提到。意志亦如經驗與理性一般，依然解決不了個人主義與二元哲學之苦悶。

三

上面我們把西方思想作一簡單的概觀。大抵西方人對世界始終不脫二元論的骨子，因此有所謂「精神世界」與「物質世界」或「本體界」與「現象界」等之分別。這一分別，求其最原始的根柢，應該是從靈魂、肉體分立的觀念下衍變而來。西方人對人生始終不脫個人主義，因靈魂本帶有個人性。西方的倫理思想，從希臘直到現在，大體以個人之快樂與福利為宗極。即論宗教教義，靈魂得救、天國幸福，依然是一種個人主義。西方思想是在個人主義下面產生了二元的衝突。靈魂與身體為個人之二元，因此有感覺與理性之對立。從感覺有經驗，由此而接觸物質現象世界。從理性有思辨，由此而接觸精神本體世界。人生的要求，決不肯即安於此肉體感覺短促的一生而止。因此經驗主義、唯覺主義、唯物論各派思想，雖可由此造成極精細的科學與哲學，但終不能指導人生，滿足人類內心之要求。人生終極問題，決不能就此而止。因此西方思想常要在對立下求統一，在個我的不完全中求宇宙與大我之全體；常在肉體感官低下部分之要求與滿足下求解放，而追向靈魂理性高尚部分之體會與發展。

然而在此處，理智的力量終嫌不夠。在西方思想裏，關於倫理一方面的成績，最先使人感到脆薄，最不易滿足人類內心這一部分之要求。於是因倫理思想上之失卻領導權而使西方人不得不轉入宗教。宗教在以信仰代替思辨。理性所不勝任的，只有付之信仰，以求暫時之安寧。但宗教愈走愈遠，則信仰與理性及經驗都要發生衝突。近代西方，遂不得不又從信仰轉到意志。然而意志是否自由？若意志有自由，則此意志屬於個人抑屬全體？由此而下，依然是在個人主義與二元論之圈子內，依然沒有痛快解決。

這一個簡略的說法，根本在從東方人的思想系統來看西方而見其如此。我們若本此觀點，再把東方思想系統之大體簡略一說，則上面所論，自將更易明晰。我們一面要用東方思想來明白西方，同時亦要用西方思想來明白東方。兩面並舉，庶可兩面均達到一更明白的境界。

四

古代的東方人，在遺傳至今的詩書經典及其禮節儀文上看，東方人似乎早先亦有一種靈魂觀念，信有死後之靈魂，卻沒有詳細說到生前之靈魂。死後靈魂則似乎只是一種鬼的迷信而已。鬼是否永生不朽，在東方思想下，亦不甚肯定，亦看不到他們有「靈魂再世」及「輪廻」等說法。在此方面，本文作者另有專論，此處不詳說。此下所欲說者，則為東方思想開始脫離靈魂觀念之時代及其此後之變化。

關於靈魂再世及輪廻的說法，其背後實為透露了人類對自己生命要求永生及不朽之無可奈何的心理。此一要求，實為人類心理上一至深刻至普遍之要求。縱謂全部人生問題都由此要求出發，到此要求歸宿，亦無不可。但對此問題之解決，則只有靈魂再世、輪廻，或天國超升等幾條路。若捨此諸端，試問人類肉體的短促生命，又從何處去獲得不朽與永生？若人類生命根本只在此七尺肉體短促的百年之內，則人生之意義與價值究何在？此實為人生一最基本絕大問題。此文下面所擬提出者，即為東方人在很早時期早已捨棄靈魂觀念而另尋吾人之永生與不朽。此一問題，實可以說是整個中國思想史裏面一最重要的綱領。明白了這一義，才可明白中國思想之特殊精神與特殊貢獻之所在。下面我們先把左傳裏魯襄公二十四年關於「三不朽」的一番討論略為說明。原文如下：

穆叔如晉，范宣子逆之，問焉曰：「古人有言曰『死而不朽』，何謂也？」穆叔未對。宣子曰：「昔匄之祖，自虞以上為陶唐氏，在夏為御龍氏，在商為豕韋氏，在周為唐杜氏，晉主夏盟為范氏，其是之謂乎？」穆叔曰：「以豹所聞，此之為世祿，非不朽也。魯有先大夫曰臧文仲，既沒，其言立於世，其是之謂乎？豹聞之，太上有立德，其次有立功，其次有立言，雖久不廢，此之謂不朽。若夫保姓受氏，以守宗祊，世不絕祀，無國無之，祿之大者也，不可謂不朽。」

在這一段對話裏，看出當時人對人生不朽有兩個見解。一是家族傳襲的世祿不朽，一是對社會上之立德、立功、立言的三不朽。這兩個見解裏，皆沒有靈魂再世或超生的說法，可見中國人對靈魂觀念在那時已不為一輩智識階級所信守。因信人類有靈魂，遂牽連於在此世界以外的上帝及鬼神。但在中國春秋時代，對天神觀念皆已有極大解放，極大轉變。關於這一方面的種種思想議論，載在左傳者甚多，此處不擬詳舉。在此所欲討論者，則為包涵在此兩種不朽論後面之意義。

第一種是晉范宣子所說的家世傳襲的不朽。此一說雖為叔孫豹所看輕，但在中國社會上，此種意見流行極廣極深，此後依然為一般人所接受、所贊同，只把范宣子當時的貴族意味取消了，而變成平民化。人生底不朽，由家族爵祿世襲，變到家族血統世襲。孟子書上便說到「不孝有三，無後為大」。「無後」便是打斷了祖先以來不朽的連鎖。可見春秋時代范宣子貴族家世的不朽說，到戰國人手裏已變成平民家世的不朽。只要血統傳襲，兒女的生命裏便保留了父母生命之傳統，子孫的生命裏便保留了祖先生命之傳統。如此則無論何人，在此世界，皆有永生不朽之實在生命，不必以短促的百年為憾。

至其高一層的，自然是叔孫豹所說的三不朽。三不朽內許多詳細理論，留下再說。此處只先指出，在中國人的看法，人不必有死後的靈魂存在，而人人可以有他的不朽。家世傳襲，可說是一種普通水平的不朽。在此普通水平的不朽之上，更有一種較高較大的不朽，則為叔孫豹所說之三不朽。我們用這一個觀點來和西方思想作比較，則西方人的不朽，在其死後到別一個世界去；中國人的不朽，則在他死後依然留在這一個世界內。這是雙方很顯著的一個相異點。

現在再進一步，所謂東方思想，死後依然想要留在這一個世界內，是如何樣的留法。根據三不朽說，所謂立德、立功、立言，推其用意，只是人死之後，他的道德、事功、言論依然留在世上，便是不朽。所謂留在世上者，明白言之，則只是依然留在後世人的心裏。東方人在人生觀念上，一面捨棄了自己的「靈魂」，另一面卻把握到別人的「心」來做補償。人的生命，照東方人看法，似乎本來是應該反映在別人的心裏而始有其價值的。故曰「士為知己者死，女為悅己者容」，「鍾子期死，伯牙終身不復鼓琴」。若一個人獨自孤零零在世上，絕不反映到他以外的別人底心中，此人雖生如死，除卻吃飯穿衣一身飽暖的自我知覺以外，試問其人生尚有何種價值、何種意義之存在？反而言之，只要我們的一生，依然常在別人心中反映到，即使沒有吃飯穿衣一身溫飽之覺，其人生到底還是存在，還是有價值，有意義的。所以一人的生命，若反映不到別人的心裏，則其人早已雖生如死。一人的生命若常是反映在別人的心裏，則不啻雖死如生。立德、立功、立言之所以稱為不朽，正因其常由生前之道德、功業、言論，而常常反映到別一時代人的心裏去。

即如前舉家世傳統之不朽，後來儒家發揮光大，也看重在心的反映上。儒家論「祭義」，便是其明證。孔子說：「祭神如神在。吾不與祭，如不祭。」可見祭之所重，並不重在所祭者之確實存在與否，此即靈魂問題。靈魂之有其存在與否，早已為當時的中國人所淡漠。祭之所重，只在臨祭者心理上之一番反映。臨祭者對於所祭者之心理上的一番反映，其事不啻為所祭者之一番復活。此層在小戴禮記中祭義等篇，發揮得十分透徹。我們在此可以說：西方人求他死後的靈魂在上帝心裏得其永生與不朽，東方人則希望在其死後，他的生平事行思想留在他家屬子孫或後代別人的心裏而得不朽。這又是一個東西之異點。

五

上述叔孫豹與范宣子一段對話，代表了當時人的一種思想與見解。這一種思想與見解，直要到孔子手裏才能組織圓成，而且又得到比叔孫豹與范宣子更進一步的發展。不朽與永生，本來是人類內心對其自己生命所共有之一種自然的要求與想望。現在既知道人的生命別無不朽，只有在別人的心裏常常的反映到，便是眞不朽。則期求不朽的，莫如希望別人的心常常的把我反映到、留念著。但到孔子手裏，卻把這一個期求，倒轉來成為一種人生的義務與責任。所以論語上說：「愼終追遠，民德歸厚矣。」孝經亦說顯親揚名是為孝道。這已不是父母祖先對其兒女子孫之一種希望與期求，而倒轉來成為兒女子孫對其父母祖先之一種義務或責任。這一種義務或責任，依照孔子意見，也並非是從外強加的，而實為人心之自然內發的。如在嬰孩少年，對著父母兄長便知孝弟。長大成人，其對人接物便知忠恕。孝弟忠恕都只是指的這一個心。此在論語裏時時提及，又總而名之曰「仁」。仁便是人心之互相映照而幾乎到達痛癢相關、休戚與共的境界。只以一人便可推知人人，只以一世便可推知世世。人人世世都把著這一個孝弟忠恕的心，即仁心，來互相映發，互相照顧。由是而有之一切，便是孔子理想中的所謂「道」。論語有子曰：「孝弟也者，其為仁之本歟，本立而道生。」孔子曰：「吾道一以貫之。」曾子曰：「夫子之道，忠恕而已矣。」又說：「忠恕違道不遠。」可見儒家所謂道，只在人心孝弟忠恕上。孝弟忠恕便是仁，便是一種人類心之互相映發、互相照顧，而吾人之不朽永生即由此而得。故孔子又說：「朝聞道，夕死可矣。」人不聞道，便加不進這一個不朽與永生之大人生。你明白了這一個大人生之不朽的道理，那你小我的短促生命自可不足重輕了。中國人俗語常說「世道人心」，世道便由人心而立。把小我的生命融入大群世道中，便成不朽。而其機括，則全在人心之互相照映相互反應之中。我們可以說：世道人心，實在便已是中國人的一種宗教。無此宗教，將使中國人失卻其生活之意義與價值，而立刻要感到人生之空虛。

在此又可舉出一東西相異之點。西方人觀念裏，人生常在上帝的愛顧下活著；而東方觀念裏，則人生常在同時人乃至異代人的愛顧下活著。舉例言之，父母常希望在兒女的孝心裏活著。父母的生存意義，只在兒女的孝心裏得其存在。若是兒女不孝，那人便譬如沒有做了父母。推廣言之，任何一人也只在大群的仁心與世道中有其存在。若舉世盡是不仁無道，那一個人生在這樣的世界裏，便孤零零地嘗不到人生眞滋味。幸而人終有人心，兒女只要有人心，自能懂得孝道，此便是所謂仁。既有此仁，兒女自然知道對父母有孝心。兒女對父母之孝心，其實只是一個十足全盡的人與人間交互映發照射的一顆仁心而已。此心又可以是忠恕。孝弟忠恕便合成世界大道，便把人生之不朽與永生問題獲得解決。

在孔子以後繼起的是孟子。孟子曾說：「仁，人心也。」又補出一個「性善」的學說來。性只指的「人心之所同然」處。此所謂人心之同然，有從本原方面說的，亦有從終極方面說的。只把人類徹頭徹尾這一個有所同然之心名之曰「性」，而指說之曰「善」。性善亦便是仁，便是人心之相互映發、相互照顧處。故孟子又說：「盡心知性，盡性知天。」一切宇宙人生，便都在此人類自身的心上安頓。從人心認識到性，再從人之心性認識到天。如此便由人生問題進入到宇宙問題，這裏便已到達了西方哲學上所謂形而上學的境界。這是孔孟以下儒家思想之主要精神，可說是一種「人心一元論」。若用流俗語說之，可謂「良心一元論」。而其淵源，則自春秋以來已見。此番理論，有與西方思想一個重要的相異點，即在捨棄人的靈魂而直言心。捨棄靈魂，則便捨棄了人生之前世與來生，又捨棄了靈魂所從來與所歸宿之另一世界。這便成為只就此現實世界，從人類心理上之本原的與終極的大同處來建立一切人生觀與宇宙觀。這是儒家思想的主要精神。

中國人這一種的人生觀，如上所言，大體上可謂認定人生之意義與價值，即在於此現實世界上人與人間的心心相照印，即在於人心之交互映發，而因此得到一個本原的與終極的同然。此即所謂「性」。性之善即心之仁，而「心」則與「靈魂」不同。就其與身體之關係言，靈魂與肉體對立，在肉體未成長以前，靈魂早已存在。在肉體已破毀之後，靈魂依然存在。所以肉體與靈魂二者成為各自獨立。至於心則常依隨於肉體，依隨肉體而發展成長，亦依隨肉體而毀滅消失。所以在西方有靈、肉對立，在東方則不能有身、心對立。在西方可以有個人主義，在東方則不能有個人主義。個人主義之最後祈求為靈魂不滅，東方人則以心通心，重在人心之永生與不朽，決不能不打破個人觀念之藩籬。在西方既係靈、肉對立，因此又有感官經驗與理想思辨之對立，因此而有一個對立的世界觀。在東方人則心、身不對立，理性思辨與感官經驗亦不分疆對立。孔子之所謂人，便已兼包理性與情感，經驗與思辨，而不能嚴格劃分。因此東方人對世界亦並無本體界與現象界，或精神界與物質界之分。即現象中見本體，即物質上寓精神。因此東方思想裏亦不能有西方哲學上之二元論。

從東方人的觀點來看西方，則西方人之科學、哲學乃至宗教，雖是三個路徑，發展成三個境界，而實由一個源頭上流出，也依然在一個範圍內存在。若從西方人的觀點來看東方，則東方思想既非科學，又非哲學，亦非宗教，因為他是在別一道路上發展，與西方人的各自成了一個系統。

六

東方人雖無靈、肉對立的觀念，但有所謂心、物對立。惟此所謂心、物對立，亦並不像西方哲學上唯心、唯物之比。孟子所謂「物交物則引之而已」的物、心對立，即是小戴禮記中樂記篇裏的「天理」與「人欲」之對立。此天理人欲，亦非西方之靈魂肉體。天理只是人心之同然處，而人欲則知己而不知人，因私昧公，未達於人心之所同然，未能衝破小我肉體之封限而十足表現其人心相互映照交感之功用的一種境界。因此說「夫子之道忠恕而已矣」，「忠恕違道不遠」，忠恕只是以己度人而到達人心之所同然。「己欲立而立人」，「己所不欲勿施於人」，由此推廣，便可認識人心一元之大世界。故孟子曰「盡心知性」，中庸說「盡己之性可以盡人之性」，正為人心都有此同然處。

若稱中國儒家思想為東方的唯心論，則道家思想莊老一派，可以說是東方的唯物論。唯此所謂唯心、唯物，仍與西方的唯心、唯物不同。在東方雖有莊老的唯物論，卻仍不能與儒家唯心思想相抗衡。何以故？因儒家之所謂心，本從物中發展成長，本不與物相對立，因此儒家思想仍可吸收莊老思想為己有，如中庸、易傳便是其例。故中庸既說「盡己之性以盡人之性」，又說「盡人之性以盡物之性」。如此一串說之，則心、物仍可打成一片。即在孟子已說「盡心知性，盡性知天」，由知心知性到達知天工夫，則已由人生界轉入宇宙界。因此東方人思想是一種非個人主義之一元論，正可與西方人的個人主義之二元論恰恰相對。墨家明鬼尊天，似乎依然保留古代的靈魂觀念，因此孟子斥其「無父」。因既主有靈魂，勢必轉成個人主義，勢必與儒家現世人心一元（此一元，孟子稱之曰「本」。）之理論相背馳。然此後墨家理論即不佔東方思想之主要地位。

本文只在約略指出東方思想從春秋以下漸漸不主張或不看重靈魂的說法，而轉到現實人心方面來。只求約略提出這一個趨勢，以與西方思想注重靈魂觀念者相對照。此處不擬再有詳說。下面則約略把佛教流入中國以後的情形大概言之，以明中國思想界之流變。

七

佛教精神，大概論之，亦當歸屬於西方系統，近希臘而不近中國。雖則他的三世六道輪廻之說，已經超脫了小我的靈魂觀，但到底也是一種二元論，其主要目的也要引導人脫離此現實。在中國人觀念裏，可說只是一元的，只有這一個人世現實，因此沒有眞的出世觀。道家神仙思想，嚴格說來，亦並非出世。一到佛教傳入，魏晉南北朝、隋唐一段，中國人開始懂得出世，開始採用二元論的哲學觀點，這是佛教在中國思想史上的眞影響。此後宋明儒學復興，他們批評佛教，大致不外兩點。一則反對出世，說是自私自利。此即斥其為個人主義。一則反對佛學上的二元論，如所謂體、用之別，眞、幻之分等。此處豈不很顯著的可以看出東西雙方思想上之大界限？但佛家思想到底在中國思想史上有了不可磨滅的影響。此下宋明儒雖反對佛家的二元論，而他們實際還是採用了許多佛家觀點。如朱子論理、氣，橫渠論氣質之性與義理之性，此皆近似有二元之嫌，歷經明清諸儒之駁辨。

其實橫渠、晦翁皆求融道、釋以歸儒。緣古代儒家運思立論，皆偏重在人生界，而道家與釋氏，則都偏重在宇宙界，都抱出世觀。然人生總是在宇宙中，苟非有一番新宇宙論出現，則新人生論亦即無以確立。橫渠、晦翁用心在此。如橫渠云「為天地立心，為生民立命」，則天地竟成一無心的，亦如道家之言氣與自然，與佛家之言虛無涅槃，要待人來為它立心。而朱子則言「天即理」。違背了理，即亦無天之存在。天只是第二級，理始是第一級。此等理論，皆是極大膽，極可驚。後人見慣聽慣了，若覺平常。後來理學分成為陸王「心即理」、程朱「性即理」之兩派。其實性即藏於心之內，離了心，又何從見性。這猶如說性必見於氣質，脫離了氣質，即無以見性。所以說性則必說氣質之性，但又不能專言氣質之性，必兼言及於義理之性。像似二元，但以一「性」字總攝之，則又決非是二元。此如朱子言理、氣，理必附於氣，但又不能專言氣，故必理氣分言，但又必理氣合言。而理又是無造作，無運為的，一切運為造作皆在氣。性屬理，心屬氣，則一切運為造作皆屬心。但若專言一心，不言外物，又不是。宋代理學家如周濂溪、張橫渠及朱子，皆酌取道家、釋氏來建立他們的一套新宇宙論，但仍皆能不背於孔孟相傳人心一元之大精神。而魏晉以下迄於唐五代思想界儒、釋、道三足鼎立之舊形勢至是乃一變，儒家獨執思想界之牛耳，道、釋退列下位，再不能與儒相抗衡；此則乃宋代理學家之功。

八

現在再說孟子論心，本只就心之作用、功能言，並不涉及所謂本體。孟子謂「孩提之童無不知愛其親，及其長無不知敬其兄」，此種「無不知」，便是人心之同然。特舉孩提言之，則指出此同然之心之發端，此心之原始同然處。此種人心之原始同然，只要推擴光大，則如火之始然，泉之始達，直到堯舜聖人，便得了人心之終極同然。此即孟子所謂「理義」，亦即論語之所謂「道」。性只是人心之同然，或指其原始言，或舉其終極言，原始與終極還是一貫，並非謂心自有一體別謂之性。此如泉之下達，火之引然，只是泉與火之原始同然以及終極同然，即泉與火之作用、功能之共有傾向，並非在泉的裏面另有一本體專主下達，在火的裏面另有一本體專主引然。人心之孝弟愛敬以及理義之極致，莫非人心之自然傾向或共有傾向，而非另有所謂心之體。程朱一派主張「性即理」，似乎看性自有一體。陸王一派主張「心即理」，亦若不免仍要看心自有一體。此處亦有一分辨。「體」「用」二字，古人未言，開始應在東漢魏伯陽之參同契。此一觀念一開始，後代亦即不得不加以承用。但如程伊川說「體用一源，顯微無間」，則體用雖可分言，仍不害其只是一體。而且捨了用亦無以見體，沒有體又那會有用。宋代理學家言義理，較之先秦，有些處更細密，更周到。雖多採酌了道、釋，但仍只發揮了孔孟，還是在充實完成現實人心之一元觀上努力；那是該仔細參詳的。

或者又會疑及，告子言「生之謂性」，性即在生命中見，其言豈不直捷明白，孟子何以非之？但生命有其共同面，亦有其各別面。生命有其原始所由來，又有其終極所當往。生命是一現實，但同時亦即是一理想。若只說生命是性，則當下現前即是。人人得一生命，即是同時各得其性。有其同，不見其別。原其始，不要其終。只見有現實，不見有理想。孟子言犬牛與人同有生命，但其性各別。孟子言人性善，只說「人皆可以為堯舜」，不曾說人人皆即是堯舜，其間尚有許多曲折層次，遙遠路程，須待努力。荀子著重在此曲折層次上，因說「人皆可以為禹」，卻忽略了其終極同然之可能上，乃說人性是惡。這以較之孟子，便見其偏而不全。宋代理學家深得孟子意。故橫渠說了氣質之性，還要說義理之性。朱子說宇宙只是一氣，更要說宇宙只是一理。唐代禪宗則說「即心即佛」，當下現前，便可立地成佛。當然學佛成佛，全仗一心，但抹殺了心與佛間種種曲折層次，有此心即可成佛，猶如告子說有此生命即得了性，所以宋儒說禪即是告子的路子了。陸象山自謂有得於孟子，他說：「我不識一字，亦將堂堂地做一人。」但從不識一字到堂堂地做人，其間亦有許多曲折層次。若忽略於此，亦便走上了告子路頭。王陽明說：「見父自然知孝，見兄自然知弟。」但其江右一派弟子，卻說「無現成良知」。泰州一派則說成「滿街都是聖人，端茶童子亦是聖人」。但此端茶童子，只是盡心端茶，卻不能說其知性知天。要能本末終始一以貫之，則當下現全，可以是此心，卻又不是此心。是此生命，卻又不是此生命。但又不是要撇去當下現前此心此生命來另尋一心一生命。此處可見中國傳統文化、傳統人生觀之深厚圓到處，但卻只由人當下現前去認取。此處即是現實人心之一元觀。

九

現在再依次說到耶教。耶教入中國，已在明末清初，中國思想界橫受異族入主政治權力之摧殘而沒出路的時候。照理論之，中國人應該可以接受耶教理想以為精神上之安慰；而事實並不如此。耶教入中國，首先遇到的難題，依然在這一個中國傳統信仰的固有宗教上。耶教教義重在個人靈魂之得救，而中國傳統觀念，則早不看重靈魂，而只看重人心，尤重在人心之相互映照處。因此孝道在中國社會，實屬根深柢固，而與耶教之靈魂觀適成不可融和之衝突。所以耶教來中國已歷三四百年，正值中國思想界極衰微無所歸依的時候，而耶教勢力終不能在中國社會上推行。

依據上述，在東方人的社會裏，實在可以無宗教。東方思想裏面實已有一種代替宗教之要點與功能，此即上論不朽之觀念。此種觀念，以儒家為代表。若要說東方人有宗教，寧可說是「儒教」而非佛教。儒教與佛、耶、回三教之不同處，大端有二：一則佛、耶、回三教皆主有靈魂（佛教輪迴說可謂是變相之靈魂），而儒家則只認人類之心性（或說良心）而不講靈魂。二則佛、耶、回三教皆於現世界以外另主有一世界。在此另一世界裏，則有上帝天神或諸佛菩薩。儒家則只認此人類之現世界，不再認現實世界外之另一世界，而在此現實世界中之標準理想人物則為聖賢。惟此所謂現實世界，並非一小我身限之世界，亦非一百年時限之世界，乃推擴盡量於人生世界一個廣大悠久的現實世界。故若以儒家思想為一宗教，則不妨稱之為人生教，或人文教，或聖賢教，以別於佛、耶、回三宗之上帝教與佛菩薩教。又不妨稱之為現世教，以別於佛、耶、回三宗之出世教。亦可稱之為心性教（或心教），以別於佛、耶、回之靈魂教。故儒家思想，乃若鎔鑄了西方思想中之宗教與倫理為一體，而泯其分別之一種思想。在西方思想上，宗教與倫理終不合一。宗教為出世的，倫理則為現世的。宗教主出世，其著想在個人靈魂之超渡。倫理主現世，其目的亦為個人人生之福利與快樂。倫理宗教分而為二，遂皆不免為個人主義所罨罩。儒家思想既融宗教與倫理為一，不主出世，亦不取個人主義，可謂是於此人生世界求能推擴盡量以達於不朽與永生之一種境界。

一〇

惟就西方思想系統言之，因其有靈魂與肉體之對立，遂相因而有感官與理性之對立，由此遂生唯心、唯物之爭，科學、哲學皆由此起。東方思想無此對立之形勢，因此在東方思想界乃既無所謂科學，亦無所謂哲學。東方人對工藝、製造、醫藥、天算諸項實用科學方面，亦未嘗無貢獻，然因東方思想中並不認有一個純粹分別獨立之物界（或物質界）超然於人生之外，因此對之雖可有種種獨特專門之研究，但不認其在外有此獨特分別之存在。所謂正德、利用、厚生，一切仍在同一本源上。因此純粹科學的觀念，在東方不能盡量發展。至西方哲學，其先本與科學同源，欲為嚴格分辨，其事殊難。東方思想中既無純粹科學，遂亦無純粹哲學。蓋西方以精神界與物質界對立，又以經驗與理性對立。其純從物質界與經驗界思入者，則漸由哲學而成為科學。其純從精神界與理性界思入者，則長為彼中之正統哲學，而頗與宗教相會通。東方思想系統中，更無理性與經驗之嚴格分別，故純思辨、純經驗之理論，為西方科學、哲學之本源者，在東方不能大盛。

東方思想既主心性，既重人生現實，故東方思想常與人生實際體驗相輔而前。東方人主覺與明，所謂「先知覺後知，先覺覺後覺」，又曰「雖愚必明」。覺之與明，既非純自感官經驗，亦非純自理性思辨，既非純屬物質界，亦非純屬精神界，乃自屬於東方思想下之一種人生境界，亦即東方人所體會而得之一種人心功能。故西方科學、哲學之分道而馳，宗教與科學之極端衝突，在東方人觀之，殊為奇事。即專就西方宗教與哲學言之，一專主思辨，一專尚信仰，在東方人視之，亦皆嫌其意境單薄，難成定讞。因東方思想乃就人生實際證會而來，較之純信仰純思辨者為更可靠。若西方人之倫理觀念，既與宗教分立，率主現世個人之樂利，更為東方人所卑視，以為陳義淺俗，了無深趣。至西方人之純科學理論，亦有在東方人眼中覺其穿鑿太甚，割裂太碎，距離人生實際太遠者。然以西方人目光回視東方人，則常見東方思想既無甚堅定之宗教信仰，又無甚深刻之純科學、純哲學之理論與思辨，遂若東方人一切平鋪浮露，從未透入世界之深處。實則是東西兩方各有系統，各有偏重，即亦各有短長；一時正無所用其軒輊。若雙方能各自捨短求長，則西方科學思想物質駕馭方面之成績，就其最近成績言，已為東方之所未逮；而東方人之倫理觀念、人生教訓，亦為西方所不及。此後若能將東方人之人生教訓與西方之科學訓練融和配合，庶於人生福利前途有一更為光明之造就。草此文者殊於此不勝寄其人類文化前途深切之期望焉。

（此文作於民國三十四年。因抗日戰爭結束，出版社停頓，於三十六年一月復刊，載於是年二月思想與時代第四十二期。）

孔子與心教

人生最大問題，其實並不在「生」的問題，而實是「死」的問題。凡所謂人生哲學、人生觀等，質言之，都不過要解答此一死的問題而已。若此問題不獲解答，試問人生數十寒暑，如電光石火，瞬息即逝，其價值安在？其意義又安在？

人皆有死，而人心裏皆有一個共同的傾向與要求，即如何而能不死、不朽，與永生是也。此種要求，不獨人類有之，懷生畏死，即其他動物亦莫不皆然，而惟人類為最甚。人類為滿足此種要求而有宗教之信仰。宗教信人有靈魂，可以脫離肉體而存在。現實人生限於肉體現世，空幻不實，變化無常；靈魂生活不限於肉體與現世，彼乃貫串去、來、今三世，永恆不滅，真常無變。不過，這種說法有兩個缺點：一、與科學衝突；二、忽略了現實。

人生的又一個問題是「我」的問題。無我則人生問題無著落。所以人生問題扼要說，也可說是「我生」的問題。然因人類有我見，而使人類都不免有自封自限、自私自利的習性，因而人我之間不能不有隔閡、有激盪，遂不能不相分離、相衝突，由此而招致社會之不安。人類為防止此種不安，而有正義、自由與法律。自由屬諸各人自我範圍之內，正義則為人我自由之界限，法律則為維持正義、限制自由而設。在正義界限之內，人各享其自由。若有逾越，則受法律之裁制。西方社會的現世安寧，即藉正義與法律的觀念而維持。所以他們即在父子、夫婦、兄弟、朋友之間，亦有很明顯的界限，有很清楚的法律。但我們禁不住要問：若人生相與，僅有此等正義、自由與法律，則人與人間全成隔膜，全成敵體，試問人生價值又何在，其意義又何在？再以何者來安慰此孤零破碎漠不相關的人生呢？

西方人在這一點上，還是乞靈於宗教。他們用宗教家靈魂出世之說來慰藉現世孤零的人心。他們把人生不朽的要求引到別一世界（天國）去。因此之故，他們特重牧師與教堂。而在現世裏則以法律來維持秩序，處理紛爭，因此他們又特重律師與法堂。我們可以這樣說，西方的人生是兩個世界的。來世的人生是宗教的，現世的人生是法律的。二者互相為用，他們的政治社會以及一切文明，都支撐在此上。

中國人則與此不同。中國社會不看重律師與牧師，亦不看重法堂與教堂。但中國人又如何解答此生死問題，以及人我問題的呢？欲知此事，當明孔子學說。

中國人也希望不朽，但中國人的不朽觀念和西方的不同。左傳裏載叔孫豹之言，謂不朽有三：立德、立功、立言是也。此三種不朽都屬於現世，仍都在人生現實社會裏。可以說人生的不朽，仍在這個社會之內，而不在這個社會之外。因此中國人可以不信有靈魂，而仍獲有人生之不朽。我之不朽既仍在這個社會裏，則社會與我按實非二。孔子論語裏所常提起的「仁」的境界，即由此建立。在仁的境界之內，人類一切自私自利之心不復存在，而人我問題亦牽連解決。人生並不是一個個小我隔膜敵對，各自孤立，而即在現社會裏，把人生融凝成一體，則人生自不當以小我自由為終極。不講小我自由，便不必爭論為自由劃界的正義。既不爭論那個為你我自由劃界的正義，則維持正義、判決此爭論的法律，自更不為中國人觀念所重。擴充至極，則中國社會可以不要法律，不要宗教，而另有其支撐點。中國社會之支撐點，在內為「仁」，而在外則為「禮」。

西方人的不朽在靈魂，故重上帝與天堂。中國人的不朽，不在小我死後之靈魂，而在小我生前之立德、立功、立言，使我之德、功、言，在我死後，依然存留在此社會、在此人群之中，故重現世與人群。兩者相較，中國人的不朽觀念，實較西方人的更著實、更具體，實在不能不說是一種更妥貼的觀念。從事宗教生活者，必須求知上帝的意旨。求三不朽現世生命者，必須求知人群的意旨。我們不妨說，中國人的上帝即是人類大群。人能解脫小我私人的隔膜與封蔽，而通曉人類大群意志者，即可說他已經直接與上帝相通，已經進了天國。此種內心境界，中國儒家即謂之「仁」。孟子說：「仁，人心也。」正指這一種心的境界而言。此所謂人，並不指一個個的小我與私人，而是指的人類大群。故此所謂人心者，乃指人類大群一種無隔閡、無封界、無彼我的共通心。到達此種心的境界則謂之仁。人到了仁的境界，則死生、彼我問題，均連帶獲得解決。西方人亦未嘗不言心，但西方人所謂「心」，與「靈魂」離為兩物。西方人所指的心，只指小我肉體之心之一種機能而言。中國人觀念反是。中國人認為心即是仁。中國人看心，雖為人身肉體之一機能，而其境界則可以超乎肉體。西方人認超肉體者只有靈魂；中國人看心，則已包容西方人靈魂觀念之一部分，而與西方人之所謂靈魂者自不同。中國人看心，可以超乎肉體而為兩心之相通。如孝，即親子間兩心相通之一種境界也。子心能通知父心即為孝。耶穌聖經中說：「你依上帝的心來愛你的父母與兄弟。」是就西方宗教意義言，人只認自己的心可與上帝相通，卻不認人我之間的心可以直接相通。人我之心之直接相通，此乃中國觀念，即儒家之所謂仁。

若以生物進化的觀點論之：自無生物進而為有生物，自植物進而為動物，又自動物進而為人。人與其他動物之差別點，即在人有人心。人心自不當與動物心同類並視。人心能超出個體小我之隔膜與封蔽而相通，此為人獸之分別點。此種著重在「心」的一邊的看法，其實只為中國人的觀念。西方人則認人獸之別在有靈魂與無靈魂。他們看心，為肉體的，人心、獸心大略相似，無甚差別。所以有人獸之大別者，則在人類有靈魂，而由此認識上帝，直接與上帝相通。由此之故，只待近世西方宗教觀念漸漸淡薄，他們便不免要認為人與禽獸同一境界，同屬自然。像中國人觀念中之人心更高境界，實為西方人所不易領略，不易接受。同一理由，西方宗教中之「靈魂」觀念，則又為中國人所不瞭。因此可以說，中國的人生觀是「人心」本位的。此所謂人心，非僅指肉體心。肉體心，凡屬動物皆有，而各不相通。故動物僅自知痛癢，哀樂不相關，相互間可以無同情。西方科學裏的心理學，即以這類心態為研究題材，他們自稱為是無靈魂的心理學。這一種心理學，因為他們既剔除了他們所謂「靈魂」的部分，當然研究不到人心之眞實境界。西方人把人心一部分功能劃歸靈魂，而又認靈魂只與上帝相通；人與人之間，則須經過上帝意旨之一轉手，而不能直接相通；因此對人心的認識實嫌不夠。中國人所謂「心」，並不專指肉體心，並不封蔽在各各小我自體之內，而實存在於人與人之間，哀樂相關，痛癢相切。中國人稱此種心為「道心」，以示別於「人心」。現在我們可以稱此種心為「文化心」。所謂文化心者，因此種境界實由人類文化演進陶冶而成。亦可說人類文化，亦全由人類獲有此種心而得發展演進。中國人最先明白發揚此意義者，則為孔子。

孔子講人生，常是直指人心而言。由人心顯而為世道，這是中國人傳統的人生哲學，亦可說是中國人的宗教。當知科學智識雖可愈後愈進步，而人生基本教訓則不必盡然。因人生大本大原只有這些子，這些子則可以歷萬世而不變。中國古人也信仰上帝鬼神，直到孔子，才把此等舊說捨棄，而專從人心這些子上立論。以後的中國人，遂常常講「人心世道」，而不談上帝。這實是中國思想之大進步。所謂人心，應著重「人」字看。所謂世道，應著重「世」字看。西方人看人心只如獸心，耶教教義認為人皆有罪，一切唯有聽從上帝意旨，痛切懺悔，洗淨自己的心，而改以上帝心為心，如是人類始可得救。西方人因此看不起人心，因而也看不起世道，而另要講一種出世之道。迨到他們回過頭來，想擺脫靈魂而單言人心，則又誤把人心與獸心等類同視。既不看重人心與獸心之分別，故而又要陷世道於重大罪惡中。

我們可以說西方的宗教為上帝教，中國的宗教則為「人心教」或「良心教」。西方人做事每依靠上帝，中國人則憑諸良心。西方人以上帝意旨為出發點，中國人則以人類良心為出發點。西方人必須有教堂，教堂為訓練人心與上帝接觸相通之場所。中國人不必有教堂，而亦必須有一訓練人心使其與大群接觸相通之場所。此場所便是家庭。中國人乃以家庭培養其良心，如父慈、子孝、兄友、弟恭是也。故中國人的家庭，實即中國人的教堂。中國人並不以家庭教人自私自利，中國人實求以家庭教人大公無我。

孔子認為培養良心最直接的方法，莫過於教人孝弟。故有子曰：「孝弟也者，其為仁之本與。」再由孝弟擴充，由我之心而通人類之大群心，去其隔膜封蔽，而達於至公大通之謂聖。心之相通，必自孝始。孝是人與人兩心相通之第一步。中國人的宗教，只限於人與人之間，並不再牽涉到人以外的上帝。因此中國宗教亦可說是一種人文教，或稱文化教，並亦可稱之孝的宗教。孝之外貌有禮，其內心則為仁，由此推擴則為整個的人心與世道。因此既有孔子，中國便可不需再有西方般的宗教。

孔子之後有墨子。墨子思想頗近西方的宗教。「兼愛」則如耶教之博愛，「天志」、「明鬼」都是西方宗教的理論。然而墨子有一大缺點，他沒有教堂以為訓練人心上通天鬼之場所。他既沒有宗教的組織和形式，所以只可說他是一個未成熟的宗教家。孔子則不然，他不從人生以外講永生，孔子已避免了先民素樸的天鬼舊觀念之束縛。子路問死，他說：「未知生，焉知死。」他直接以人生問題來解答人死問題，與其他宗教以人死問題來解答人生問題者絕不同。他看祭祀，不過是一種心靈的活動，亦可說是一種心靈的訓練與實習。故他說：「祭如在，祭神如神在。吾不與祭，如不祭。」他只看重人心一種自能到達的理想的境界，而不再在人心以上補出一個天鬼的存在。他實在是超宗教的、進步的。惟孔子雖超宗教，而仍特設一個家庭為訓練人心之場所。墨子不能超宗教，而又無他的特設的教堂為訓練人心以供人神之接觸而相通。這是孔墨之相異點，亦即孔學之所以興與墨學之所以廢的大本原所在。

今再剴切言之：孔子的教訓，實在已把握了人生的基本大原則，如孟子所謂「先得吾心之同然」是也。人生進於禽生與獸生，已不限於小我肉體的生命，而別有其心的生命。此種心，已不是專限於肉體的「生物心」，而漸已演進形成為彼我古今共同溝通的一種「文化心」。所謂人生，即在人類大群此種文化心之相互照映中。若只限於肉體的自然六尺之軀之衣食作息，此則與禽生、獸生復何區別？故各人的私生命，亦即存在於人類大群的公心中。所謂人生之不朽與永生，亦當在心的生命方面求之，即人類大群公心的不斷生命中求之。此人類大群的公心，有其不斷的生命者，即我上文所謂「文化心」是也。人的生命，能常留存在人類大群的公心中而永不消失，此即其人之不朽。肉體生命固無不朽，而離卻人類大群之公心，亦無不朽可言。故知眞實人生，應在大群人類之公心中覓取，決非自知自覺自封自蔽之小我私心，即限於自然肉體之心，便克代表人生之意義。必達到他人心中有我，始為我生之證。若他人心中無我，則我於何生？依照孔學論之，人生即在仁體中。人生之不朽，應在此仁體中不朽。人生之意義，即人人的心互在他人的心中存在之謂。永遠存在於他人的心裏，則其人即可謂不朽。孔子至今還存在人的心中，所以孔子至今還是不朽，還是生存於世。只因「人心之所同然」為孔子所先得，所以孔子能永生長在於人類的心中而歷久不滅。若把此番理論來論耶教，則耶穌之所以永生不滅，也並不因為他是上帝的兒子，降生下來救此人群，實在因為他也已把握人心之同然，他也只永遠存在於後世人群的心中而時時復活，永存不朽。所以耶教理論儘可與中國傳統觀念不同，而耶教精神，還是可以把中國傳統精神來解釋。然正因為觀念不同，理論不同，因此形成了東西雙方其他文化方面之種種相異點。正因為有孔子的心教存在於中國，遂形成了中國人之獨特文化與獨特的人生理論，與西方社會人生專賴法律、宗教的維繫者不同。今日之世界，宗教信仰既漸淡，而法律效能亦漸薄；欲救斯弊，實有盛倡孔子心教之必要。

（民國三十二年四月思想與時代二十一期）

中國民族之宗教信仰

一

或疑中國民族乃一無宗教、無信仰之民族，是殊不然。中國自有其宗教，自有其信仰，特其宗教信仰之發展，亦別自有其蹊徑。考之商代盤庚以來殷墟甲文，時人已信有上帝，能興雨，能作旱，禾黍之有年無年，胥上帝之力。然有大可異者，上帝雖為降暵降雨之主宰，而商王室之祈雨祈年，則不向上帝而向其祖先。故甲文乃絕無上帝享祭之辭。蓋當時人對上帝之觀念，謂上帝雖操極大之權能，而不受世間之私請託與私祈求；故凡有籲請祈求於上帝者，乃必以其祖先為媒介。於此有相附而起者，即先祖配帝之說。此亦在甲文已有之。惟其一族之祖先，稟神明之德，歿而陟降在帝左右，夫而後下土群情，可資以上達。故周人之詩大雅文王之什言之，曰：「殷之未喪師，克配上帝」，「文王在上，於昭于天」，「周雖舊邦，其命維新」。蓋昔日之天命在於殷，今日之天命在於周。於何徵之？亦徵之於在帝左右克配上帝者之移轉。故配天之說，自殷歷周。而周人之制則猶有可以詳說者。春秋公羊傳僖三十一年謂：「天子祭天，侯祭土。」天子有方望之事，無所不通，諸侯則山川不在其封內者不祭。則惟天子可以有祭天之禮，而諸侯則否。何者？上帝既不受世間之私祈求、私籲請，而克配上帝者惟其一族之祖先，亦惟王者得禘其祖之所自出而以其祖配之。其次則為小宗，小宗五世而遷。祖遷於上，宗易於下。故魯侯惟得祭周公，不得祭文王。配天者惟文王。既不得祭文王，則凡其所籲請祈求於上帝者皆為非禮，皆將為上帝所不享。故諸侯不祭始祖，即亦不當祭上帝。萬物本乎天，人本乎祖。魯人之祖與周人之祖一也，自天子以至於庶人，其同為有上帝之照臨亦一也。然而惟天子得祭天，得以其意旨上達於天，而諸侯以下迄於庶人皆所不能。何者？上帝正直無私，其愛眷照顧者，乃人世之全體，乃社會之大群，固不當以小我個己之私籲請、私祈求干之。雖欲干之，上帝亦不之享。而為一國之元首者，則謂之「天子」，惟彼可以傳人世大群之公意以達上帝之聽聞。然使為天子者，而不以大群之意為意，而亦惟為私籲請私祈求焉，則上帝亦將不之顧，而彼遂失其天子之尊嚴。故曰：「天命靡常。」又曰：「皇矣上帝，臨下有赫，監觀四方，求民之瘼。」又曰：「有命自天，命此文王。」又曰：「天立厥配，受命既固」也。然則中國人古代傳統之上帝觀念，實乃一大群體之上帝，而非個己小我私人之上帝，昭昭明矣。

或疑祖先配帝，則上帝私於宗族；是亦不然。殷商之制，靡得而論矣。周人封建，雖廣樹同姓，然外戚如申、呂、齊、許，古國如杞、宋之類，與諸姬封土錯列並峙者，亦復不少。天子祭天，而諸侯各得祭其封內之名山大川。上帝之下復有河嶽諸神，正如天子之下復有諸侯。蓋中國古代宗教，與政治合流。周初封建制度之基礎，固建築於宗法組織之上，而全部政治理論，則並不專為一姓一族之私。古人自有家、國、天下之三層觀念，固不得率言其即以家族為天下也。

故中國古代宗教，有二大特點：一則政治與宗教平行合流，宗教著眼於大群全體，而不落於小我私祈求私籲請之範圍，因此而遂得摶成大社會，建設大一統之國家。此可確證吾中國民族天賦政治才能之卓越。循此以下，中國宗教在社會上之功用乃永居於次一等之地位；而一切人事，亦永不失其為一種理性之發展。此其一也。中國宗教，既與政治合流，故其信仰之對象，並非絕對之一神，又非凌雜之多神，乃一種有組織有系統之諸神，或可謂之等級的諸神，而上以一神為之宗。今之論者，好尊歐美，奉為一切之圭臬；以歐美信耶教為一神，遂謂一神教乃高級宗教，而信奉多神者則屬低級。就實論之，世界信一神教者，大宗凡三：曰猶太教，曰基督教，曰回教。之三派者，皆起於阿剌伯及其近境，皆沙漠地帶之信仰也。沙漠景色單純，故常驅使其居民為一種單純之想像，而遂產生單純之信仰。故一神教者，特為一種沙漠地帶之產物。若希臘，若印度，論其文化，皆較阿剌伯區域為高，然因其地形與氣候繁變，使其居民常覺外界之影響於我者乃為一種複多性而非單純性，故其宗教信仰亦屬多神而非一神。然以希臘、印度較之中國，則復不同。何者？希臘、印度之多神，其間類無秩序之聯繫。又其神之性質，亦頗乏嚴肅之意象。故其宗教信仰常夾雜有離奇惝怳之神話。中國宗教因早與政治合流，故其神與神之間，乃亦秩然有序，肅然有制。既不如耶教、回教之單一而具不容忍性，亦不如印度、希臘神話之離奇而有散漫性。若以耶教、回教為偏理性的宗教，以印度、希臘神話為偏自然的宗教（亦可謂之偏人事的宗教），則中國宗教正是理性與自然之調和。蓋既融洽於大陸自然地象之繁變，而又以一種理性的條理組織之，使自然界諸神亦自成一體系以相應於人事之凝結。此又中國古代宗教之特色二也。

然中國古代宗教，非無其缺點。蓋既偏於人事，主為大群之凝結；又既與政治平行合流，而主於為有等級之體系；則其病往往易為在上者所把持操縱，若將使小我個人喪失其地位。大群之凝結，固將以小我個人為其基點。一切人事，擴而言其大，固以大群為極致；析而論其精，亦將以小我為核心。中國古代宗教，乃完全屬之大群，而小我與上帝，將漸漸失其精神上活潑之交感。如此，則小我之生命日萎縮，而大群之團聚亦將失其憑藉而終至於解消。有起而矯其失者為孔子。

二

孔門論學有二大幹，曰「禮」，曰「仁」。禮即承襲古宗教一種有等衰有秩序之體系，而仁則為孔子之新創。蓋即指人類內心之超乎小我個己之私而有以合於大群體之一種眞情，亦可謂是一種群己融洽之本性的靈覺。人類惟此始可以泯群我之限，亦惟此始可以通天人之際。蓋小己之生命有限，大群之生命無限。小己有限之生命謂之人，大群無限之生命謂之天。使人解脫小己有限生命之纏縛而融入此大群無限之生命者，莫如即以生命為證，而使之先有所曉悟。我之生命何自來，曰自父母。父母之生命何自來，曰自祖父母。循此而上，當知我之生命雖短促，而我生命之來源則甚悠久。然則我父我母之生命雖若短促，苟知我之生命即為我父我母之延續，則我父我母之生命並不短促。循此而下，我之生命雖若短促，而我之生命亦有其延續，則我之生命亦不短促。如是則小我有限之生命，即大群無限生命之一環。抑且生命不僅有其延續，而復有其展擴焉。我父我母之生命，不僅由我延續之，我之兄弟姊妹，莫不延續我父我母生命之一脈。循是上推下推，子孫百世，宗族衍昌，皆大群體無限生命之延續與展擴也。再尋究此大群體無限生命之延續與展擴之源頭及其終極，則感其乃非小我有限生命之所能想像，於是而尊之為天行，神之為帝力。故中國古代之以祖配天，以宗廟祭祀為人事最大之典禮，為政治、宗教最高精神之所寄託而維繫者，夫亦曰：惟此可以解脫小我有限生命之苦惱，而使之得融入大群無限生命之中，泯群己，通天人，使人生得其安慰，亦使人生得其希望。人之所賴於宗教與政治者，主要惟此則已。孔門之所謂仁，即吾人對此大群體無限生命之一種敏覺與靈感也。人類惟具此敏覺與靈感，乃可以證悟大群無限生命之眞實性。換辭言之，所謂大群無限生命者，即此人類一點敏覺與靈感之所主宰，亦即以此一點敏覺與靈感為靈魂。否則父母生子，本為情欲。子之於母，如物寄瓶中，出即離矣。安見有所謂生命之延續，更安見有所謂生命之擴展？故孔子之所謂仁，實乃為古代政治宗教之著眼於大群體者賦以一眞實之生命。中國舊訓：禮，體也。仁，覺也。蓋禮即象徵此大群生命之體段，仁則代表此大群生命之感性。故曰：「人而不仁，如禮何！人而不仁，如樂何！」此如人有血肉之軀，而感性全失，麻木不仁，則尸居餘氣，固無如此軀體何也。

人類生命之延續與擴展，必本於父母兄弟以為證，故孔門言仁，亦首重孝弟。孝弟即仁，亦即人類對其大群無限生命之一種敏覺與靈感。換辭言之，即人類對無限生命之一種自覺也。此無限生命之自覺，亦謂之「性」。故孝者，實人類之天性。何以謂之性？以其為大群無限生命之主宰與靈魂故，故不謂之心而謂之性。何以謂之「天性」？以大群無限生命之主宰與靈魂，不可以小我個己之文辭言說形容之，故不曰人性而曰天性。此種天性，對父母而發露謂之孝。此種發露，只感生命之無限，早已泯群我，通天人。雖由父母而流露，卻非為父母而發。若以淺義喻之，人有耳，始有聽，然人不為耳而聽。人有目，始有視，然人不為目而視。人有口腹腸胃始有飢渴，然人不為口腹腸胃而飲食。粗以此為喻，人有父母始有孝，然人不為父母而孝。孝子之心，固已無小我與父母之隔閡。孝弟之心油然而生，將惟見自我生命之無限。固已超乎小我之上，其視父母之與小己，猶一體也。故曰，孝非為父母發。

儒家教孝，最重葬祭。夫父母既歿，葬之雖厚，祭之雖豐，亦復何為？然而不然者，蓋惟此最足發明人類孝心之眞義。故曰：「祭神如神在，吾不與祭，如不祭。」然則所重在祭者內心之敏覺，而不在其所祭。故曰：「未知生，焉知死。」若以局限於小我有限生命者論之，則所祭已死，其果有鬼神與否，其鬼神之果來享祭與否，皆不可知。然祭者則猶生。若以超出於小我有限之生命者論之，則此祭者內心一片無限生命之敏覺，固已通生死而一之。故父母生命之延續與否，於何證之？亦證之於孝子臨葬臨祭之一番敏覺與靈感。既知祭之所重在祭者不在所祭，則孝之所重，亦在孝者而不在所孝。義本一貫，例類易明。重在所祭，則信鬼神。重在所孝，則養口體。而儒家教孝之精義則不在此。故雖父母既歿，鬼神之有否不可知，而不害孝子之恪恭以祭。然則父母之存，其無問於父母之智愚慈頑，而為子者亦必恪恭以孝，其義一也。舜之於瞽瞍，周公之於文王，為之父母者雖異，而其所以為孝者則一。今之人乃移政事革命之理論唱「非孝」，而老子乃謂「六親不和有孝慈，國家昏亂有忠臣」，則誠淺之乎其測忠孝矣。

自有孔子之教，而中國古宗教之地位乃益失其重要。何者？宗教起源，大率本於人類自感其生命之渺小，而意想有一大力者為之主宰。今孔門教仁教孝，人類渺小之生命，已融為大群無限之生命，其主宰即在自我方寸之靈覺。故既混群我，通天人，死生彼己一以貫之，則曰：「敬神鬼而遠之。」又曰：「丘之禱久矣。」古代赫赫在上昭昭在旁之天鬼，自孔子仁教之義既昌，固可以退處於無足輕重之數。

亦自孔子之教，而中國古代政治之地位亦變易其重心。古者惟王者之祖得以配上帝，亦惟王者得以郊天而祀祖。大群體之生命操於天，大群體之意旨集中於王者。孔子之教則不然。孔子以仁濟禮，仁、禮相協兼盡之謂「道」。中庸曰：「天命之謂性，率性之謂道，修道之謂教。」「道者不可須臾離。」大學曰：「自天子以至於庶人，壹是皆以修身為本。」政事不過道之一端。祭天雖屬王者天子之事，然人人有父母，斯人人皆有孝。孟子曰：「盡心知性，盡性知天」，不必其祖之克配上帝，不必其身之必為王者，乃可有天之相格。而修明其道者，則常不在君而在師。故自孔門之仁孝言之，則天子至於庶人一也。自孔門之道言之，則政治之重不如教化。教化一本乎人心，故曰：「忠恕違道不遠。」「夫子之道，忠恕而已矣。」忠恕亦大群無限生命之一種敏感也。道不可須臾離，十室之邑必有忠信，故人人皆為此大群無限生命之一環。修道之謂教，故闡明此大義者，其責任之重，乃遠超於古者天子郊天祭祖之意義之上。然而孔門論學，仁禮相濟，於發明人類心性之中，仍包有古代傳統政治之精義。於是中國文化大統，乃常以教育居第一位，政治次之，宗教又次之，其事實大定於儒家之教義也。

三

今試以儒家教義與耶、佛兩教相比，則有絕大不同者一端。孔子教義在即就人生本身求人生之安慰與希望；而耶、佛兩教，皆在超脫人生以外而求人生之安慰與希望。此其所以為絕不同也。新約「當耶穌播道時，或告耶穌，其母及弟來，欲與耶穌言。耶穌云：『孰為吾母，孰為吾弟？』張手向其徒，曰：『凡遵行吾天父意旨者，皆即吾兄弟姊妹與吾母也。』」（馬太第十三章。）耶穌又謂：「我非為人世送和平來，特送一刀來。我將令子疏其父，女疏其母，媳疏其姑，而視其仇如家人。彼愛父母勝於愛我者，非吾徒也。」（馬太第十一章。）耶穌又告其門徒及群眾：「汝等莫呼地上人為父，汝等僅有一父，即在天上之父是也。」（馬太第二十三章。）一門徒告耶穌，欲歸葬其親，耶穌曰：「汝自隨我，且俾死者自葬其死。」（馬太第八章。）孔子聞皋魚之泣，弟子之願歸養其親者十三人，與耶穌之教適相反。儒家之教曰：「汝歸而求之，有餘師」，耶穌則不欲其弟子愛其父母過於愛耶穌。儒家之教曰：「反而求諸己」，耶穌則曰捨汝父母兄弟而從我，汝當遵行吾天父之意旨。故孔門之發展為教育，耶穌之訓誡則成為宗教。

然又有不同者。孔子教義，重在人心之自啟自悟，其歸極則不許有小己之自私。曰仁曰禮，皆不為小己。曰孝弟曰忠恕，所以通天人，即所以泯群我。耶教則不主人心之能自啟悟，故一切皆以上帝意旨為歸。曰：「為兒女者，當在上帝意下服從其父母。」（以弗所第六章。）又曰：「為父母者勿怫其兒女，當就上帝之教誡撫育之。」（以弗所第六章。）就儒家而論，父慈子孝，人之天性，率性而行即為道。故儒家必言性善。就耶教論之，則人生本由罪惡謫罰，苟無上帝，舉世失其光明。故父母之育子女，子女之事父母，皆不當自率己意，而以服從上帝為主。然儒家道性善，而仁孝忠恕莫非為群。耶穌言信仰，而贖罪得救各自為己。儒家教義之終極點，即在此人世大群之修齊治平，而以人類之性善為出發。耶教教義之終極點，不在此世，而在將來，不在大群之修齊治平，而在各人之贖罪得救，而以上帝之意旨為依歸。故儒家教義必與政治相關涉，耶教則超乎政治而別成一宗教。

故耶穌言：「在外邦人有尊為君王者治理之，有大臣操權管束之。然在汝等則不然。孰欲為大者，孰即是僕。孰欲為首者，孰即是隸。人子之來，不為役人，乃為役於人。」（馬可第十一章。）就教義言，人人平等，人人各屬於上帝，人人自向上帝祈禱懺悔以期贖罪而得救。中世紀以來之教會，乃依倣羅馬政權之體統，於政治組織外，別自成一宗教團體之組織。羅馬教皇與神聖羅馬帝國之皇帝為當時歐陸同時並行之雙重統治。然此非耶教眞意。自宗教革命以還，羅馬教皇之統治勢力乃與神聖羅馬帝國之政治組織先後解體。而新興之民主國家，又向教會爭奪其人民之教育權。蓋耶教並不主於在現實世界為大群體之建立，故既忽視家族之恩情，又忽視政治之秩序。雖曰上帝博愛，而實以個人為骨幹。故歐土宗教常與政治對峙，而教育又常屈居二者之下。中國則宗教常與政治交融，而教育又常尊臨二者之上。此其不同之較然顯著者。

若論佛教，雖其陳義視耶教有淺深之不同，然亦重個人之出世，亦與政治不相協，亦無意於為現世界建大群體。專就此一節論之，則正與耶教相似。

四

中國思想有與儒家鼎立者二宗，曰墨曰道。墨近耶，道近佛。墨家亦主於現世界建大群體，然不探本心性而崇天志。既信天鬼，則死生為兩界。又曰「尚同」，曰「兼愛」，抹殺個人以就群體，則群己為兩界。又力斥古代傳統之禮樂，使中國相傳政治宗教相融洽相紐結之點亦為破棄。是僅將建立此大群體之基礎築於天鬼之冥漠。抑且崇天鬼而不尚出世，此蓋欲超出古代傳統政治及儒家思想之外，別建一現世界之大群體，而未得其眞實之支撑點者。道家則不然，儒、墨皆求於現世界建大群，道家則主破毀群體以就小我，求於大群中解放小我以就自然。故墨家尊天鬼以統領大群，道家尚自然以收攝小我，二者實處相反之兩端。而自有其共通之點，則皆反對儒家之所謂禮。儒家之禮，乃古代宗教、政治之所由綰合，而為現世大群體之骨骼者。墨家尊天尚群而亦反禮，則無以自圓其說。故墨義之在中國，終湮沉而不顯。道家不信天鬼，不尚群體，其反禮固宜。故中國當儒家思想消沉，政治組織腐敗，現世大群解體，小我無所寄託，則必歸於道家。

今再就三家對於古代傳統宗教之態度言之。墨家尊天尚鬼，為極端之保守派。儒家通天人死生而為一，於上帝鬼神往往存而不論，為中立之溫和派。道家則獨於傳統宗教為徹底之排擊，對上帝鬼神之信仰，駁難辨詰，透切無遺，為極端之革命派。中國自有莊老，而傳統宗教之迷信，乃無存在之餘地。然後世種種神仙方術、天皇上帝之說，乃終依附於莊老。東漢以下別有所謂道教者，與孔子、釋迦又成鼎足之三分。其事若不可解，其間蓋有微妙之消息焉。前固言之，宗教之起，由於人類自感其生命之渺小，而意想有一大力者為之主宰。今誠使於現世界建大群體，使人有以泯群我，通生死，而此大群體無限生命之延續與展擴又由我為之核心，斯固無所憾其渺小，亦無事乎別求所謂主宰；此所以儒學既昌，而宗教信仰即退處於無權也。今若儒家思想消沉，則政治必腐敗，群體必渙弛，於是小我皇皇如喪其家，則必厭群體而轉嚮於自然；此所以亂世則莊老思想必盛。然小我走嚮自然，終必感其生命之渺小。如人之喪其家，初得逆旅則安焉，稍久則不勝其悵惘之情，而皇皇之心又起。當其時，禮壞樂崩，仁義充塞，現世大群既不足為彼之慰藉與寄託，而赫赫在上昭昭在旁之上帝，又無以啟其信。小我之徬徨，而又無所用其私籲請與私祈求，則自易折而入於方術之塗。蓋其視宇宙，特不過萬物之聚散乘除；物之相與，特各以其智力相驅駕，相役使。其自視不過為宇宙間之一物，其視鬼神也亦然，亦特為萬物中之一物，故無所用其籲請祈求，而特以小我之私智力驅駕役使之。彼其化黃金，練奇藥，劾召鬼神，一切方術，皆本於此。果由此演而益進，未嘗不足為物質科學之先步。特中國文化大統，在為現世界建大群體。方其群體渙散而有莊老，莊老之不足而有方術，而儒家思想亦往往能於大群渙散之際復振其精神。儒學復興而政治重上軌道，大群體復建，而莊老之光燄即熄。如是則方術雖常與禮樂相代興，而如日出則煙霧消，其勢每不久。此通觀國史之演進，而自有以見其歷歷不爽者。

佛教之入中國，亦正值季漢大群體分裂之際，乃與莊老方術同時並盛。莊老變自然而為方術，其勢為墮退。而佛教之在中國，其演進之姿態，乃有歷級而升之象。方其初惟有小乘，繼之則傳大乘，又繼之則台、賢、禪三宗俱起。此已當大唐盛運初啟，佛學界駸駸自宗教折而進入於哲學，又自哲學進入於日常人生所謂反眞還俗之境界。從此佛學徹底中國化，佛教思想乃不啻成為中國人求在現世建大群體之一支。而佛學之墮退而流入社會下層者，乃亦與道家方術異貌同情，常在亂世稍稍見其蔓延之迹。昧者不察，因遂謂中國民族無宗教，無信仰，而惟見一種迷信之瀰漫於民間。此實未能窺見中國傳統文化之眞相。

五

今試再就中國社會之一般信仰，分別論之。中國人至今依然信仰有一「天」，有一上帝，為斯世最高無上之主宰。然中國人乃從不想像其小我個人與上帝有若父子之私關係，亦始終不向上帝作小我之私籲求、私請託。歷代郊天之禮，依然由大群體之最高元首主之。中國人莫不尊崇孔子，奉為萬世之師表，然中國讀書人亦絕不向孔子作私祭享、私崇拜。中央政府乃至全國各行政區域，莫不有孔子廟，乃亦由中央元首與全國行政首領代表致祭，而士人亦參預其典禮。此實可說明中國傳統宗教觀念一特點也。中國人莫不各敬其祖先，墳墓祠堂之公祭，義莊義塾之公建，為一宗一族之經濟教育謀共同之維繫，為一宗一族之情感意象謀永久之團結，宗族之於大群，不啻其一細胞。然中國人雖各敬其祖先，中國人乃無不知其祖先在整個鬼神界之地位。猶中國人莫不知孝父母慈子女，然亦莫不知其父母子女在社會大群中之地位。中國人於祖先崇拜之外，又有地方神，即鄉土神之敬祀。名山大川，環而處者，皆膜拜而致敬。都邑有城隍神，鄉邑有社神，其邑人之生而立功德於社會者，死則各以其地位配享焉。然中國人亦莫不知凡此諸神在整個鬼神界之地位。此則猶如地方政府之與中央政府然。蓋宗族觀念與鄉土觀念之二者，實縱橫交織以成此廣深立方之大群體，實不啻如人身之有赤白兩血球也。中國人於崇祖先及鄉土神之外，又有職業神。如醫藥，如工匠，如優伶，亦莫不在其團體之內各有崇奉。然彼輩亦各自知其所崇奉者之在整個鬼神界之地位，一行職業之在社會大群中，又不啻其一細胞。萬物並育而不相害，道並行而不相悖。中國人乃以此種種凝合而建造一大群。中國人之崇祀多神，不知者謂其漫無統紀，然中國人實由此凝合人生於自然界，又凝合現社會於過去歷史界，又自於人事中為種種凝合。凡中國人之所以能建造此凝結此歷史地理為一廣深立方體之大群，而綿延其博厚悠久之文化生命於不息者，胥可以於此種豐泛而有秩序之崇拜信仰中象徵之。

故中國人之宗教信仰，乃無所謂不容忍性。凡異宗教之傳入中國者，苟可以納入此豐泛之崇拜而無害其組織之大體，中國人乃無不消融而幷包之。此在古代，即如淮、漢、荆、越，濱海燕、齊諸區，其宗教信仰，約略可考見於西周乃及春秋戰國之際者，固與中原傳統宗教有不同；然下逮秦漢一統，此諸地域之宗教信仰，已莫不與中原傳統宗教相吸收相融和。即如佛教之入中國，其先若與中國傳統信仰不相洽；然循而久之，中國人對於諸佛菩薩之崇拜，乃亦成為中國原有豐泛崇拜之一部分。蓋中國人不僅於信界有容忍，抑且於此豐泛崇拜中能為之調整，使鬼神界亦自相凝合而建造一大群體，一如中國人之現實人生焉。耶教惟信一神，即天父上帝，然同於此上帝信奉之下，乃各自分疆劃界，互相排斥，甚至於流血屠殺。宗教慘劇，遍演於耶教之諸邦，歷數百年之久而不能弭。此為中國人所不能想像。然如中國崇奉雜多之諸神，而能不相衝突，各各安和，歷數千年之久而不起爭端，亦為虔信一神上帝者所不能理解也。

逮於社會群體解剝墮地，則諸神之信仰亦失其統宗。其時也，上帝山川，聖賢百神，乃至於各宗族之祖先，亦皆喪失其在鬼神界各自原有之地位，不復足以維繫人心而警誡鼓舞之。於是而有淫祀，則有邪神焉，有妖狐焉，有毒蛇焉，莫不肆行無忌，擅作威福。舉世之人心，莫不迷惘錯亂，各求諂媚攀結以仰鼻息於邪神惡鬼妖狐毒蛇之喜怒。人類不勝其私籲求私請託，而鬼神界之乖戾惶惑乃一如人世。其甚者，莫不自謂彼之所信奉足以推倒一切而獨尊，於是如黃巾，如白蓮，如天父天兄，愚民蜂屯蟻聚以奔湊於其號召而大亂作。然而上帝山川聖賢百神萬姓祖先之大群體，其廣博之組織，其悠久之傳統，終有以勝此私信小術之披猖。邪不勝正，惡不敵善，宗教信仰之秩序，乃亦與人世治安，同其恢復之迅疾。然當天宇之乍澄，而陰蔀積霾猶未盡掃，則此等淫祀之遺跡，猶時時可見於社會之下層。有時則邪神惡鬼妖狐毒蛇之類，乃亦偷生倖存於上帝山川聖賢百神萬姓祖先陽光不照之域，以重待他日之潛滋而暗長。惟在當時之人心，則亦未嘗不知此等邪神惡鬼妖狐毒蛇在整個鬼神界之地位。特以一時之窮而無告，或不勝其私籲求私請託之小願，而姑一試之焉。其不足以再蠱惑一世之人心而搖撼大群體之基礎，則亦可置於不足深論之列也。

六

由上論之，中國儒家之言禮樂，就廣義言，固不僅為人生教育之一端，實兼舉政治、宗教而一以貫之矣。凡使小我融入於大群，使現世融入於過去與未來，使人生融入於自然，凡此層層融入，俾人類得以建造一現世界大群體之文化生命者，還以小我一心之敏感靈覺操其機，而其事乃胥賴於禮樂。凡所以象徵此文化生命之群體，而以昭示於小我，使有以激發其內心之敏感靈覺者，皆禮也。誠使小我得融入此文化生命之大群體而不啻覿面親覩焉，則彼將自感其生命之無限，而內心不勝其和怡悅懌，而蹈拜之、歌頌之者，皆樂也。故禮樂乃太平盛世之心情，亦太平盛世之景象。凡其昧於此禮，喪於此樂，囿於小我之幽鬱，以自外於大群之和怡悅懌，而不勝其私怖畏、私歆羨、私籲請、私祈求者，此皆謂之迷信。其或仗小我之私智小巧，妄覬役使驅駕，以利用外物，攘竊大群，而暫得逞其私欲者，此皆謂之方術。方術之與迷信，常與禮樂為代興，而終不敵禮樂之光昌而可久。是為中國民族傳統信仰之大要，亦即儒家思想大義所在也。故必待夫教育興明，政治隆盛，而後吾中國民族對於此廣深立方大群文化生命之傳統信仰，乃始有其存在與發皇。此則北宋歐陽子之本論固已先我而言之。

七

按黑格爾論基督教，謂其未能與任何國家制度相聯合以造成一種民族性之活的發展，乃為一種道德之失敗。故基督教者，乃純粹一種精神之宗教也，亦可謂是一種個人的宗教，耶穌命其門徒離棄父母，並放下其所有之一切，以謂如此庶可超出現實世界之束縛，而不致受命運之宰割。耶穌謂有人要你外衣，應並脫長袍與之。命運當使為愛所調解。故基督精神在饒恕一切仇敵，調節一切命運，超脫一切小己利害、世間衝突，而遊心於溥博自由之境界。然基督教之缺陷乃亦即在此。蓋基督教即在其個人權利之否定中，表現出基督教本身之限制。由否定其自己個人權利義務所達到之愛，仍無法擴充成為任何現實生活之南鍼。於是基督教不得不退回教會，離開現實社會，而求精神之統一。基督教會除宣傳信仰外，於人類多方面的生活不能有所滿足。教會既不能離世獨立，又不能與世諧和，基督教乃造成一種宗教與人生間不健全的對立。反之，希臘宗教能將政治生活理想化。希臘人對國家之觀念，認為一種超感官的較高之實在，小己生命之持續於國家生活中，乃其自己努力實現之目標。自羅馬征服四鄰，進而破滅此種比較切近人生之自由公民的宗教，將吸收公民全部生命之有機的國家生活變為死的機械的政治制度，從外面管理此薄弱無力的民眾。彼等在社會生活中尋不到安身立命可以不朽之點。故羅馬覆滅，時人對宗教之要求特切。本可以當下實現之天國，今既成為一種悠遠之願望，其到達之期，乃不能不展至世界之末日。遂使上帝之外界化，與人生之墮落敗壞相與俱來。今按：黑氏此論，正可借以發揮中國儒家精神。儒家根本人心之仁孝，推擴身、家、國、天下以及於天人之際，而融為一體。較之基督教教人離棄父母及一切，以解消人間世之爭執與對立者，所勝遠矣。惟黑氏所知限於西方，故識破彼中中世紀以來基督教之缺陷，則折而返於古希臘。其實古希臘人對於政治理想之圓宏偉大，固尚遠遜於中國。中國儒家所謂禮樂，固已括盡現實世界政治、社會、風俗、經濟、學校、教化之各方面。內仁孝，外禮樂，訢合成一體，以實現當下之天國，儒家思想之可以代替宗教者在此，宗教思想之不能盛行於服膺儒術之中國者亦在此。中國儒家論禮樂，必從井田、封建、學校諸大端求之，其義亦在此。若專從死喪哭泣祭祀歌蹈儀文細節處論禮樂，斯亦失之。細讀歐陽修本論，可窺見此中消息。

又黑格爾論希臘人觀念，謂希臘人認國家不僅為外在之權威，而為實現個人自由之唯一處所。並認彼輩所崇奉之神靈，非外界一種作威作福之力量，而為自然機構與社會組織之理想的有機合一。彼輩所生活居住之小世界，乃由彼輩精神所造成，且不斷在創造中。因此彼輩對於世界頗能相安。「我」與「非我」之區別，以希臘人之生活論，殆已在悠揚之樂聲中消失於無形。然黑格爾又謂希臘人對於人生與世界之調和薄弱不完備。蓋此種調和，並未根據內心生活與外界生活相對立之深徹意識，亦未根據對於征服此種對立之精神歷程之認識。換言之，希臘式之合一，並未建築在理性上，亦未建築在超過其分別意識之合一上，實乃建築於對此分別之茫昧無知而已。故不久即代之以自我孤立與世界反對之意識，如斯多噶派，伊壁鳩魯派，及懷疑派的個人主義哲學之所表示是也。亞里斯多芬之喜劇，僅為希臘精神最後剎那之快樂，轉瞬即過渡而成斯多噶派之嚴肅主義，從外界生活回復到自己靈魂之壁壘，再過渡到羅馬人之俗世平庸生活，在此生活中，法律成為社會之惟一連鎖。自此再過渡而為懷疑派之失望生活，懷疑一切，乃進而懷疑及於自身焉。　今按：希臘人生，乃人生的而非天國的，此固異於耶教之不能與現實相融和矣。然希臘人生依然未脫個人主義之牢籠，不能與外界親切融和。黑氏哲學欲以理性與邏輯打通一貫，又常以征服對立為言，其後繼起者乃有馬克思氏之階級鬥爭之歷史進程觀。此三十年間之兩度歐洲大戰爭，又現於最近德、蘇兩國對陣之大屠殺。竊疑理性與邏輯，固非消滅人世對立之工具；征服與鬥爭，更非消滅人世對立之步驟。中國古先聖哲以「仁」字作骨，以「孝」字立本，群己天人，融洽無間，不借徑於邏輯，更無事乎征服。尼采又以憐憫為弱者道德，而唱超人之說，不知惟仁為勇，惟孝為強，吾非斯人之徒與而誰與。以此較之希臘思想與耶教道德，固遙為深透圓宏矣。近世彼中惟德儒好於人生作深思，恨不獲告之以中國哲人之理想也。

（民國三十一年一月思想與時代雜誌六期）

論古代對於鬼魂及葬祭之觀念

余讀古朗士所著希臘羅馬古代社會研究（李玄伯譯本），於彼邦古代迷信，言之綦詳。其首章論古代希臘、意大利人，信人死後其魂不離肉體，而與之同幽閉於墳墓中，詳舉當時諸土葬禮以為說明。並謂此種信念，統治彼邦極長時期之思想，影響於其家族及社會之組織，幾皆以此項迷信為根源。余因念此等觀念，古埃及人先已有之。埃及人視生人屋宇，不翅如逆旅，而死者之墳墓，則若為彼等永久之住宅。其屍體用香料塗抹，以求永久保存，所謂「木乃伊」是也。彼輩信靈魂死後離去，他日可重返，再附屍體，即得復活。後代人言埃及，莫不盛稱其金字塔，若為古埃及文化之最高表徵。然古埃及文化之所以綿歷不永而終於衰歇不復振者，實亦受金字塔之賜。竭生奉死，奈之何其可久。又如耶教復活傳說，此亦西方人相信死後靈魂可來再附肉體之一證。據是言之，自埃及、猶太、希臘、羅馬諸邦，古代西方有其共同的靈魂觀、永生觀乃及復活觀，都和我們東方人想法不同。

今考春秋以來，中國古人對於魂魄之觀念。易繫辭有云：「精氣為物，游魂為變。」小戴禮記郊特牲篇謂：「魂氣歸於天，形魄歸於地。」此謂人之既死，魂魄解散，體魄入土，而魂氣則遊颺空中無所不屬。而中國古人所謂之「魂氣」，亦與西方人所謂之「靈魂」有不同。小戴記禮運篇有曰：

> 及其死也，升屋而號，告曰：皋某復！然後飯腥而苴熟，故天望而地藏也。體魄則降，知氣在上。

此處「魂氣」又改言「知氣」。當時人信人既死，其生前知氣（即魂氣）則離體飄游，故升屋而號，呼而復之。而魂之離體，則有不僅於已死者。故宋玉招魂有曰：「魂魄離散。」又曰：「魂兮歸來，去君之恆幹，何為四方些。」又景差有大招。此等若為當時南方楚人之信仰。然鄭人於三月上巳，出浴於潧、洧之間，其俗蓋亦寓招魂之意。則此種信仰，顯不止於南方之楚人。惟其人死而魂離，故中國古代於葬禮乃不甚重視。小戴禮檀弓篇有曰：

> 延陵季子使齊而返，其長子死，葬於嬴、博之間。既封，曰：「骨肉歸復於土，命也。若魂氣則無不之也。」

史記高祖本紀記高祖過沛，謂沛父兄曰：

遊子悲故鄉，吾雖都關中，萬歲後，吾魂魄猶樂思沛。

則古人謂人既死，魂即離魄而遊，其事豈不信而有徵。人之生命，主在「魂」，不在「魄」。「魂」既離魄而去，則所謂「魄」者，亦惟餘皮骨血肉，亦如爪髮然，不足復重視。孟子曰：

蓋上世嘗有不葬其親者。其親死，則舉而委之於壑。他日過之，狐狸食之，蠅蚋姑嘬之。其顙有泚，睨而不視，蓋歸反虆梩而掩之。

據孟子之說，亦謂其人不忍見其親之屍為狐狸蠅蚋所攢食，非謂其親之魂猶附死體，非葬埋則親魂永不安。蓋葬者所以盡人事，非以奉鬼道。檀弓篇又曰：

國子高曰：「葬也者，藏也。藏也者，欲人之弗得見也。是故衣足以飾身，棺周於衣，椁周於棺，土周於椁，反壤樹之哉。」

呂氏春秋節葬篇亦曰：

孝子之重其親，慈親之愛其子，痛於肌骨，性也。所重所愛，死而棄之溝壑，人之情不忍為也，故有葬死之義。葬也者，藏也。

淮南子齊俗篇亦曰：「葬薶足以收斂蓋藏而已。」故易曰：「古之葬者，厚衣之以薪，葬之中野，不封不樹，後世聖人易之以棺椁。」因此中國古人絕不贊成厚葬之事。厚葬之事始見於左傳。成公二年：

秋八月，宋文公卒，始厚葬，用蜃炭，益車馬，始用殉，重器備，椁有四阿，棺有翰檜。君子謂華元、樂舉於是乎不臣。

然此所謂厚葬，較之埃及古俗，何翅千萬相去。宋文公亦一國之君，其葬如此，君子已譏主其事者，而謂之「不臣」。其後生事漸富，風俗漸奢，厚葬之風亦漸盛。然所以為厚葬者，亦不為死者計。呂氏節喪篇論之，謂：

今世俗大亂之主，愈侈其葬，其心非為乎死者慮也，生者以相矜尚也。侈靡者以為榮，節儉者以為陋。不以便死為故，而徒以生者之誹譽為務，此非慈親孝子之心也。

惟其不如西俗，信人之既死，其魂猶附隨於屍體。故厚葬之在中土，其風終不大盛。

人死魂離，於是而有臯號，於是而有招魂，於喪也有重，於祔也有主以依神，於祭也有尸以像神，凡以使死者之魂得所依附而寧定，勿使飄游散蕩。春秋以後，尸體廢而像事興。主也，尸也，像也，皆所以收魂而寧極之也。故古者不祭墓，韓退之豐陵行：「三代舊制存諸書，墓藏廟祭不可亂。」顧亭林日知錄亦謂：

> 體魄則降，知氣在上，故古之事其先人，於廟而不於墓。

南朝劉宋庾蔚之議招魂葬謂：

> 葬以藏形，廟以饗神，季子所云魂氣無不之，寧可得招而葬乎？

此皆中國歷古相傳魂不隨屍之義之明證。

然若謂死後有魂，魂雖不隨屍，苟有魂，即有鬼，而鬼並有知。惟儒家之說則並此而疑之。故孔子曰：「祭如在，祭神如神在，吾不與祭，如不祭。」又曰：「未知生，焉知死。」孔子之言見於論語者已極明白，而他書之記孔子之言者更透徹。說苑辨物篇：

子貢問孔子：「死人有知無知也？」孔子曰：「吾欲言死者有知也，恐孝子順孫妨生以送死也。欲言無知，恐不孝子孫棄而不葬也。賜欲知死人有知將無知也，死徐自知之，猶未晚也。」

此即論語「未知生焉知死」之說，而記之尤明晰。其說又見於檀弓篇，孔子曰：

之死而致死之，不仁而不可為也，之死而致生之，不知而不可為也。是故竹不成用，瓦不成味，木不成斲；琴瑟張而不平，竽笙備而不和，有鐘磬而無簨虡。其曰明器，神明之也。

是則孔子之論葬器，一猶孟子之論葬，皆所以盡人事，非所以奉鬼道。故曰：「飯用米、貝，弗忍虛也。不以食道，用美焉爾。」又曰：「孔子謂『為明器者，知喪道矣，備物而不可用也』。」「『其曰明器，神明之也。』塗車、芻靈，自古有之，明器之道也。孔子謂『為芻靈者善』，謂『為俑者不仁』，不殆於用人乎哉。」又：

仲憲言於曾子，曰：「夏后氏用明器，示民無知也。殷人用祭器，示民有知也。周人兼用之，示民疑也。」

若此言而信，古語「殷尚鬼」，或可有之。殆殷人尚信人死為鬼，而漸後漸知其不然。殉葬之風，古雖有之，然其風似亦不盛。秦穆公以子車氏之三子殉，見譏於左傳。自此稍後，則反對殉葬之思想，日見有力。檀弓載：

陳子車死，其妻與其家大夫謀以殉葬，以告陳子亢曰：「夫子疾，莫養於下，請以殉葬。」子亢曰：「以殉葬，非禮也。雖然，彼疾當養者孰若妻與宰？得已，則吾欲已，不得已，則吾欲以二子者之為之也。」於是弗果用。

子亢，孔子弟子，故亦不斥言人死無知，而特曰殉葬之非禮。又：

陳乾昔寢疾，屬其兄弟而命其子曰：「我死，則必大為我棺，使吾二婢子夾我。」陳乾昔死，其子曰：「以殉葬，非禮也，況又同棺乎？」弗果殺。

此則據禮而違父之遺命，其人蓋亦深知儒禮者。國策：

> 秦宣太后愛魏醜夫，太后病將死，出令曰：「為我葬，必以魏子為殉。」或為魏子說太后曰：「以死者為有知乎？」太后曰：「無知也。」曰：「若太后之神靈，明知死者之無知也，何為空以生所愛葬於無知之死人哉！若死者有知，先王積怒久矣，太后救過不暇，何暇私魏醜夫？」太后曰：「善。」乃止。

然則當其時，死人無知，雖如秦太后欲以人殉，亦知之。故中土殉葬之風，宜其終不能盛。秦漢以後，賢達之士又屢唱薄葬之論，尤著者如楊王孫之贏葬令，謂：

> 死者，終生之化，而物之歸。歸者得至，化者得變，是物各反其眞也。吾聞之，精神者天有之，形骸者地有之，精神離形，各歸其眞，故謂之鬼。鬼之為言歸也。且尸塊然獨處，豈有知哉。

此則明言無鬼，又言尸無知。又如崔瑗顧命，謂：

> 人稟天地之氣以生。及其終也，歸精於天，還骨於地，何地不可藏骸形？

又趙咨遺書謂：

夫亡者，元氣去體，貞魂遊散，反素復始，歸於無端。既已消仆，還合糞土，土為棄物，豈有性情，而欲制其厚薄。但以生者之情，不忍見形於毀，乃有掩骼之制。

凡此所言，皆為達識。惟明言人死無知而主薄葬，此與儒家慎終追遠、敦孝重禮之義不合。要之皆透徹始終，明達死生，較之西土往古之沉迷執著，相勝遠矣。至於流俗人之間，猶有妄見小信，此無足怪。及印度佛教流傳，重有「三世輪廻」及「地獄」諸說；然士大夫間染於古訓者已深，迷信之說，每不易入。因此宗教之在中土，亦不發展。因讀古朗士書，彌覺東土古哲高情曠識，可珍可貴；因為撮其大要，備探究東西民俗異同者參究焉。

（民國三十一年一月責善半月刊二卷二十期，思親彊學室讀書記之十三。）

中國思想史中之鬼神觀

上　篇

本文分上下兩篇。上篇專述自春秋戰國時代迄於佛教東來為止，下篇專述佛教盛極以後之中國傳統思想復興，以宋明儒為主。其他則隨文附見，不多詳及。然中國傳統思想中的鬼神觀，其主要大體，殆已備舉無遺。

一　鄭子產吳季札之魂魄論

春秋時代，乃中國古代思想一極重要的轉變期。此下先秦諸子，有許多思想，都承襲春秋。關於鬼神觀之新思想，其開始亦在春秋時，而為戰國所承襲。左傳備載春秋時人對於鬼神方面之種種傳說與故事，可見當時鬼神迷信之風尚極盛。但不少開明而深刻的觀點，亦在此時興起。其最主要者，厥為鄭子產所提出的魂魄觀。此事發生在魯昭公七年，相當於西曆紀元前之五百三十五年。左傳云：

鄭人相驚以伯有，或夢伯有介而行，曰：「壬子，余將殺帶。明年壬寅，余又將殺段。」及壬子，駟帶卒。（明年）壬寅，公孫段卒。國人愈懼。其明月，子產立公孫洩及良止以撫之，乃止。子大叔問其故，子產曰：「鬼有所歸，乃不為厲，吾為之歸也。」

此一節，描繪伯有之鬼出現，及其為厲鬼殺人之可怕情形，可謂是眞龍活現，如在人目前。子產為伯有立後嗣，奉其祭祀，算把此事消弭了。在此一段故事中，可見子產仍信人死有鬼，和當時一般意見差不遠。但重要者，在他下面的一番大理論。左傳云：

及子產適晉，趙景子問焉，曰：「伯有猶能為鬼乎？」子產曰：「能。人生始化曰魄，既生魄，陽曰魂。用物精多，則魂魄強。是以有精爽至於神明。匹夫匹婦強死，其魂魄猶能憑依於人以為淫厲。況良霄（卽伯有），我先君穆公之冑，子良之孫，子耳之子，敝邑之卿，從政三世矣。其用物宏，其取精多，其族又大，所憑厚矣，而強死，能為鬼，不亦宜乎？」

此一番理論，子產明白承認人死可為鬼，並能為厲，又可歷時久遠而仍為厲。然非謂盡人死後皆然。其主要關係，在其人生前魂魄之強弱。就字形言，魂魄字皆从鬼，其原始意義，應指人死後關於鬼一方面者而言。但子產所言之魂魄，則移指人生時。「魄」則似指人之形體，「魂」則指人之因於有此形體而產生出之種種覺識與活動。子產認為，若其人生前生活條件優，即所謂憑依厚，則其魂魄強，因此死後能為鬼。若其人生前生活條件劣，即所謂憑依薄，則魂魄弱，則在其死後，亦未必能為鬼。誠如此，則在子產觀念中之所謂鬼，僅是指人死後，猶能有某種活動之表出。而此種活動，則僅是其人生時種種活動之餘勁未息，餘勢未已。若果如此，則顯然與普通世俗意見所謂人死為鬼者不同。因普通所謂人死為鬼，乃指人死後，仍有某種實質存在。此在古代世界其他各民族，殆均抱此信仰。此種實質，即所謂「靈魂」。至於中國古人對於靈魂信仰之詳細查考，因非本文範圍，姑勿論。惟春秋時人，則對此種靈魂信仰，已顯淡薄，並有動搖。即如趙景子對子產發疑問，殆已抱一種不深信態度者。而子產則顯然更不信人死後有靈魂之存在。故子產解釋伯有為鬼，乃推原於其生時之魂魄之強。故子產此處所用魂魄字，乃不指人死後之鬼的一方面言，而移指人生前之形體與其種種作用。可見子產此一番話，在當時思想界，實是一番極新鮮的大理論。我們此刻來講中國思想史裏的鬼神觀，所以特從子產這一番話講起，亦正為此故。

此下再就子產這一節話，據後代人注疏，再加詳說。左傳孔穎達正義云：

> 人稟五常以生，感陰陽以靈。有身體之質，名之曰形。有噓吸之動，謂之為氣。形氣合而為用，知力以此而彊，故得成為人也。此將說淫厲，故遠本其初。人之生也，始變化為形，形之靈者，名之曰魄也。既生魄矣，魄內自有陽氣。氣之神者，名之曰魂也。魂魄，神靈之名，本從形氣而有。形氣既殊，魂魄亦異。附形之靈為魄，附氣之神為魂也。附形之靈者，謂初生之時，耳目心識，手足運動，啼呼為聲，此則魄之靈也。附氣之神者，謂精神性識，漸有所知，此則魂之神也。是魄在於前，而魂在於後，故曰「既生魄，陽曰魂」。魂、魄雖俱是性靈，但魄識少而魂識多。

此一段正義解釋魂魄字，是否與子產當時原意有歧，此層無可詳論。據先秦以下古籍言「魄」字，有兩義。一據形、神分別，「魄」即作形體解。惟既有形，即有知。魄與魂皆言知，惟指其僅限於形體之知言，則如正義之所釋。正義乃魏晉後人見解，容不能與春秋時人原義一一吻合。惟經師說義皆有傳統，故此所說，實是從來經師大體意見，而經魏晉後人詳細筆之於書，而孔穎達乃以采之入正義者。故我們亦儘不妨認此一段解釋，乃兩漢以來經師們之傳統解釋，並亦可認為與子產當時原旨，至少相距不甚遠。故我們據此一段疏文來闡述子產對於魂魄觀念之眞意，殆亦不致有甚大之謬誤。

在此有最值注意者，即在中國春秋時人，至少如子產，顯然並不認為在人生前，先有某種實質，即所謂「靈魂」者投入人身，而才始有生命。中國春秋時人看人生，已只認為僅是一個身體，稱之曰

「形」。待其有了此形，而才始有種種動作或運動，此在後人則稱之曰「氣」。人生僅只是此形氣，而所謂神靈，則指其有此形氣後之種種性能與作為，故必附此形氣而見，亦必後此形氣而有。並不是外於此形氣，先於此形氣，而另有一種神靈或靈魂之存在。此一觀念，我們可為姑定一名稱，稱之為「無靈魂的人生觀」。當知此種無靈魂的人生觀，實為古代中國人所特有。同時世界其他各民族，似乎都信有靈魂，而中國思想獨不然。由此引伸，遂有思想上種種其他差異。當知中國思想此後演進所得之許多特殊點，若深細推求，可謂其本源於此種無靈魂的人生觀而來者，實深實大。故此一層，實在值得我們加以特別的注意與闡發。此種所謂無靈魂的人生觀，我們亦可稱之為是「純形氣的人生觀」。若以哲學術語說之，則是一種自然主義的人生觀。因於此種人生觀而牽涉到宇宙觀，則亦將為一種自然主義的宇宙觀，而因此遂對於形而上的靈界之探索，在此下中國思想史裏，似乎甚少興趣。而如其他各民族之宗教信仰，亦遂不獲在中國盛大發展，而甚至萎縮以盡。因此我們不得不說，子產此一觀點之提出，對於此後中國思想史之演進，實有其甚深甚大的關係。

此下再說有與正義相歧之解釋。子產云：「人生始化曰魄，既生魄，陽曰魂。」杜預注：「魄，形也。」此注只說子產所說之魄，只指體魄形魄言。「魄」即指人之形體，非指覺識。人生必待有此形體，才始生覺識。既生魄，陽曰魂，「魂」始指覺識言。「用物精多」，即是生活條件之充足。因於生活條件之充足而使其人體魄強，而覺識亦強，故曰「魂魄強，是以有精爽，以至於神明」。此所謂精爽、神明，則皆指人生時之覺識言。或是子產原義僅如此。後代注疏家言，如上引正義所云，認為魂、魄皆指覺識，又將此分屬於形氣，始說「初生之時，耳目心識，手足運動，啼呼為聲」，屬於魄。「精神性識，漸有所知」，屬於魂。此則或是魏晉以後經師據子產意見，逐步分析入細，乃始如此說之。而子產初義，似尚未作如此分別。至云「魄識少，魂識多」，此等語疑受佛家影響。但就大體論，則後代注疏與左傳所記子產原文，同為主張一種純形氣的，即無靈魂的人生觀，此則先後一致，並無甚大違異也。

上文說子產言魂魄，「魄」字僅指體魄言，不指魄識言，又可引稍後小戴禮記郊特牲篇中語作證。郊特牲云：

> 魂氣歸於天，形魄歸於地。

可見魄屬形，魂屬氣，語義分明甚晰。左昭七年正義引劉炫云：

> 人之受生，形必有氣，氣形相合，義無先後。而此（指子產語）云始化曰魄，陽曰魂，是先形而後氣，先魄而後魂。魂魄之生有先後者，以形有質而氣無質，尋形以知氣，故先魄而後魂。其實並生，無先後也。

劉炫此一節辨解，不僅解釋子產原意最為的當，並亦於子產原意有所補充。因人生最先是形體，而形體又從宇宙中大氣來，劉炫謂「氣形相合，義無先後」，較之孔疏，實更圓密。而劉炫所據，實是戰國人意見，此待下詳。惟再深一層言之，氣形相合固是無先後，形神相合，亦可說無先後。嬰孩呱呱墮地此一哭聲之縱，便已有了知。則不得定謂子產所言「人生始化曰魄」定即指形體言。一說是人生有了此形體，才始有種種作用與覺識，此始謂之魂。另一說則說成此始謂之魂魄。究竟子產當時立論原意如何，此則甚難細究。

在鄭子產論魂魄後二十年，當魯昭公二十七年，相當於西曆紀元前五百十五年，有吳季札在旅行途中葬子時論及魂魄一節，其語載在小戴禮記檀弓篇。其文云：

延陵季子適齊，於其反也，其長子死，葬於嬴、博之間。孔子曰：「延陵季子，吳之習於禮者也。」往而觀其葬焉。其坎深不至於泉，其斂以時服。既葬而封，廣輪揜坎，其高可隱也。既封，左袒，右還其封且號者三，曰：「骨肉歸復於土，命也，若魂氣則無不之也。」

此處所謂骨肉歸於土，即是郊特牲所謂形魄歸於地。而左昭七年正義亦連帶說及此文，云：

孝經說曰：「魄，白也。魂，芸也。」白，明白也。芸，芸動也。形有體質，取明白為名。氣唯噓吸，取芸動為義。鄭玄祭義注云：「氣，謂噓吸出入者也。耳目之聰明為魄。」是言魄附形而魂附氣也。……以魂本附氣，氣必上浮，故言魂氣歸於天。魄本歸形，形既入土，故言形魄歸於地。

此處改言魄附形，魂附氣，則仍主魄非即是形，而特為附形之一種靈，故曰「耳目之聰明為魄」。其義蓋本諸鄭玄，鄭玄則尚在杜預前。而鄭玄所以說「耳目之聰明為魄」者，則亦有故，今試再加申說。

上文已指出，子產所說之魂魄，決非魂魄二字之原始義，因此亦非魂魄二字之通用義，此乃子產一人之特創義。即如楚辭宋玉招魂有云：

魂魄離散，汝筮予之。

又云：

魂兮歸來，去君之恒幹，何為四方些！
長人千仞，惟魂是索些！

彼皆習之，魂往必釋些！

如此類語尚多，不盡引。凡此所用「魂」字，殆與原始義較近，此乃謂人生在肉體外另有一靈體，可以游離肉體而自有其存在。此靈體即稱魂，有時則魂魄連言，是魄亦同屬靈體可知。

又如楚辭景差大招有云：

魂魄歸來，無遠遙只！魂乎歸徠，無東無西無南無北只！

又云：

魂魄歸徠，閒以靜只！

此證晚周時南方楚人，尚多抱靈體與肉體之分別觀，而魂魄則同屬靈體，文顯可知。

即就左傳言，魯昭公二十五年，有如下之記事云：

宋公宴叔孫昭子，飲酒，樂，語相泣也。樂祁佐，退而告人曰：「今茲君與叔孫，其皆死乎！

吾聞之：『哀樂而樂哀，皆喪心也。』心之精爽，是謂魂魄。魂魄去之，何以能久？」

此顯以魂魄同指為心之精爽。鄭玄乃東漢一大經師，當時經師說經，只求將經典會通作解。故凡遇經典中魂魄字，鄭玄必求其處處解通，其說「耳目之聰明為魄」，乃本之樂祁。今不知子產言魂魄，是否與樂祁同義。如屬同義，子產亦僅說人生先有形體，後有魂魄，即覺識。要之「魄」字有歧義，亦無害。此處亦可見經師義訓殊亦不當輕視也。

上文已說明了子產所說之魂魄義。因子產既不信人生在肉體外另有一靈體存在，故子產雖仍信人死可有鬼，但對鬼神觀念，則必然會因於子產此一番見解而引生出大變化。此事就典籍證之，則已下及孔子時代之後。

二　孔子以下儒家之鬼神論

在論語，孔子曾說：「敬鬼神而遠之。」又說：「未能事人，焉能事鬼？」又說：「子不語怪力亂神。」似孔子僅不多說鬼神事，而於鬼神觀念，則仍若同於向來普通意見，無大違異。但小戴禮記祭義篇載孔子與宰我論鬼神一節，則顯然對於從來鬼神觀念有一番嶄新的見解，可與子產論魂魄後先輝映。蓋既有子產之新的魂魄觀，則自會引生出孔子的新的鬼神觀，此乃思想史上一種必然應有之進程也。祭義云：

宰我曰：「吾聞鬼神之名，不知其所謂。」子曰：「氣也者，神之盛也。魄也者，鬼之盛也。合鬼與神，教之至也。眾生必死，死必歸土，此之謂鬼。骨肉斃於下，陰為野土。其氣發揚於上，為昭明，焄蒿、悽愴，此百物之精也，神之著也。因物之精，制為之極，明命鬼神，以為黔首則。百眾以畏，萬民以服。」

此一節話，最可注意者，即從討論魂魄轉變到討論鬼神。雖與上引子產語一脈相承，而問題之著重點，則已甚不同。此一番對話，是否眞出於宰我與孔子，今已無從細考。惟此文顯見為晚出。正義云：

黔首謂民。「黔」謂黑也，凡人以黑巾覆頭，故謂之黔首。案史記云：「秦命民曰黔首。」此紀作在周末秦初，故稱黔首。此孔子言，非當秦世，以為黔首，錄記之人在後變改之耳。

是即據「黔首」一語，證此文乃出後人紀錄，即不能確認為是孔子當時說話之全部眞相。然至少亦可證在先秦儒家中有此一番見解也。

據本文言，「骨肉斃於下，陰為野土」，此之謂鬼，鬼即指其歸復於土者言，則應指形骸。但又說「魄者鬼之盛」，則似魄不僅指骨肉形骸，而猶帶有關於骨肉形骸之一番覺識言。指其在生前曰魄，死後則稱為鬼也。

正義又云：

> 子曰「氣也者，神之盛也」者，此夫子答宰我以神名，言神是人生存之氣。氣者，是人之盛極也。

此處正義釋「神」字極明確，無游移。謂神是人生存時之氣，則鬼又似決然指人生前之形體。因其死後之必歸復於土，故正義又云：「鬼，歸也。此歸土之形，謂之鬼。」此乃先秦儒家心意中所謂之鬼神，後代經師說之，十分明確，斷不如一般世俗，指其離了肉體而另有一種靈體而始謂之鬼神矣。其實神指人生存時之氣此一義，並不專是儒家說，我們若把正義此語來解釋莊子書中「神」字，也見處處貼切。可見中國古人之鬼神觀，在先秦儒、道兩家，本是訢合一致，並無甚多異見。而無甯謂後起儒說或多本於道家，此層俟下再及。

今再說，骨肉歸於土，其事顯見，但謂「魂氣歸於天」，「魂氣則無不之」，這究該如何解說呢？祭義篇正義又有一節說此云：

人生時，形體與氣合共為生。其死，則形與氣分，其氣之精魂，發揚升於上。為昭明者，言此升上為神靈光明也。焄蒿、悽愴，此百物之精也者。焄謂香臭也，言百物之氣，或香或臭。蒿謂烝出貌，言此香臭烝而上出，其氣蒿然也。悽愴者，言此等之氣，人聞之，情有悽有愴。百物之精也者，人氣揚於上為昭明，百物之精氣為焄蒿、悽愴。人與百物共同，但情識為多，故特謂之神。

此則分別指出人與其他萬物之相異。因人生有情有識，故其死後，其生前種種情識，倘若浮游存在於天地間，仍可與生人之情識相感觸、相通接，於是若有一種神靈光明。至於萬物，則無情識，故其接觸感通於人者，僅為一種焄蒿、悽愴。大抵焄蒿有一種溫暖義，如人接春夏百物之氣，即感其如是。悽愴有一種楸涼義，如人接秋冬百物之氣，即感其如是。此雖於生人之情識亦可有感觸，但不能如感觸於已死之人者之為若神靈而光明。如此說之，中國儒家思想，如經典中所說，顯然主張一種無鬼論，亦可說為無神論。其所謂神，僅指其人生前之魂，或說魂魄。因其有一番情識作用，而及其死後，此種情識，仍能與其他生人之同具有情識者相感通、相接觸。若專說氣，則人死後氣已絕，故左昭七年正義曰：

人之生也，魂盛魄強，及其死也，形消氣滅。

氣已滅，何謂其能復發揚升游於天地之間？故知所謂「魂氣歸於天」，「魂氣無不之」者，實即指其人生前之魂而言，即指其人生前之種種情識言。因情識是魂之事，魂則不屬於形而屬於氣，故說是魂氣。祭義篇正義又云：

氣在口，噓吸出入，此氣之體，無性識也。但性識依此氣而有，有氣則有識，無氣則無識，則識從氣生，性則神出也。

此一節，說氣與識，及性與神之分別。其人生前種種喜怒哀樂皆是識，亦謂之情識。惟前人後人，喜怒哀樂，率皆相同，故亦謂之性識。識依氣而有，人死即氣絕，但其生前種種因氣而有之識，則若存在若不存在，若消失若不消失。譬如忠臣孝子，節婦烈女，其生前一番忠孝節烈，豈能說一死便都消失不存在？故曰性則神出。人有此性才能成神。神之與氣則不同，專從其識之從氣生者言，在中國古人乃稱之曰魂氣，亦得稱知氣。小戴記禮運篇有云：

體魄則降，知氣在上。

是也。

根據上述，可見古代中國經典中所謂之魂魄與鬼神，其實一義相通，而與後代一般世俗流傳之所謂魂魄與鬼神者大不同。左昭七年正義又云：

聖王緣生事死，制其祭祀。存亡既異，別為立名。改生之魂曰神，改生之魄曰鬼。

可見死後之鬼神，即是生前之魂魄。只因其人已死，故不再稱之為魂魄，而改稱為鬼神。如此說之，豈不人死後，同時有神又有鬼，正如人生前，同時有魂又有魄。所以祭義要說：「合鬼與神，教之至也。」正義說之云：

人之死，其神與形體，分散各別。聖人以生存之時，神形和合，今雖身死，聚合鬼神，似若生人而祭之，是聖人設教，興致之，令其如此也。

此謂人生前，魂魄和合，即形神和合，死後，魂魄分散，即鬼神分散。鬼指屍體，即生前之魄。神指魂氣，即生前之種種情識。人死後，其生前種種情識，生者還可由感想回憶而得之。但其屍體，則早已歸復於土，蔭於地下，變成野澤土壤。而聖人設教，則設法把此魂與魄，即鬼與神，由種種禮的設備，求其重新會合，要它仍像生前一般。此一節把儒家祭禮精義都已說盡。

三　先秦儒家之祭祀義

讓我們再引祭義幾段本文作申說。祭義云：

霜露既降，君子履之，必有悽愴之心，非其寒之謂也。春，雨露既濡，君子履之，必有怵惕之心，如將見之。致齊於內，散齊於外。齊之日，思其居處，思其笑語，思其志意，思其所樂，思其所嗜。齊三日，乃見其所為齊者。祭之日，入室，僾然必有見乎其位。周還出戶，肅然必有聞乎其容聲。出戶而聽，愾然必有聞乎其嘆息之聲。

為何祭之前，要齋戒致思，來思念所祭者之生前之居處、笑語、志意，與其所樂所嗜呢？此居處，與笑語，與志意，與其所樂所嗜，便是死者生前魂氣之所表現，亦是此死者之神之所藉以復活。為何要如見乎其位，聞乎其容聲，與夫其歎息之聲呢？此則在致祭者之想像中，似乎又見了死者之體魄，即死者之鬼，像真來降臨了。

祭義又說：

孝子將祭，慮事不可以不豫。比時具物，不可以不備。虛中以治之。宮室既修，牆屋既設，百物既備，夫婦齋戒沐浴，盛服奉承而進之。洞洞乎！屬屬乎！如弗勝，如將失之，其孝敬之心至也與？薦其俎豆，序其禮樂，備其百官，奉承而進之。於是諭其志意，以其慌惚以與神明交，庶或饗之。庶或饗之，孝子之志也。

為何要比時具物，修宮室，設牆屋，薦俎豆，序禮樂呢？因為事死如事生，把奉侍其人生前的一切情景條件，重新安排布置起，便會慌惚像真有鬼出現。為何要虛中，要齋戒沐浴，要孝敬之心至，而諭其志意呢？因為這樣才能把死者之神在致祭者之心中重新復活。此兩段，豈不是「合鬼與神」一語之確解？祭義雖亦是晚出書，但論語不曰「祭神如神在，我不與祭，如不祭」乎？祭義所說，顯是論語此等話之最好注腳。因此我們說，先秦儒家的鬼神觀，大體上一線相承，無大差違。

因此，郊特牲又說：

鬼神，陰陽也。

禮運亦說：

人者，其天地之德，陰陽之交，鬼神之會，五行之秀氣也。

正義云：

鬼謂形體，神謂精靈。祭義云：「氣也者，神之盛也。魄也者，鬼之盛也。」必形體精靈相會，然後物生，故云「鬼神之會」。

可見中國經典中所云之「鬼神」，其代表孔孟以下儒家思想者，均不指俗義之鬼神言。其與論語中所言鬼神字，顯有不同，此是儒家思想本身之演進處。

四 道家思想與儒家之關係

由於子產之提出新的魂魄觀，而此後遂正式一變而成為先秦儒家的一種無鬼論與無神論，其大體轉變如上述。至於道家方面，亦同樣主張無鬼論與無神論，此層較易見，可不再詳說。但這裏面，究竟是儒家影響道家的多，抑是道家影響儒家的多，此待另文細闡。但大體言之，則儒家所言鬼神新義，多見於小戴禮與易繫傳，此兩書皆晚出，則似乎儒家接受道家思想之分數當尤多。

茲再引易繫辭傳一節闡說之。繫辭傳云：

易與天地準，故能彌綸天地之道。仰以觀於天文，俯以察於地理，是故知幽明之故。原始反終，故知死生之說。精氣為物，游魂為變，是故知鬼神之情狀。

鄭玄注云：

游魂謂之鬼，物終所歸。精氣謂之神，物生所信。

照上來所說，「游魂為變」應是神，「精氣為物」應是鬼，鄭氏此注，初看似說顛倒了。朱子易本義則云：

陰精陽氣，聚而成物，神之伸也。魂游魄降，散而為變，鬼之歸也。

經此一番闡發，知鄭玄注義，並無歧誤，只是省文互見而已。而朱注之精妙，亦可由此而見。總之，鬼神只是陰陽之氣，只是此二氣之一往一復，一闔一闢，一屈一伸。天地萬物皆逃不出此鬼神之大範圍。故中庸說：

鬼神之為德，其盛矣乎！視之而弗見，聽之而弗聞，體物而不可遺。

鄭玄注：

「體」猶生，「可」猶所也。不有所遺，言萬物無不以鬼神之氣生也。

此處鄭注不說鬼神，而轉說鬼神之氣，下語極審當。其實鬼神之氣，即是陰陽之氣，惟儒家以鬼神字替代了道家的陰陽字，遂把道家的自然宇宙觀，又轉成為人格化。其分別僅在此，此一層俟下再略及。

以上略述先秦儒家之無鬼論與無神論。其實在當時，主張無鬼論者殆極普遍，不限於儒家。惟墨子一派，獨守舊見，主張「明鬼」。惜今傳墨子書，僅存明鬼下篇，其上、中兩篇已闕。在明鬼下篇中，屢有「今執無鬼者曰」云云，可見其時主張無鬼論者必多，但並未明指執無鬼論者乃儒家。又其非儒篇，惜亦僅存下篇，而上篇亦闕。在非儒下篇中，亦無駁斥儒家無鬼之說。據此推想，知當時主張無鬼者，似不限於儒家。或儒家對此問題，毋寧還是採取了較保留而較隱藏的態度者。

五　荀子的神形論

現再順次說到晚周，荀子天論篇有云：

天職既立，天功既成，形具而神生，好惡喜怒哀樂藏焉，夫是之謂天情。

楊倞注：

言人之身，亦天職天功所成立也。形謂百骸九竅，神謂精魂。天情，所受於天之情也。

荀子此文「形具而神生」，其實亦仍是子產所謂「人生始化曰魄，既魄生，陽曰魂」一語之同意語。荀子之所謂「形」，即子產之所謂「魄」。而荀子之所謂「神」，即子產之所謂「魂」。楊倞說「神謂精魂」，此注確切。揚雄太玄注亦云：

神，精魂之妙者。

大戴禮記曾子天圓篇有云：

陽之精氣曰神，陰之精氣曰靈。神靈者，品物之本也。

盧辯注云：

神為魂，靈為魄，魂魄，陰陽之精氣，生之本也。及其死也，魂氣上升於天為神，體魄下降於地為鬼，各反其所自出也。

盧辯此注，近似鄭玄，通指魂魄為神靈。然謂人生本於氣，仍屬一種純形氣的人生論，則仍不謂形體之外另有一種神靈或靈魂之投入也。又易繫辭「遊魂為變」，虞翻注云：

魂，陽物，謂乾神也。

虞翻此注亦承襲舊誼，要之謂宇宙人生，僅是形氣。神即屬於氣，非於氣之外別有神。此則大體一致，決無甚大之差違。惟有一端當注意者。當子產時，雖已創闢新見，但仍援用「魂魄」舊語。逮荀子時，則不再用魂魄字，而徑稱為「形神」。「形神」兩字，尤為先秦道家所愛用。自此以降，相沿多說形神，少言魂魄。因說魂魄易滋誤會，說形神則更屬明顯。當知形神之神，顯然已不是鬼神之神，乃僅指其人生前之一段精氣言。此種精氣，人死後，又散歸於天地間，惟此乃稱為神。而形體之埋藏於土者，則稱為鬼。如此則中國古代人之鬼神觀，直自先秦下及隋唐經師注疏，雖說法精粗有異，相互間或有所出入，而大體如上述，同為主張一種無鬼論與無神論，此事甚顯白，儘無可疑也。

六　兩漢以降的鬼神觀

循此以降，在西漢有楊王孫，他臨死遺囑說：

精神者，天之有也，形骸者，地之有也。精神離形，各歸其眞，故謂之歸。鬼之為言，歸也。

此處所謂精神，亦可說精氣，亦可說精魂，亦可說神氣，亦可說神魂，亦可說魂氣，其實諸語全是一義。「精」字亦為先秦道家所創用，最先見於老子。而「精神」兩字之連用，亦始於道家，多見於莊子之外、雜篇。總之所謂精神者，仍由一種純形氣的、無靈魂的人生觀而來，仍是一種無鬼論與無神論者的觀點。此層即就本篇上引各段文字細繹，即可悟瞭。楊王孫平生事蹟無考，僅憑此一篇臨死遺文留名史籍，亦可見當時人對其見解之重視。

其次當說到東漢王充。王充論衡有訂鬼篇，亦主張無鬼論。訂鬼篇云：

> 人所以生者，陰陽氣也。陰氣主為骨肉，陽氣主為精神。人之生也，陰陽氣具，故骨肉堅，精氣盛。精氣為知，骨肉為強。故精神言談，形體固守。骨肉精神，合錯相持，故能常見而不滅亡也。太陽之氣盛而無陰，故徒能為象，不能為形。無骨肉，有精氣，故一見恍惚，輒復滅亡也。

此一節實仍與子產所說無二致。惟子產用魂魄字，而王充改用骨肉與精神字，此為不同。人生必形體與精神合，始能具體存在，此即王充所謂常見而不滅亡也。若骨肉消散，則縱使精神存留，亦僅能顯出一虛象，不能摶成一實形。此「象」字始見於易，亦為先秦道家所樂用，而易繫辭傳於此大加發揮。此後宋儒好言「氣象」，其實氣象與精神之二語，皆在道家思想中寓有極重要之意義，儒家受其影響，故援用而不自覺耳。

訂鬼篇又云：

凡天地之間有鬼，非人死精神為之也，皆人思念存想之所致也。

此一說，較之子產語尤見進步。子產尚承認伯有可以為鬼，王充則謂天地間之鬼，皆生人思念所致。王充雖非儒家，而此語實深細闡發了上引小戴記祭義篇所論之精義。儒家祭祀，所重正在祭者之思念存想。若問儒家何以要如此看重此一番思念存想，來保持祭祀之禮於不墜，此則已觸及儒家思想之深微重大處，以非本篇範圍，不擬涉及。惟既言思念存想，則思念存想之著重點，決非思念存想於所祭者生前之形體，而更當著重在思念存想於所祭者生前之精神。此層雖易知，而由此深入，即牽涉到儒家主張祭禮之另一重要義，此處亦不能詳論。惟專據王充意言之，彼乃謂天地間有鬼，非由人死後仍有一種精神存留，而實由生人對死者之一番思念存想，而覺若其人精神之復活，是則王充實為別自闡明了鬼神之理之另一面，而王充之為顯然主張徹底的無鬼論者更可知。

論衡論死篇又說：

人之所以生者，精氣也。死而精氣滅。能為精氣者，血脈也。人死血脈竭，竭而精氣滅，滅而形體朽，朽而成灰土，何用為鬼？

又曰：

人死，精神升天，骸骨歸土，故謂之鬼。

又曰：

或說：鬼神，陰陽之名也。陰氣逆物而歸，故謂之鬼。陽氣導物而生，故謂之神。神者伸也，申復無已，終而復始，人用神氣生，其死復歸神氣。陰陽稱鬼神，人死亦稱鬼神。氣之生人，猶水之為冰也。水凝為冰，氣凝為人。冰釋為水，人死復神，其名為神也，猶冰釋更名水也。

此條言天地有陰陽二氣。陰氣凝為人之形體，死則骸骨歸土，故謂之鬼。陽氣導為人之精神，即情識，死則復化於大氣中而謂之神。神是指此生生不絕之氣而言。故人死為神，猶言冰釋為水也。又曰：

人未生，在元氣之中。既死，復歸元氣。元氣荒忽，人氣在其中。

此條分言人氣、元氣。人由元氣而生，復歸於元氣，即謂之鬼神。王充此等語，總之認人生乃屬純形氣者，非在形氣之外另有一種靈魂之加入。既抱如此觀點，即可稱之為無鬼論與無神論。故王充意見，實是仍續子產以來之傳統意見也。惟即就王充書，亦可想像當時社會迷信鬼神之風尚極盛。逮後漢末黃巾五斗米鬼道出現，近儒章炳麟謂當淵源於墨家，而非承襲自道家，此辨有卓識。蓋先秦諸家對此問題，接近通俗意見，主張明鬼者惟墨。故謂墨家此一義，尚流傳於後代世俗間，固無不可耳。

又次說到應劭風俗通，其書多記俗間神話怪事，然應劭似亦主無鬼論。故曰：

> 死者澌也，鬼者歸也。精氣消越，骨肉歸於土也。

又曰：

> 董無心云：「杜伯死，親射宣王於鎬京。」予以為桀、紂所殺，足以成軍，可不須湯、武之衆。

董無心亦是先秦儒家，主無鬼，難墨徒纏子，其言論亦見引於論衡。

七　佛教傳入以後與中國傳統鬼神觀之爭辨

此下佛教入中國。佛教有「三世輪迴」之說，雖不主張有靈魂，實無異於主張有靈魂。其時一輩儒生經師，則仍主先秦以來儒家舊說，其義略見於經典之諸注疏，已詳上引。而梁時有范縝，造為神滅論，在當時，實對佛家思想為一主要之打擊，因此激起許多辨難。范縝神滅論大義，謂「神即形也，形即神也」。是以「形存則神存，形謝則神滅」。又說：

形者神之質，神者形之用。未聞刀沒而利存，豈容形亡而神在。

是則范縝之意，仍是荀子「形具而神生」，子產「既生魄，陽曰魂」之舊誼，又其說吳季札「魂氣無不之」云：

人之生也，資氣於天，稟形於地，是以形銷於下，氣滅於上。氣滅於上，故言「無不之」。無不之者，不測之辭耳，豈必其有神與知耶？

此說更徹底，與王充語相似。當時一輩難者，謂形神可離，是二，非即是一。然若果有離形而可以獨存之神，則試問此非一種變相之靈魂而何？而范縝意見之確然代表中國傳統意見，亦更可無疑矣。

八　儒道兩家對於宇宙論之終極相異處

繼此尚有一層須提及者。上文所述中國思想史中之傳統的純形氣的人生觀。此在先秦，應分儒、道兩大支。道家因於主張純形氣的人生觀，而緊接著主張純自然的宇宙觀。而道家言宇宙原始，又終必推極至於「無」。但儒家則不願接受此種純無的宇宙觀，於是又重新提出一「神」字。故儒、道兩家主張自然之宇宙觀雖一，但道家主張自然之外無別義，因又謂宇宙終極是一「無」。儒家則承認此自然宇宙之最後終極乃一「神」。此所謂「神」者，雖仍不脫形氣，雖非主張在形氣之外別有神，而僅謂此宇宙大形氣之自身內部即包孕有神性。故此神則非創出宇宙之神，而成為此宇宙本身內涵之一德性。此說備見於周易之繫辭傳。繫辭傳云：

> 神無方而易無體。

神無方所，自然更無人格性，此神則僅是整個宇宙造化之充周流動而無所不在者。繫辭傳又云：

陰陽不測之謂神。

此與「鬼神者，陰陽也」之神又微不同。此乃就整個陰陽二氣之變化不測而謂之神。故繫辭傳又曰：

知變化之道者，其知神之所謂乎？

又曰：

窮神知化，德之盛也。

又曰：

神者，妙萬物而為言者也。

老子曰：「同謂之玄，玄之又玄，衆妙之門。」又曰：「常無，欲以觀其妙。」在老子主「以無觀妙」，即是以無觀宇宙一切之原始。而在易之繫辭傳，在晚周儒家間，則主「以神觀妙」。「妙」是宇宙衆始之會同集合處，此處即見其為神。老子道家謂宇宙衆始是一「無」，而易傳儒家則改說宇宙衆始是一「神」。此層為晚周儒、道兩家思想上一大分辨。在孔子與莊周時，此分辨猶不顯，必待老子與易傳，而此分辨始彰著，此亦思想進展之一例。因此易傳又說：

以體天地之撰，以通神明之德。

又曰：

以通神明之德，以類萬物之情。

上之為天地，下之為萬物，易繫傳作者則以一「神」字上下包舉，兼盡此天地萬物，而神明之德，亦即於天地萬物上見。故中庸亦云：

所過者化，所存者神。

宇宙一切盡在化，只其化之存在處便是神。此說毋寧可謂是較近於莊子內篇七篇之所說。若只從老子以後之道家言之，則宇宙大化僅是一自然，更無所謂神也。此乃儒、道兩家之大分辨。以後論宋儒理學，必當先明此義，乃可得宋儒持論之要旨。而許愼說文則云：

神，天神引出萬物者也。

如此說來，豈不眞有一天神在引生出萬物乎？訓詁文字學者之不成為一思想家，正可於此等處微辨得之。

下篇

本文上篇，敍述春秋以下迄於佛法東來，在此一段期間中國思想史中之鬼神觀。佛法主張有三世輪迴，與中國傳統思想中之鬼神觀，顯然不合。下篇則略述宋明儒對於鬼神觀之新發揮，大體為承襲以前傳統舊觀點，對佛法輪迴之說，加以抨擊。以視漢儒以下經典注疏，殆可謂無甚多之創闢。然亦有義趣宏深，卓然超出於前人所獲之上者。羅而述之，並可對宋明儒之整個宇宙論及人生論，多添一番瞭解也。

九 周濂溪太極圖說中之宇宙觀

論宋代理學開始，首先必提及周濂溪之太極圖說。此文未論及鬼神，然顯然為主張一種純形氣的宇宙觀，即所謂自然的宇宙觀。宇宙不由神創，因此而主張純形氣的人生觀。人在自然大化中生，不由神造。人死後，即其一生之氣化已盡，亦將不復有鬼。太極圖說云：

> 無極而太極，太極動而生陽，動極而靜，靜而生陰。靜極復動，一動一靜，互為其根。分陰分陽，兩儀立焉。陽動陰靜而生水火木金土，五氣分布，四時行焉。五行一陰陽也，陰陽一太極也，太極本無極也。五行之生也，各一其性。無極之眞，二五之精，妙合而凝，乾道成男，坤道成女。二氣交感，化生萬物，萬物生而變化無窮焉。惟人也，得其秀而最靈，形既生矣，神發知矣。

此顯然為濂溪會合儒、道兩家，又會合了易家言陰陽，與陰陽家言五行之兩派，而歸納成一番最扼要簡淨的宇宙原始論與人生演化論，而終則歸納到「形既生矣，神發知矣」兩語，此證濂溪亦如子產、荀況，不信人生前先有靈魂，則死後無靈魂，亦不問可知。惟濂溪此文，究竟是自然的意味重過了神的意味。換言之，乃是老子與淮南子的意味重過了易繫傳與小戴記的意味，亦即是道重於儒的意味。因此下面遂引出二程與橫渠，對此偏勝，頗有糾挽。

一〇　二程的鬼神論

在濂溪書中，不再談到鬼神字。繼此而重新提出「鬼神」二字作討論者，為二程與橫渠。朱子近思錄選輯二程、橫渠論鬼神各節，編入「道體門」，此層極可注意。簡切言之，可謂宋儒對鬼神，只當作一種道體看。

明道說：

> 上天之載，無聲無臭。其體則謂之易，其理則謂之道，其用則謂之神。

宇宙間形形色色，皆屬具體的形而下者。而宇宙則是一個動的，此一動，則是形而上的，抽象的，因其有一種所以動的性能在。此種性能，宋儒常目之為宇宙之本體，而明道此處只稱之曰「易」。易即是一陰一陽。易繫傳說：「一陰一陽之謂道」，故明道此處說「其理則謂之道」。此大易之體，所以能一陰一陽，發生出種種妙用來者則謂之「神」。明道此處「神」字，仍是沿用了易繫傳中的神字。明道此一節話，正可作為易繫傳之注疏看。但較之濂溪太極圖說，已略去了陰陽家五行一派，而增入了易傳中所特別提起的一「神」字，又補出了易傳中所未有的一「理」字。此「理」字，乃此下宋明儒最所吃緊研討的一觀念。惟追溯淵源，則從魏晉時王弼、郭象以來，已經鄭重提出。此處可見為宋代理學闢路者，固在濂溪，而為宋代理學立基者，則必屬於明道。

伊川說：

易說鬼神，便是造化，只氣便是神。

此處所謂「造化」，即是朱子近思錄所謂之「道體」，其實造化亦只是一氣在變動。伊川說：「只氣便是神」，可見並非有神在創出氣，變動氣。而神乃是此氣所內涵自有之一種性能也。此一分辨極重要。二程之所以異於濂溪者，便在此。

因此伊川又說：

以形體謂之天，以主宰謂之帝，以功用謂之鬼神，以妙用謂之神。

如此說來，天只是一形體，此形體中自有主宰，並非在形體外另有主宰此一形體者。故天與帝實是同此一形體，只是分而言之，各有所指而已。此一形體，有主宰，同時亦有功用。此種功用則謂之鬼神。若小言之，人身亦是一形體，我們稱之曰「人」，或曰「形」。在此形體中，亦自有主宰，我們稱之曰「心」，或曰「性」。決非在身形之外另有一心或性來主宰此身形。此身形，既有主宰，亦有功用。人身之種種功用，亦可稱為鬼神。可見鬼神即見在人生時，非在人之生前與死後。此種功用之妙處則單稱曰「神」。「神」即合指鬼神言，猶之「乾」即合指乾坤言，「性」即合指性情言。

明白得這一條，便可明白上一條。伊川此兩條分別「鬼神」字與「神」字，顯然仍是先秦與漢儒之經典舊誼，已詳上篇，不再釋。

所以伊川又說：

鬼神者，造化之迹也。

迹只是天地造化存留下的一些痕迹。如人行過，地下留有足迹。中庸說：「所過者化，所存者神。」宇宙大化，一幕幕揭開過去，其所存影像，卻如神一般。伊川此語，只把中庸語倒轉說。

伊川又說：

有理則有氣，有氣則有數。鬼神者，數也。數者，氣之用也。

此一條，說來更具體。大化一氣運行，有伸縮、有消長，此皆是數之不同。如陽氣多了些，或陰氣多了些。一陰一陽之變化無窮，即是造化天機，其實則只是氣之聚散闔闢，在分數上有不同。若有氣無數，則不能變，造化之機便窒塞了，不再有造化了。其實所謂鬼神，只是那大化之氣在一消一長，一伸一縮，只是氣之在數量上有變化不同而已。所以鬼神乃是宇宙間一種形而上的抽象的妙用。

因此伊川又說：

只氣便是神。今人不知此理，才有水旱，便去廟中祈禱。不知雨露是甚物，從何處出，復於廟中求耶？名山大川，能興雲致雨，卻都不說著，卻於山川外木土人身上討雨露。木土人身上有雨露耶？世人只因祈禱而有雨，遂指為靈驗，豈知適然。

此一條，落實到世間所認為鬼神的一邊來。其實宇宙間那有如世俗所想像的鬼神。世間僅據偶然事、適然事，而遽信為有鬼神了。所以要格物窮理，才能眞知宇宙之神。此即所謂「窮神知化」，亦可說知化了始是窮神也。

或問鬼神之有無，曰：「吾為爾言無，則聖人有是言矣。為爾言有，爾得不於吾言求之乎？」

根據此一條，可見二程顯然主張無鬼論與無神論。惟謂聖人有是言，當知在春秋前詩、書中，確言有鬼神。春秋後論、孟、易傳、戴記之類，並不曾明白主張有鬼神。宋儒不效漢以下經師仔細分疏，因此只說聖人有是言。惟明知聖人有是言，而今仍不肯言其有，則二程之不信有鬼神，其態度更鮮明易見了。

問神仙之說有諸？明道曰：「若說白日飛昇之類則無。若言居山林間，保形煉氣以延年益壽，則有之。譬如一罏火，置之風中，則易過。置之密室，則難過。有此理也。」又問：「揚子言：『聖人不師仙，厥術異也。』聖人能為此等事否？」曰：「此是天地間一賊，若非竊造化之機，安能延年？使聖人肯為，周孔為之矣。」

此兩條，由鬼神推論到神仙與長生。明道不信神仙長生，卻信可延年。此亦沿襲魏晉人意見。但他說延年乃是竊造化之機，是天地間一賊。可見格物窮理，只是要明造化，要窮宇宙之神，不是要違造化，竊竊造化之機來為私人延年益壽。

明道又說：

此所以謂萬物一體者，皆有此理。生則一時生，皆完此理。人只為自私，將自家軀殼上頭起意，故看得道理小了他底。放這身都在萬物中，一例看，大小大快活。釋氏以不知此，去他身上起意思。

又說：

釋氏其實是愛身，放不得，故說許多。

明道意，佛家輪迴之說，只從身上起意，主要是愛身、是自私。若眞格物窮理，則該窮此宇宙萬物一體之公理。若窮得宇宙間萬物一體之公理，那會信有永遠為一己所私有的某一種靈體呢？明道本此見解，所以不喜專為一己延年益壽著想。惟「萬物一體」之說，最先亦出於先秦之惠施與莊周，仍與道家思想有淵源。

一一　張橫渠的鬼神論

二程同時有張橫渠。橫渠論鬼神，有些意見似乎比二程更精卓。橫渠說：

鬼神者，二氣之良能也。

此一語，與伊川「鬼神者造化之迹」一語，同為此下宋明儒所傳誦。良能即猶說妙用。說鬼神是二氣之妙用，較之說是造化留下的痕迹，更見為意義深透活潑了。橫渠又云：

鬼神，往來屈伸之義。

天地間，常是陰陽二氣往來屈伸。往來屈伸是二氣之良能，也即是鬼神了。陰陽二氣往來屈伸，從外面看，即是天地造化之迹。故橫渠語與伊川語，乃同一義，只說法深淺有不同。

橫渠又說：

物之初生，氣日至而滋息。物生既盈，氣日反而游散。至之謂神，以其伸也。反之謂鬼，以其歸也。

此一條，可以闡釋前兩條。可見宋儒論鬼神，其實還是與漢以下經師經典注疏差不遠。

橫渠又說：

天地不窮，寒暑耳。衆動不窮，屈伸耳。鬼神之實，不越乎二端，其義盡矣。

天地間只是一氣在屈與伸。屈是減了些，此是一種回歸運動，即是鬼。伸是添了些，此是一種生發運動，即是神。

橫渠又說：

一故神。譬之人身，四體皆一物，故觸之而無不覺，不待心使至此而後覺也。此所謂感而遂通，不行而至，不疾而速也。

所謂鬼神一屈一伸，並不是有一種鬼氣，專在屈，專在作回歸運動。另有一種神氣，專在伸，專在作生發運動。屈與伸，回歸與生發，其實只是一氣。分言之，則稱鬼神。合言之，則專稱神。所以見其為神者，正為其是一體故。一體而能發生兩種相反之用，而且相反又是相成，而永遠為一體，所以說是神。惟其是一體，故相互間能感而通。因其感而遂通，故才見其為神。故神必由天地萬物之一體上見。若為體各別，互不相通，即不見其為神。世界其他民族之宗教信仰，則是要在此各別之體以外來另找一神，卻不知此各別體之實質是一體。

橫渠又說：

氣有陰陽，推行有漸為化，合一不測為神。

此說造化即是神，並非在造化之先之外，另有一神在造化。乃因此造化本體自造自化，造化出宇宙間萬異萬象，而其實則合一無異，只是一體。故即此一體之自造自化之不測妙用而指名之曰神。

故橫渠又說：

天地同流，陰陽不測之謂神。凡天地法象，皆神化之糟粕爾。

此一條，須與伊川「鬼神，造化之迹」一語合看。若合言鬼神，則鬼神乃造化之迹。若單言神，則天地間一切法象乃造化之迹，而此造化本身乃是神。然則鬼神實即是天地間造化之兩種法象耳。此一層，此後朱子乃詳發之。

橫渠又說：

> 天下之動，神鼓之也。
>
> 天之不測謂神，神而有常謂天。

如是則天神合一，皆指此造化之本體言。言其有常謂之天，言其不測謂之神。在此造化不測之背後，好像有一物在鼓動其造化，其實則並無此一物，只是造化本身之自造自化，自鼓自動而已。今則指此自鼓自動者而謂之神。

橫渠本此觀點批評佛法。他說：

> 浮圖明鬼，謂有識之死，受生循環，遂厭苦求免，可謂知鬼乎？以人生謂妄見，可謂知人乎？天人一物，輒生取捨，可謂知天乎？孔孟所謂天，彼所謂道。惑者指「游魂為變」為輪迴，未之思也。大學當先知天德，知天德則知聖人，知鬼神。今浮圖劇論要歸，必謂死生流轉，非得道不免，謂之悟道，可乎？

此條仍本造化一體立論。果知造化之一體，由造化生發而有人，人必回歸於造化。人那能專私擅有了這一身，不再向造化回歸，而單由這一身自己在不斷輪迴流轉，死後有鬼，鬼復轉胎成人。這樣便成為無造無化，宇宙間只是這些眾生在各自永遠輪迴。明道說：「放這身都在萬物中，不要從自家軀殼上頭起意」，橫渠此條，正是此意，只說來更明白。以後朱子再從此條又闡說，此乃宋儒論鬼神、闢佛家輪迴一貫精義之所在。

一二　朱子的鬼神論

現在說到朱子。朱子所說更繁密，但大義只是闡述程、張，而又有些說得像漢以下經師的經典注疏語。朱子說：

> 人生初間是先有氣，既成形，是魄在先。形既生矣，神發知矣。既生形後，方有精神知覺。子產數句說得好。

朱子論鬼神，還是推原到子產，此寥寥數語，已將子產原義，發揮透盡，並已增入後人注疏意見。所以朱子雖是一理學家，同時也像是一經學家。後來顧亭林要說經學即理學，正從朱子這些處作根據。

朱子又說：

鬼神不過陰陽消長而已。亭毒化育，風雨晦明皆是。在人則精是魄，魄者，鬼之盛也。氣是魂，魂者，神之盛也。精氣聚而為物，何物而無鬼神。

這些話，全合從來注疏義。可見鬼神即指人生時所有，不專指人死後。而且萬物亦都有鬼神，不專人始有。

朱子又說：

神，伸也，鬼，屈也。如風雨雷電初發時，神也。及風止雨過，雷住電息，則鬼也。

此一條，即伊川「鬼神者，造化之迹也」一語之闡述。

朱子又說：

氣之方來皆屬陽，是神。氣之反皆屬陰，是鬼。

日自午以前屬神，午以後屬鬼。
日是神，月是鬼。
草木方發生來是神，彫殘衰落是鬼。
人自少至壯是神，衰老是鬼。
鼻息呼是神，吸是鬼。
析木煙出是神，滋潤底性是魄。
人之語言動作是氣，屬神。精血是魄，屬鬼。
發用處皆屬陽，是神。氣定處皆屬陰，是魄。
知識處是神，記事處是魄。
甘蔗甘香氣便喚做神，其漿汁便喚做鬼。

朱子如此般具體的來指說神和鬼，其實仍是為「鬼神者，造化之迹也」一語作注腳。以較社會流俗意見，顯然相違甚遠了。今當再略加申釋者有二事。陰陽雖若分為二氣，而實合為一氣，則鬼神之在宇宙間，雖若有其相異之作用，實則仍為同一之作用，非可以上帝與魔鬼視之，此一也。又曰：「鼻息呼是神，吸是鬼。」此如人生藉吸納外面以營養己體，此亦只是鬼道。惟憑己體立德、立功、立言於社會，向外貢獻，乃始是神道。鬼神之為道雖屬一體，但亦未嘗不可加以分別。此二也。

又有人問：

「先生說鬼神自有界分，如何？」曰：「如日為神，夜為鬼。生為神，死為鬼。豈不是界分？」

又說：

只今生人，便是一半是神，一半是鬼了。但未死以前則神為主，已死之後則鬼為主，縱橫在這裏。以屈伸往來之氣言之，則來者為神，去者為鬼。以人身言之，則氣為神而精為鬼。然其屈伸往來也各以漸。

一三　朱子的祭祀論

朱子根據此一種鬼神觀，再來轉講到祭祀。他說：

氣聚則生，氣散則死，然人死雖終歸於散，然亦未便散盡，故祭祀有感格之理。先祖世次遠者，氣之有無不可知，然奉祭祀者，既是他子孫，必竟只是一氣，所以有感通之理。然已散者不可祀，釋氏卻謂人死為鬼，鬼復為人，如此則天地間常只是許多人來來去去，更不由造化生生，必無是理。

朱子因認定鬼神只是二氣之良能，只是造化之迹，因此再不能接受佛家的輪迴說。若信輪迴，則必然信因果。信因果，則必然把每個人各自分開，像各自有一條必然不爽的因果報應線，各自循此輪迴，如此則宇宙變成了死局，再不見有所謂造化。這便與中國傳統思想所謂萬物一體，變化不測之大原則相違背。所以程朱要說佛家乃從自家軀殼起意，只是愛身，只是一個私。朱子此條，仍是發揮張、程意見，而說來更透切、更明白。

朱子並曾屢屢提到此說，如他答連嵩卿書有云：

若如釋氏說，則是一個天地性中別有若干人物之性。每性各有界限，不相交雜，改名換姓，自生自死，更不由天地陰陽造化。而為天地陰陽者，亦無所施其造化矣。是豈有此理乎？

又答廖子晦亦云：

乾坤造化如大洪罏，人物生生，無少休息，是乃所謂實然之理，不憂其斷滅也。今仍以一片大虛寂目之，而反認人物已死之知覺，謂之實然之理，豈不誤哉？

朱子此一條，根據儒家傳統宇宙觀來駁難佛家，最扼要、最有力。中國儒家思想，認此宇宙為一整體，為一具體實有，在其具體實有之本身內部，自具一種生生不已之造化功能。既不是在此宇宙之外之先，另有一大神在造化出此宇宙，亦不是在此宇宙之內，另有一大神在造化出許多各別實然的人和物。宇宙間一切人和物，則只是此宇宙本體之神化妙用所蘊現。若另換一看法，則宇宙間一切人和物，只是此宇宙造化所不斷呈現出來的種種形。形只是粗迹，所謂形而下。而宇宙造化，總會看來，則只是一個「理」。朱子又說：

鬼神之理，即是此心之理。

因此心之理，即是由宇宙整體中得來，亦即是從宇宙整體中之鬼神之理得來。此心之用，亦即是由宇宙整體中化出，亦即是從宇宙整體中之鬼神之用化出。此鬼神之理表現到不可測處則謂之「神」。故朱子說：

以功用謂之鬼神，以妙用謂之神。鬼神如陰陽屈伸，往來消長，有粗迹可見者。以妙用謂之神，是忽然如此，皆不可測。忽然而來，忽然而去。忽然在這裏，忽然在那裏。

朱子又說：

所以道天神人鬼。神便是氣之伸，此是常在底。鬼便是氣之屈，便是已散了底。然以精神去合他，又合得住。

朱子論祭祀，則只是要把子孫精神來合他祖先已散的精神。朱子又因祭祀祖先推論到祭祀聖賢。他說：

此身在天地間，便是理與氣凝聚底。負荷天地間事，與天地相關，此心便與天地相通。不可道他是虛氣，與我不相干。聖賢道在萬世，功在萬世，今行聖賢之道，傳聖賢之心，便是負荷這物事，此氣便與他相通。人家子孫負荷祖宗許多基業，此心便與祖宗之心相通。

宋儒只因認宇宙是一大整體，所以說萬物一體。因此，只要人能把心關切到此大整體，此大整體便可與吾心息息相通。如人負荷了此一身，用心關切此身，此身便與吾心息息相通。又如人負荷了此一家，用心關切此家，此家便與吾心息息相通。從前我的祖宗，關心此一家，我今關心我祖宗以前所關心的家，所以我心能與以前祖宗之心息息相通。從前聖賢關心此一宇宙，我今亦關心以前諸聖賢所關心的此一宇宙，所以我心也能與以前諸聖賢心息息相通。此即是鬼神之理，也即是祭祀能感格之理了。

一四　朱子的魂魄論

朱子之論鬼神與祭祀，其義具如上述。則朱子之論魂魄，其主要意見亦可推想而得。惟有須特提一說者。朱子楚辭辨證有論魂魄一條云：

或問魂魄之義。曰：子產有言：「物生始化曰魄。既生魄，陽曰魂。」孔子曰：「氣也者，神之盛也。魄也者，鬼之盛也。」鄭氏注曰：「噓吸出入者氣也。耳目之精明為魄，氣則魂之謂也。」淮南子曰：「天氣為魂，地氣為魄。」高誘注曰：「魂，人陽神也。魄，人陰神也。」此數說者，其於魂魄之義詳矣。蓋嘗推之，「物生始化」云者，謂受形之初，精血之聚，其間有靈者，名之曰魄也。「既生魄，陽曰魂」者，既生此魄，便有暖氣，其間有神者，名之曰神也。

二者既合，然後有物，易所謂「精氣為物」者是也。及其散也，則魂遊而為神，魄降而為鬼矣。說者乃不考此，而但據左疏之言，其以神靈分陰陽者，雖若有理，但以「噓吸之動者為魄」，則失之矣。其言「附形之靈，附氣之神」，似亦近是。但其下文所分，又不免於有差。其謂「魄識少而魂識多」，亦非也。但有運用畜藏之異耳。

此處朱子分疏魂魄，仍一本子產，惟對後人解說，則有是鄭注而非孔疏之意。鄭注謂噓吸出入者是氣，氣屬魂，耳目之精明則為魄。朱子則謂「受形之初，精血之聚，其間有靈者，名之曰魄」，即是依鄭注也。因朱子主理、氣兩分，耳目是形，必有其所以能精明者，朱子乃從鄭注，以其間有靈說之也。其謂運用畜藏之異者，則似以「附氣之神」即魂者為運用，以「附形之靈」即魄者為畜藏，是乃鬼神一體，惟其為用則異也。

朱子分疏魂魄意見，又有一節，亦在楚辭辨證，茲再節鈔如下。朱子曰：

屈子「載營魄」之言，本於老子，而揚雄又因其語，以明月之盈闕。其所指之事雖殊，而其立文之意則一。顧為三書之解者，皆不能通其說，故今合而論之，庶乎其足以相明也。蓋以車承人謂之載，以人登車亦謂之載。……但老子、屈子以人之精神言之，則其所謂「營」者，字與「熒」同，而為晶明光炯之意。其所謂魄，則亦若余之所論於九歌者耳。（按即此節前一節所引。）

揚子以日月之光明論之，則固以月之體質為魄，而日之光耀為魂也。以人之精神言者，蓋以魂陽動而魄陰靜，魂火二而魄水一，故曰「載營魄，抱一，能勿離乎？」言以魂加魄，以動守靜，以火迫水，以二守一，而不相離，如人登車，而常載於其上，則魂安靜而魄精明，火不燥而水不溢，固長生久視之要訣也。其以日月言者，則謂日以其光加於月魄而為之明，如人登車而載於其上也。三子之言，雖為兩事，而所言「載魄」，則其文義同為一說。故丹經歷術，皆有納甲之法，互相資取，以相發明，蓋其理初不異也。至於近世，而蘇子由、王元澤之說出，皆以魂為神，以魄為物，而欲使神常載魄以行。洪慶善亦謂陽氣充魄為魂，能運動。若如此，將使神常勞動，而魄亦不得以少息，雖幸免物欲沉溺之累，而窈冥之中，精一之妙，反為強陽所挾，以馳騖於紛拏膠擾之途，卒以陷於眾人傷生損壽之域而不自知也。

朱子大儒博涉，此一節發揮方外長生精義，闡釋古今異説，可謂語簡而要。而其分析魂魄二字涵義，亦見邃深圓密。雖或有異於子產最先論魂魄之初意，而宋儒程朱一派對宇宙觀、人生觀之要旨，實可由此參究。蓋朱子對「魄」字，並不僅當作一死的物質看，故於蘇、王、洪三家之説，皆所不契。魄固屬於體質，而有賴於魂之光耀，但魂是陽動，魄是陰靜，同屬二氣良能，則魂魄決非如神物之辨，可以分作兩對而言者。換言之，亦不當如莊子外、雜篇乃及荀卿之所謂神形之別。蓋形即寓神，物必有理，一物一太極，則魄雖屬於形質，而自當有靈。朱子之所以特有取於鄭玄之注語者，其用意亦由此而顯。此亦後人之愈說而愈邃密之一例。惟朱子此條，本為道家言長生，與他處言魂魄，其間亦微有歧義，不可不辨。在子產，殆認為由形生神，莊子內篇七篇，亦尚持此見。則魂之與魄，乃有一先後。而朱子此條，則說魂載於魄而行，如日光之照射於月；則從另一觀點言之，如程朱分辨「天地之性」與「氣質之性」，亦常以物之受光與器之容水為喻，與此處解釋魂魄之義亦正相類似。如此則魂之乘載於魄，已是魂在魄外；以此光加於魄而為之明，如人之登車而載於其上，豈不與子產「既生魄，陽曰魂」之義有歧？若就宇宙原始言，就每一人之最初生命言，應如子產之說。惟就既有宇宙言，或就既有人文世界言，則朱子此節所言之魂魄，亦未始不可如此說。而孔疏所謂「魄識少，魂識多」，亦未全為非。惟若誤認魂魄為二非一，則又決非朱子本節之意耳。在子產，是那魄自能發光，其所發之光為魂。而在朱子，則以光加於魄而為明，如人登車而載其上。明儒羅整菴譏朱子之理氣論，謂如人騎馬上。不知人騎馬上，即是魂載於魄之喻，非眞認人馬之為二也。

一五　黃榦的祭祀論

朱子大弟子黃榦，又申述朱子之論鬼神與祭祀，其說亦當引錄。黃榦曰：

諸人講祭祀鬼神一段，蓋疑於祖考已亡，一祭祀之頃，雖是聚己之精神，如何便得祖考來格？

雖是祖考之氣已散，而天地之間公共之氣尚在，亦如何便湊合得其為之祖考而祭之？蓋不知祖考之氣雖散，而所以為祖考之氣，則未嘗不流行於天地之間。祖考之精神雖亡，而吾所受之精神，即祖考之精神。以吾所受祖考之精神，而交於所以為祖考之氣，神氣交感，則洋洋然在其上在其左右者，蓋有必然而不能無者矣。學者但知世間可言可見之理，而稍幽冥難曉，則一切以為不可信。蓋嘗以琴觀之，南風之奏，今不復見矣，而絲桐則世常有也。撫之以指，則其聲鏗然矣。謂聲在絲桐耶？置絲桐而不撫之以指，則寂然而無聲。謂聲在指耶？然非絲桐，則指雖屢動，不能以自鳴也。指自指也，絲桐自絲桐也，一搏附而其聲自應。向使此心和平仁厚，眞與天地同意，則南風之奏，亦何異於舜之樂哉？今乃以為但聚己之精神而祭之，便是祖考來格，則是舍絲桐而求聲於指也，可乎？

此一理論，仍然沿襲橫渠、朱子，但又加進了新闡述。如黃榦意，人生只如奏了一套樂，那身軀便如絲桐琴瑟，不憑絲桐琴瑟，奏不出樂聲來。人死了，譬如絲桐琴瑟壞了，再也不出聲。但若其人生時，曾奏出一套美妙的樂曲，那樂聲流散在太空，像是虛寂了。但那曲調，只要有人譜下，後人依此譜再試彈奏，那曲聲卻似依然尚在，並未散失。所謂廣陵散尚在人間，南風之奏，無異舜時，便是這道理。依此言之，所謂祭祀感格，也必所祭者其人生時，有一番作為，有一番精神，像有一套樂曲流傳，後人才好依著他原譜來再演奏，使此樂聲重現。大之如聖賢之負荷天地間事，小之如祖宗創建一家基業，樂曲有高下，但總之有此一調，便可以舊調重彈。所謂洋洋乎如在其上，如在其左右，其實還是那人生前所彈奏的那一調，那一曲。再用朱子鬼神界分說之，絲桐只是鬼，因絲桐必壞。樂聲便是神，因樂聲常留，可以重演。黃榦這一番話中所用絲桐、手指之喻，本為佛家所常用。其實黃榦之所謂樂聲與南風之奏，也略如佛家之所謂「業」。惟佛家對人生消極悲觀，把人生時一切作為，統稱為「業」，佛家認為正因於此等業而陷人生於輪迴苦海。儒家對人生則積極樂觀，把人生時一切作為，看作如演奏了一套樂，人生無終極，便如樂聲洋洋，常流散在宇宙間。

一六　王船山的鬼神論

以上約略敍述了宋儒二程、張、朱的鬼神論。此下明代，對此方面討論較少，此文只擬拈舉明遺民王船山一人再一敍述，作為本篇之殿軍。

船山推尊張、朱，尤於橫渠有深契，因此他對鬼神方面，也多所闡發。船山說：

> 形而上者，亘生死，通晝夜，而常伸，事近乎神。形而後有者，困於形而固將竭，事近乎鬼。

如此說鬼神，全屬抽象的哲學名詞，顯距世俗所謂鬼神甚遠了。他又說：

物之初生，氣日至而滋息。物生既盈，氣日反而游散。形則有量，盈其量則氣至而不能受，以漸而散矣。方來之神，無頓受於初生之理。非畏厭溺，非疫癘，非獵殺斬刈，則亦無頓滅之理。日生者神，而性亦日生。反歸者鬼，而未死之前為鬼者亦多矣。所行之清濁善惡與氣俱而游散於兩間，為祥為善，為眚為孽，皆人物之氣所結，不待死而為鬼，以滅盡無餘也。

此一節，指出「神」乃屬一種人生以後日生日長之氣，並非在人生前，先有一神，如俗謂靈魂，投入人胎。亦非人生一墮地，即有一神附隨人體。鬼則是人生以後日衰日反之氣，亦非人死後才成鬼。即在人生時，已有日衰日反之氣，則早有幾分是鬼了。而亦非人死後其氣即滅盡，人死後，不僅其屍骨不遽壞爛，即其生前作業，也不消散遽盡。前引黃榦語曾以作樂喻人生，樂聲不是可以餘音繞梁，三日不絕嗎？當知人之死，其平生善行，可以為祥為善；其生平惡行，可以為眚為孽；其生前之餘氣，仍游散於天地間，亦復有餘音裊裊，三日繞梁之概。惟惡氣眚孽，終不可久，必歸消盡，而祥和善氣，則不僅可以長存，並可引伸舒展，連帶生出其他許多善行來，這便是鬼神之別了。

船山又說：

魄麗於形，鬼之屬。魂營於氣，神之屬。此鬼神之在物者也。魄主受，魂主施，鬼神之性情也。物各為一物，而神氣之往來於虛者，原通一於絪縕之氣，故施者不吝施，受者樂得其受，所以同聲相應，同氣相求。琥珀拾芥，磁石引鐵，不知其所以然而感。聖人感人心而天下和平，亦惟其固有可感之性也。

此由鬼神說到感通之理。船山謂魂魄拘限於體，而鬼神則往來於虛，故言感通者，必言鬼神，不言魂魄也。船山又云：

就其所自來，而為魂為魄，各成其用，與其所既往，而魂升魄降，各反其本，則為二物。自其既凝為人物者，和合以濟，無有畛域，則為一物矣。雖死而為鬼神，猶是一物也。實一物也。以祭祀言之，求之於陽者，神也。求之於陰者，鬼也。是所謂陰陽之靈也。思成而翕聚者，神也。未求之先，與求已而返於漠者，鬼也。是所謂至而伸，反而歸也。

此條說魂魄在生前，可以認為是二物，也可認為是一物。鬼神在死後，同樣可認為是二物，也可認為是一物。人死氣散，合於冥漠太空，此即鬼者歸也。待生人祭祀之，思成而翕聚之，由於致祭者之誠心思存，而受祭者之神氣若復臨現，此即神者伸也。此思成而翕聚者，與反歸而合漠者，本是一氣，故說鬼神是一。

船山又云：

陰陽相感，聚而生人物者為神。合於人物之身，用久則神隨形敝，敝而不足以存，復散而合於絪緼者為鬼。神自幽而之明，成乎人之能，而固與天相通。鬼自明而返乎幽，然歷乎人之能，抑可與人相感。就其一幽一明者而言之，則神陽也，鬼陰也。而神者陽伸而陰亦隨伸，鬼者陰屈而陽先屈，故皆為二氣之良能。良能者，無心之感，合成其往來之妙者也。若謂死則消散無有，則是有神而無鬼，與聖人所言鬼神之德盛者異矣。

此一節，仍本上節鬼神是一物之義，而引伸說之。天地間不僅神常存而鬼亦常存。正因人生後，經歷了一番作為，顯出了他一番能，所以死後，後人仍可感得。如推就歷史言，古代世界與現代世界，實仍息息相通，所以得成其為歷史與文化。當知古世界可以引伸出現世界，而現世界亦仍得感通到古世界，如此則古世界依然常存於天地間。此乃船山之鬼神合一論。

船山又云：

用則伸，不用則不伸，鬼而歸之，仍矣神矣。死生同條，而善吾生者即善吾死。伸者天之化，歸者人之能。君子盡人以合天，所以為功於神也。

此條略似朱子之言蘊藏與運用。一切歸藏於冥漠者，只待人善為運用，仍可推陳出新，化朽腐為神奇，又引生出其他變化來。故船山曰「鬼而神」。宇宙引伸出萬物，此為宇宙自然之化。而人能將其已化而過者，善而藏之，故有歷史，有文化。人類自古積累之歷史文化各項業績，此屬鬼。但人類又憑此引伸，故歷史文化不啻成為後代人之一種新自然，則又轉屬神。故船山此處謂盡人合天，以為功於神，這即是「鬼而歸之，仍乎神矣」之旨。

船山又云：

人之與物，皆受天地之命以生。天地無心而物各自得，命無異也。乃自人之生而人道立，則以人道紹天道，而異於草木之無知，禽獸之無恒。故惟人能自立命，而神之存於精氣者，獨立於天地之間，而與天通理。是故，萬物之死，氣上升，精下降，折絕而失其合體，不能自成以有所歸。惟人之死，則魂升魄降，而神未頓失其故，依於陰陽之良能以為歸，斯謂之鬼。鬼之為言歸也，形氣雖亡，而神有所歸，則可以孝子慈孫誠敬惻怛之心合漠而致之，是以尊祖祀先之禮行焉。

此一節，仍伸鬼神合一之旨。所謂鬼者，乃指其神之有所歸。此惟人道始能之，而萬物不能，故曰

「以人道紹天道」。蓋船山力主人類歷史文化乃可與宇宙自然合一相通者，此為船山思想中有創闢而重要之一義，亦即於其論鬼神之一端而可會也。船山又曰：

水之為漚為冰，激之而成，變之失其正也。漚冰之還為水，和而釋也。人之生也，孰為固有之質，激於氣化之變而成形？其死也，豈遇其和而得釋乎？君子之知生者，知良能之妙也。知死，知人道之化也。奚漚冰之足云？

昔橫渠有漚冰之喻，東漢王充已說之，而朱子謂其近釋氏。船山雖崇橫渠，而其持論創說，並不一一遵橫渠之舊。若以漚冰喻人生，則人之死，猶漚冰遇和而得釋，而不知人生有其不釋者。此猶如莊周之說薪盡火然。當知薪在火中盡，而人生如薪亦如火，有其盡，有其不盡。此與子產所謂人以強死而始得為鬼者，義又不同。船山之視歷史文化，正是一化境，能與天地自然合一無間，此正中庸所謂「所過者化，所存者神」。亦是惟知其神，才能知其化也。

船山又曰：

太和之中，有氣有神。神者非他，二氣清通之理也。不可象者，即在象中。陰與陽和，氣與神和，是謂太和。人生而物感交，氣逐於物，役氣而遺神，神為使而違其健順之性，非其生之本然也。

此說人生，本是稟賦了陰陽二氣中之清通之理而生，所以人生有氣兼有神。但人生後，氣逐於物，役氣遺神，把此稟賦所得之神即清通之理隨便使用，如是則神為形役，便失卻了人生之本然。生時如此，死後可知。當其生時，神早不存，則死後又那得會有鬼？

船山又云：

鬼神之道，以人為主。不自慢易，而後容氣充盈，足以合漠。異端唯不知此，草衣木食，凋耗其氣魄，而謂之為齋；疲敝衰羸，且將與陰為野土者為類，亦惡以通神明而俾之居歆乎？

然則鬼神即是人生自然之理，故曰：「善吾生，乃所以善吾死。」若人在生時，以氣逐物，役氣遺神，此固不當。但如方外佛釋之徒，刻苦己生，草衣木食，凋耗其氣魄，未盡人之生理，背乎自然，是謂不善歸，又何能更生起神化？如此說來，則仍還是鄭子產所謂「用物精多，則魂魄強，是以有精爽以至於神明也」。可見船山思想，雖較之子產若已遙為博大宏深，但大體仍是中國思想之大傳統，前後一脈，精旨相通。故本文上引子產，下至船山，備列其所論魂魄鬼神之大旨，僅亦以明此一理論歷久相傳，遞有演進，而首尾宛成一體。而其推衍所及，即在將來之人類思想文化史上，仍當不斷有其作用，仍當不斷另有所引伸發揮。固未可謂前人思想，早已死滅不存，而又未可逆測其演變之所終極、之所將止。此即是中國古人論鬼神一觀念之當前一種具體的示例與實證也。船山云「鬼神之道，以人為主」，此一語更為扼要。故謂中國思想史中所有的鬼神觀，其實盡只是一種人生觀，並由人生觀而直達通透到宇宙觀。宇宙人生，於此合一，則亦所謂「鬼神之德，洋洋乎如在其上，如在其左右」也。

（一九五四年十二月新亞書院文化講座演講，原題為「中國哲學中之鬼神觀」。一九五五年改寫後刊載於是年八月新亞書院學報一卷一期，改題今名。）

儒釋耶回各家關於神靈魂魄之見解

西方古民族，均有對於人死以後靈魂存在之信仰，如古埃及人謂人死靈魂即離肉體之軀殼而去，若他日靈魂重返軀殼，其人仍可復生。彼邦古代對於金字塔之建造，木乃伊之保存，均由此一信念而起。其民族精力財力，消靡於此一信念者甚大。縱謂古埃及文明之不克久久延續，由於此一信念之影響，亦不為過。

其次如古希臘人，亦有靈魂信仰。蘇格拉底云：「死是靈魂與肉體之分離。」又說：「哲學家在使靈魂不與肉體融合。」故蘇氏生前，頗尚苦行，及陷獄中，臨死泰然，殆均與此一信念有關。柏拉圖亦云：「死是使靈魂擺脫肉體之羈絆。」又說：「眞正的哲學家，時時要使靈魂解脫。」大抵蘇氏與柏氏，均信惟有哲學家死後，其靈魂能離開肉體，去到一個眼不能見的世界，與諸神共處。自餘靈魂不純潔，生前留意肉體，死後將變為鬼，出入墳墓中，或入動物體內，為驢為狼，悉依其生前性質為定。

如是，則靈魂應是先在者，謂在其人肉體未生以前，已有此靈魂。又靈魂是不滅者，謂其人肉體既死之後，此靈魂仍存在。是佛家之輪廻說、投胎說，在希臘古哲人中，亦有此等類似之意見也。

惟亞里士多德對於靈魂之意見，較與蘇、柏兩氏不同。亞氏分別心與靈魂，謂心之地位高過靈魂，以其較少與肉體聯結。人之肉體死後，靈魂之其餘部分，亦相隨同死，而惟心獨可以不死。此一說法，若細闡之，似可與中國古人思想較為接近。

較後於希臘，創始於猶太的基督教，乃及更後起之回教，同樣信有天國，信有別一世界存在，同樣把靈魂與肉體分開。即至近代西方哲學興起，遠從康德以來，其思想路徑，都仍沿襲此一傳統，故多把世界分成兩截看，一為永恒的，一為變滅的。或說一是精神的，一是物質的。近代西方哲學界唯心、唯物之爭，其實亦仍是古西方人靈、肉分別觀之變相也。

惟印度佛教不立靈魂義。此可謂在世界各宗教中，乃一種獨特僅有之見解。佛教信有六道輪廻，有餓鬼道，有地獄道，有畜生道，有阿修羅道，有人間道，有天上道。此六道衆生，輪廻六趣，具受生死。因此在佛教教理中，同樣有人、有鬼、有天堂、有地獄，但卻無靈魂轉生之一義。蓋衆生皆由業因差別而分此六趣。「業」之一觀念，實為佛教思想中一主要觀念。一切業皆由無始以來之無明造作與起。然「無明」實與「法性」同體，迷即無明，悟即法性。佛教指點人由迷入悟，即可超脫輪廻，達於涅槃境界。故佛家之所謂「法性」，既非即是其他宗教所信有之靈魂；而佛家所謂「涅槃」，亦非即是其他宗教所信有之天堂。大略言之，佛家思想，較之其他宗教，似與中國思想更為接近。

中國古代，似無如西方民族同樣之靈魂觀。春秋時，鄭大夫子產曾云：「人生始化曰魄，既生魄，陽曰魂。」魄即指人之體魄言。人生先有此肉體，有了此肉體，才始有一種精氣表見。此種精氣表見，具有種種聰明智慧與作用。可見在人生以前，並非先有一靈魂，亦非如佛家所說，在人生前先有一識藏或識海之存在。惟文化人生究與自然人生有不同，此層可從明末王船山說推申。

人死後，此種精氣即脫離軀體而遊散。春秋時，吳季札客葬其子，曾曰：「骨肉歸復於土，若魂氣則無不之也。」此即言人死後，其生前一段精氣即歸於遊蕩流散了。

但人死後此一段精氣，仍可由其親屬生人，運用精氣感召，而使死者之精氣依附在某一物上而不使之遽散。故在中國特重祭禮。祭不於墓而在廟，廟設主，主用木，因其為死者精氣所歸依，故謂之「主」，謂死者遊魂依此木為主，猶如遊客之有逆旅主人也。

古希臘人，亦有靈魂如和聲之說。或問：「琴斷，聲能仍在否？」蘇格拉底答：「和聲不能先琴而存在。但靈魂則先肉體而存在，故二者不能相比。」在中國亦有舉彈琴喻祭禮之效用者。因子孫與父祖血統相近，情感親密，故子孫臨祭時一番孝思，精誠所感，可以重召父祖死者已散之魂氣。猶如舊琴已毀，改張新琴，只要扣準琴弦，依照舊琴所彈之譜重新彈之，則舊琴遺聲，仍可在此新琴上依稀復活。

近代西方人復有將無線電收音機作喻者。一架收音機，可將太空聲浪重新收攝播放。生人之腦，如一架收音機；死者之精神意氣，則如太空聲浪，雖已發散，實仍可收攝復現。

中國古人，又有薪盡火滅之喻。謂體魄朽壞，則魂氣遊散也。故南朝梁臣范縝闢佛，有神滅之論。既主神滅，則死者魂氣不復存在。然亦可言薪盡火傳。此謂前薪雖盡，只要後薪接續，則火終不滅。猶如琴不常好，舊琴壞，重播新琴，而琴聲亦終存在。長江後浪逐前浪，世事新人接舊人。浪花幻滅而江流不斷。此為中國人見解，此乃一種人文歷史的見解，與宗教家之靈魂不滅論大異其趣。

中國古人又謂，人死魂散，而不遽散。在其初死未散以前，或可有某種作用與現象之出現，此等作用與現象，則稱為「鬼」。故「鬼」與「魂」二字，在中國用法，通言之則可合為一，析言之則當分為二。春秋時，鄭子產與晉大夫趙景子論伯有為鬼一節，即備言此意。然鬼之作用，必有時而盡。生人對於死者魂氣之感召，亦有時而絕。故春秋時人有謂「新鬼大，故鬼小」，此謂歷時既久，鬼亦必萎縮而盡也。古人祭祀之禮，小宗五世則遷，因子孫親屬，五世而後，與其祖先年代不相接，感情不相通，祭祀感召，即無靈驗。則人死為鬼亦暫時事，終必澌滅以盡，不能在人世常有其作用。

「神」則與「鬼」不同，論其大端有二：

一、就精神感召言。普通祭祀感召，只限家庭血屬之間。若生前不相親，死後即無從感召。但如忠臣、義士、孝子、節婦，其人生前有一段精氣，感人至深；即在其死後，雖非其血屬親人，只要意氣相通，心神相類，亦可相互感召。其著者如關、岳之神，在彼身後，受人崇拜，歷久彌新，百世而下，儼然如在；凡有忠義之氣之人，對其遺像一瞻拜，對其事蹟一回溯，便覺其人凜然在吾心目間，此等人雖死猶生，故謂之神。神之作用，廣大悠久，與鬼之僅能通靈於其家庭親屬之間者不同，一也。

二、就魂氣作用言。古來大偉人，其身雖死，其骨雖朽，其魂氣當已散失於天壤之間，不再能摶聚凝結；然其生前之志氣德行，事業文章，依然在此世間發生莫大之作用。則其人雖死如未死，其魂雖散如未散，故亦謂之神。周公定宗法，小宗五世則遷，大宗百世不遷。文王為周王室奉祀之大宗，周室緜延八百年，常宗祀文王，文王生前之魂氣，實能於其死後時時昭顯其大作用。故文王身後，為神不為鬼。此其赫然常在人心目間者，實與僅能嘯於樑，降於某地，憑於某人之身而見呼為鬼者之作用，大異不同，二也。

上舉二義，實仍一貫。凡死人之精神意氣，苟能與後代生人相感召，生作用，此即人而為神也。人之生，因具體魄，遂生魂氣。精爽靈明，則為魂氣所內涵之德性。此在有生之物，無不有之，而惟人為最靈，故曰人為萬物之靈。惟其靈，故能心與心相通，情與情相感。人之聰明正直，率本此靈，而人中之聖，尤能妙極此靈，竭其感通之能事。不僅化其生前，既能推而達致於邦國天下，並能及其死後，上通千古，下通千古，鬱之為德行，暢之為事業，華之為文章，使其魂氣乃若常在天壤間。春秋時，魯大夫叔孫豹以立德、立功、立言為三不朽，因惟有立德、立功、立言之人，其身雖死，其所立之功、德、言則常在人世，永昭於後人之心目，故謂之不朽。人能不朽，斯謂之神。人之成神，則全藉其生前之一種明德，一種靈性。故既謂之「神靈」，又謂之「神明」。實則所謂神者，即是其人之明德與靈性之作用無窮不測而常在之謂也。

求之古人，立德之盛者如堯、舜，立功之盛如禹，立言之盛如周公。兼三者而益盛者為孔子。其人越數千年，至今如尚在。求之今人，如孫中山先生，其生前立德、立功、立言，豈不至今仍在人心目間。其人雖亡若存，故謂之不朽，謂之為神也。其實德、功、言三者，究極相通。苟非明德靈性，則三者俱無由立。亦有違其明德，背其靈性，生前作惡造孽，死後影響尚留，然此非其神之不朽，只是其鬼之作厲。如袁世凱之為民國罪人，即其例也。只要社會重見光明，此等惡影響，終必消滅，僅賸惡名，供人吐罵。此之謂冥頑不靈，決非聰明正直、神靈常存之比。故其人死後之為神為鬼，為靈為厲，皆在其人生前之一轉念間。此亦人心之靈一最好具體之例證也。中國古人之垂教深切明顯如是，可不凜然使人知所戒懼奮發乎？故就中國古義言，人生實非有靈魂不朽，只是其人德性之不朽。中國古人，乃指其人之德性之能妙極其功用而稱之為神靈也。

推此義言之，苟重視其功用，則不僅有生之物之在天地間，可有其功用；即無生之物，亦莫不有功用流行。大言之，如天覆地載，山岳出雲氣，江海孕百物，此皆有莫大功用。故中國古人亦莫不謂之有神靈。故中國古籍用神靈字，實近一形容辭，用以形容此人文世界與自然世界之某種功用常存言，非謂在天地間實有某神與某靈之存在也。

天人之際，死生之理，最為難言。宇宙萬有，冥冥中是否有一創造主？人之生前死後，是否有一輪廻流轉之靈魂離此而投彼？此等皆非目前人類智力所能確切指證以明定其無疑義。惟有中國古人對於神靈魂魄之見解，較近常識，適合人道。例證顯明，易於起信。若果循此修持，肉體雖有死亡之日，而精神可以常在不朽。若眞有上帝靈魂，中國人此一套修持方法仍可照樣奉行。若無上帝靈魂，中國人此一套修持方法亦復依然有效。孔子曰：「未知生，焉知死。」莊子曰：「善我生者即所以善我死。」此即中庸所謂「尊德性而道問學，極高明而道中庸，致廣大而盡精微」，此實一套徹上徹下，貫死生而通天人之至理名言也。

（一九五六年八月五日錢穆應蔣公垂問之未定稿。刊載於一九五七年三月中華文化出版事業委員會學術季刊五卷三期。）

再論靈魂與心

原始人生活，身為主而心為副。心機能完全附屬於軀體，只為軀體服務，能獲飽煖安逸則止。待及歷史文化人生活，則心為主而身為副。心機能不復專為軀體服務。軀體獲得飽煖安逸，始是心生活正式開始，身生活只為心生活之預備階層。

其間一大躍進，端因人類有語言創始。其他禽獸，非不有群居集體生活；在群體中之各個體，亦非可謂其絕無心生活；只其所謂心，只屬一種本能。心與心之間，僅以鳴呼傳達。嚴格言之，可謂心與心不通。人類有語言，乃為心與心相通一大機能。語言傳達曲折細微，此心之所感受，可以傳達他心，使同有此感受；此心之所想望，可以傳達他心，使同有此想望。於是此心乃不復拘束在各自軀體之內，可以越出此軀體而共通完成一大心。抑若非越出此軀體，亦將不成為一心。

換言之，此心主要生活，乃不專為軀體作僕隸，而在己心、他心，心與心之間作共同之會通。軀體覺餓則心不安，軀體覺寒則心不安，原始心生活僅止此。此乃原始生活中，心之職責所在，非可謂眞有心生活。心有眞生活開始，乃在不專當軀體僕隸。他心喜樂，己心亦喜樂。他心憂鬱，己心亦憂鬱。此種喜樂憂鬱，可以不關一身事。當在此身已獲溫飽，此心職責已盡，心安無事，乃始感到種種不屬此一己軀體之喜樂與憂鬱。此等喜樂憂鬱，始屬「心」上事，不如饑飽寒煖之僅屬「身」上事。若人生僅求溫飽，此外心更無求，則人生亦如禽生、獸生，無其他意義可言。

人類有文字，乃為心與心相通第二大躍進，第二大機能。文字傳達，較之語言傳達，可以更細微、更曲折、更深摯、更感動。不僅遠地人可用文字傳達，異時人，乃至數百千年以上以下人，文字在，即此心在，此心仍可傳達。於是一人之心，可以感受異地數百千里外、異時數百千年外他人之心以為心。數百千里外他心之憂喜鬱樂，數百千年前他心之憂喜鬱樂，可以同為此時此地吾心之憂喜鬱樂。吾心之於他心亦然。吾心有憂喜鬱樂，亦可使數百千里外、數百千年後之他心，亦與吾同其憂喜鬱樂。此始為吾心之眞生活、眞生命所在。較之吾軀體暫時之饑飽溫寒，與他軀體各別不相關，其間相距，何啻天壤。

故欲研討人生問題，首當知人生有兩世界。一物質世界，身生活屬之。一心靈世界，心生活屬之。此兩世界並不能嚴格分開，但亦不當混併合一。心靈世界似乎必寄附在物質世界上，但人生所能有之心靈世界，實較其所能有之物質世界，遠為廣大悠久靈活而高明。身生活範圍有限，心生活範圍無限。身生活差別甚微，心生活差別甚大。身生活乃暫時的，心生活可成為永久的。孔子「飯疏食，飲水，曲肱而枕之」。顏淵「居陋巷，一簞食，一瓢飲」。就物質生活言，此屬一種極低度之生活，人人可得。但孔子、顏子在此物質生活中所寓有之心生活，則自古迄今，無人能及，乃亦永久存在，永使人可期望在此生活中生活。

但自原始人轉進到歷史文化人，人類生活，不免分向兩途發展，一則仍重物質生活，儘量向物質上謀求，一則轉向心靈生活，改向心靈上完成。西方人生，比較屬前一型。中國人生，乃深進入後一型。如希臘人雕刻，重裸體像，直至近代西方，描述女性，首言三圍。衣服以貼身或露體為美。中國人重畫像，不重雕像；畫像重傳神。顧愷之作人像，頰上添三毫，便覺神明殊勝。穿衣服，求能掩蔽體狀，自具一種美。希臘人建築，堅固精緻，至今尚巍然存在。中國同時代建築，迄今蕩無一存。由希臘上溯至埃及、巴比侖，亦復如是。埃及有金字塔，有木乃伊，中國堯、舜、禹、湯，屍骨墳墓，全已無存。

中國人重心靈生活，故知重語言文字，勝過其他之一切。既曰「同聲相應」，又曰「聲教訖於四海」。此「聲」字即指言語。既曰「書同文」，又曰文章、文化、文教。中國人認為凡人類一切心與心相交相通，而成為人文社會之種種建設，其本皆從人類有文字來，就語言論，流通之廣，莫如中國語。就文字論，傳播之久，亦無如中國字。西方如希臘、羅馬，語言文字皆不同。近代西方，英、法、德、意諸邦，其語言文字，不僅與古希臘、羅馬相異，同時相互間亦各不同。可證西方人在此方面，不如中國人看重。

由於語言文字而影響及於人心。中國人心量寬大，西方人心量狹小。由於語言文字相通，故心與心亦易相通，遂使中國如一人。不僅空間上同時能使中國如一人，即時間上三千年來文字如一，更使三千年相傳之中國如一人。三千年前之人心，尚存在於三千年之後。如今人讀詩經，三千年前人之憂喜鬱樂，凡其心中所存而流露於詩句中者，今人讀之，無不一一恍然如在目前，怦然如在心中，讀兩三千年前人書，不啻親承其謦欬，親接其談吐。故若眞為一中國讀書人，其心生命每可植根濬源於三千年之前。其心生活可以神交千古，亦可以心存百代。凡屬人心所在，可以與我文字相通者，斯彼心即成我心，我心亦為彼心。心靈世界中之生命與生活，殊不當以物質世界中之生命與生活相衡量。

譬之如聲音，如光色，瀰漫空中，一去不返，為人耳目所不覩不聞。只用一機械，由電攝取，由電播送，此聲光即重現在人耳目前。而文字之為用，猶勝電之為用遠甚。電只用於物質界，而文字則使用於心靈界。人類之心靈生命與其心靈生活，乃可一一攝入文字。人能識字讀書，乃可使人深入心靈界於不知不覺中。

抑且中國文字，又能擺脫語言束縛，而更益善盡其功能。西方文字隨語言變，傳遞數百年，活文字即逐漸轉成死文字。中國文字不然。近代人讀三千年前之古詩，活潑新鮮，一如昨日。杜工部詩：「讀書破萬卷，下筆如有神。」中國人喜言「神來之筆」。此種神，即是其人深入心靈世界中，而沉進於心生命、心生活之深處；其一己之心靈，已非當身物質界人生之所能拘縛與影響，而一若有神寓乎其中。此決不指詩筆之技巧工拙，乃是此詩所寄之心靈之能上通千古，下通千古，而所以成其神。

杜詩又云：「高歌但覺有鬼神，餓死不知塡溝壑。」餓死塡溝壑，乃物質界、身生活方面事。高歌有鬼神，乃心靈界、心生活方面事。生活既深入心靈界，自會把物質界方面淡忽了。中國文學人生如此，藝術人生亦如此，道德性理人生更如此。至於物質人生，則苟合苟完苟美，每知適可而止。近代西方自然科學突飛猛進，使中國瞠焉在後。然如印刷術，遠在中世紀，已為中國人發明。中國人非無物質發明之智慧，乃是興趣不屬，亦可謂乃是其生活在另一天地中，心靈為主，物質為奴。主人方安居，自不願為僕隸多費心力。

西方人於心靈人生未獲滿足，乃求補償於靈魂信仰。人之前生過去世是否有靈魂，仍屬一謎。但縱使有靈魂，靈魂與心不同。軀體是隔別的，靈魂亦是隔別的。心與心貴能相通，合成一大心，此即成一心靈世界。人能進入心靈世界中生活，每一人之軀體小我，亦各得在其心靈上，轉成為一大我。靈魂進入天堂，在天堂中生活，仍是每一靈魂各別生活。故天堂生活，當仍與塵世生活無大異。西方個人主義，即從其靈魂信仰來。中國人生活理想，則貴心心交融，兩心化成一心。如父慈子孝，父與子各別是一我，但慈孝之心則互通為一。此心在孔子謂之「仁」。仁即在塵世中。家庭有此仁，此家庭即如一天堂。社會有此仁，此社會亦即如一天堂。此是一道德天堂。千百年前古人，仍可與千百年後今人心相通。千百年前古人，即如仍生活在千百年後人心中。古人在現社會依然存在顯現，則稱之曰鬼神。此非古代人之靈魂之各別存在，各別顯現之謂。鬼神乃由古人生活在心靈世界中，今人亦進入心靈世界生活，遇見古人心靈，乃見其為一存在，一顯現。此為鬼神之存在與顯現，斷非是靈魂之存在與顯現。

中國人死去，其子孫後人作一牌位，即稱「神主」，安置家中，子孫後人見此牌位，即如覩先人，引起紀念回想種種心靈活動，則若鬼神之如在其上，如在其左右。故鬼神乃屬人在心靈世界中生活之所感觸，所想像，而靈魂則屬生活在物質世界中人所想像。在物質世界生活中，彼我為父子，然僅此一世而止。在前世，在後世，此兩靈魂，即不復為父子，彼此無甚深關係。靈魂與靈魂，惟各別與上帝有關係。耶穌教人當以愛上帝之心來愛其父母。此當是人對人不能直接有愛，必透過上帝而有愛。換言之，則是心與心不能直接相通，亦必透過上帝而始得其相通。

西方人言愛，乃偏重到男女之愛上去。原始人即有男女之愛，禽獸亦有雌雄之愛。然河洲之雎鳩，僅能關關和鳴，自不如人之能喁喁細語。心相通而後愛則深。由此分向兩路，中國人由愛轉仁，進向心靈世界中生活。宗教信仰亦可謂是一種心靈生活，然標準教徒必主獨身，如天主教之有神父、修女。蓋男女之愛，亦屬物質世界生活中事，不足代表心靈生活也。

西方自文藝復興，都市興起。循至今日，自然科學多為物質世界服務，而宗教勢力亦漸衰退。人類之心靈生活，在西方乃更式微。中國人慕效西方，急求在物質生活上急起直追，推原禍始，乃認為中國人在心靈生活中沉浸已久。塞源拔本，首主文字改革，唱為白話文，力求文字現代化，庶可杜絕其與古人之通道。如是則心靈生命並歸一源，惟知有當前之現代，四圍之物質界，乃不知有歷史文化之悠久生命，與夫天地自然之廣大生命。斯其為禍之烈，恐終有不可勝言者。

然心靈生命，本當與物質生命並存並榮，本當以當前現實人生為對象。前古人心，與當前人心，乃至往後人心，本可一氣相通，自然形成一大生命。即認為一切在進步中，前古人心如童蒙，則人生本自童蒙進步而來。果使遺棄割絕了已往童蒙時期，其人將永遠為童蒙，否則為一精神病者，當入瘋人院。今日吾國人，已不惜以童蒙自居，乃無如此現世之中風狂走，亦將歸入瘋人院中何。

物質人生，不能使人人盡為大亨鉅富。心靈人生，亦不能使人人盡為大聖大賢。然而物質世界，終屬分別占有。心靈世界，則屬共通享受。莊子言：「鷦鷯巢林，不過一枝；鼹鼠飲河，不過滿腹。」此指物質世界之生活言，教人勿無限求進。但心靈世界則不如此。心靈世界乃是廣大宏通，悠久無疆，一入其中，人可各得滿足，而又欲罷不能。竊謂中國古籍，早已開此境界，亦無奈吾今日國人之相率過門而不入，裹足而不前也。

（一九七五年三月中央月刊第七卷第五期，原題為「談心」。）

重中魂魄鬼神義

中國民族傳統文化中，獨不自創一宗教。中國人亦無與其他民族同樣之靈魂觀。此兩事乃有甚深關係。中國人獨於人心有極細密之觀察。中國人常以性、情言心。言性，乃見人心有其數千年以上之共通一貫性。言情，乃見人心有其相互間廣大之感通性。西方希臘人好言理性，此僅人心之一項功能而止。中國文化之最高價值，正在其能一本人心全體以為基礎。中國古人常兼言「魂魄」。左傳樂祈曰：「心之精爽是謂魂魄。」是魂魄亦指人心言。故曰「心魂」，又曰「心魄」。又曰驚魂、斷魂、銷魂、傷魂，又曰詩魂、遊子魂。此諸「魂」字，顯皆指人生時之心。水經注：「瞰之者驚神，臨之者駭魄。」本草：「安神定魄。」張耒詩：「蕭森異人境，坐視動神魄。」雲笈七籤：「主管精魄謂之心。」此證凡諸「魄」字，亦皆指人生時之心。劉向新序：「龍降於堂，葉公見之，失其魂魄。」此「魂魄」字，明亦指當時之心。

中國人又常以心、身對言，而心更重於身。故亦每分心為二。有附隨於身之心，有超越於身之心。中國人重其後者，不重其前者。左傳：「子產曰：『人生始化曰魄，既生魄，陽曰魂。』」此處魂魄字，即指人生時之心知。小戴禮：「形既生矣，神發知矣。」人之心知，其先乃附隨於人之身軀而始有，故子產曰：「人生始化曰魄。」魄即指人之心知之附隨於人身者。呱呱墮地即知飢寒，此皆魄之所為。史記：「酈食其家貧落魄，無以為衣食業。」無衣食之業則飢寒交迫，「落魄」猶言失其心知。惟其所失落，乃屬體膚飢寒之知。又如言病魄、醉魄，皆有關於人身。雲笈七籤：「載形魄於天地，資生長於食息。」言形魄，亦猶言體魄。左傳：「趙同不敬，劉康公曰：『天奪之魄。』」不敬，乃屬體之失形，故曰天奪之魄。故知中國「魄」字乃指人心之依隨於形體者而言。

知己之飢，斯亦隨而知人之飢；知己之寒，斯亦隨而知人之寒。人之飢寒屬於人之身，不屬己身，而己亦知之，此乃人心超越於身之知。中國古人稱此曰「魂」。江淹賦：「黯然銷魂者，惟別而已矣。」傷離惜別，乃屬人心之一種情感。親朋之身，離別遠去，與我身若無關。故知傷離惜別，乃屬一種超越身體之知。劉勰文心雕龍：「形在江湖之上，心存魏闕之下，神思之謂也。」此種神思乃屬魂，非屬魄。惟此種知屬後起，由附隨於身之知發揚開放，乃始有之。子產曰：「既生魄，陽曰魂。」如知飢知寒，其心幽於一身，故曰陰。由此發揚開放，乃能視人之飢寒一如己之飢寒，此心能超越己之形體以為知，斯其知乃始光明照耀，故曰陽。

左傳疏：「附形之靈為魄，附氣之神為魂。」形是各別所私，氣則共通之公。魄之所知屬私，故僅曰「靈」。魂之所知，超於私而屬於公，故異其名曰「神」。此兩語分別魂魄兩字極明晰。宋儒黃勉齋曰：「耳目之所以能視聽者，魄為之也。此心之所以能思慮者，魂為之也。」魏鶴山曰：「人只有個魂與魄。人記事自然記得底是魄。如會怎地搜索思量底，這是魂。魂日長一日，魄是稟得來合下怎地。如月之光彩是魂，無光處是魄。」此兩人言魂魄，亦皆就人心功能與其作用言，而魏氏言之尤深湛。由此可知，中國古人言魂魄，自先秦下迄南宋之末季，無不指言人生前之心知。惟有依隨於身與超越於身之別。魂、魄之分即在此。

魏伯陽參同契有曰：「陽神日魂，陰神月魄。魂之與魄，互為宅室。」月因日光以為光，故月屬陰，日屬陽。己飢己溺，此屬形魄之知。人飢人溺，乃超越己之形體以為知。古人以前一種知歸之形，乃是魄之所知。後一種知歸之神與氣，則屬魂之所知。惟魂知仍必附隨於魄知，故曰「互為宅室」。惟魄知人所易有，如伊尹知民飢民溺，猶己飢己溺之，由是而樂堯舜之道。堯舜之道在己身外，此等知乃屬神氣之知。堯舜之道之在天地間，亦如神與氣之充盈無不在。人若惟己身之知，則人道將闇塞不彰，故屬陰。超越己身之知，乃可使人道光昌，故屬陽。然如伊尹之知樂堯舜之道，乃必附隨於伊尹當身之知以為知，是亦「互為宅室」也。

小戴禮：「魂氣歸於天，形魄歸於地」，此乃言及人之死後。人之生前，知飢知寒。及其死後，形歸於地，魄亦隨之歸於地，不復有飢寒之知矣。魏鶴山有云：「魂散則魄便自沉了。今人說虎死則眼光入地，便是此理。」虎視眈眈，其眼光何等有神氣！但虎死不復視，其眼光亦隨之入地了。惟超越形體之知，則不隨形體以俱沒。如見父知孝，見兄知弟，此等知，屬於陽、屬於魂，乃不隨形體同歸失落。亦如大氣之運行於空中，此等知亦常散播人間，表現於每一人之形體。詩曰：「孝思不匱，永錫爾類。」如堯舜與周公之知孝父母，此等知乃不隨身俱歿。後人之知孝父母者，不絕繼起，乃若與舜、周公同一知，而且會不斷引伸發揚。如舜之孝瞽叟，父母感格，其事尚在舜之一家。及周公孝文王，繼志述事，影響及於天下。此下孝的故事，日益擴大普遍，而其影響所及，亦成為無微不至。故一人之死，乃死其身，死其附隨於身之知。而別有超越其身之知，則可不死常在，而且引伸變化莫測。故曰：形與魄則歸於地，魂與氣則歸於天。人之生，不僅有身，乃亦有氣。不僅有魄，乃亦有魂。人之死，魄隨形埋歸於地，魂則隨氣散播於天。古人之魂氣，仍可常在，流傳於後世千萬年之下，故曰歸於天。

左傳疏：「魂魄雖是性靈，但魄識少而魂識多。」此明以魂魄說為人之性靈。如知飢寒是人性，知孝弟亦屬人性。人心有靈能知，即其性。但知飢寒，必隨身亡失。抑且飯而飽，即失其飢之知。衣而溫，即失其寒之知。至於知孝弟，不因得父母懽心即失其知。抑且其身既沒，其知猶存，並能綿延長存於千百世之後。此亦即「魄識少，魂識多」之意。

易繫傳：「精氣為物，游魂為變。」如言精誠、精識、精靈，亦言人之心知。沈約神不滅論：「精靈淺弱，心慮雜擾。」言精靈亦猶言心慮。氣則猶言形，物者萬物，人為萬物之靈，亦一物也。「精氣為物」，猶言合心與身而為人。逮人之死，乃有不隨人之身以俱死者，是為魂。魂亦心知，乃已超越人身，不隨俱滅，乃若能離此死人之體而游於太空，又隨後人之身而復活，故曰「游魂為變」。如舜之孝，變為周公之孝，又變為閔子騫、曾參之孝，又變為千百世下千萬人之孝。凡此人文社會之文化傳遞，演進無極，皆是此游魂之為變。小戴禮亦曰：「體魄則降，知氣在上。」知氣即游魂也。

若從人生論轉入宇宙論，如淮南子云：「天氣為魂，地氣為魄。」此謂人身之魄，屬於地氣。人身之魂，則屬於天氣。此亦猶言魄屬陰，魂屬陽。但所從言之微異其辭，不必拘說。庾開神論謂：「天地者，陰陽之形魄；變化者，萬物之游魂。」此一說更超豁。天地亦僅屬一形體。若就形而下之具體平面觀之，則天地亦只是陰陽之形魄；若就天地之無窮變化言，則皆萬物之游魂為之。如此則不僅人類有魂，即推之萬物亦各有魂。只從每一物之生命言，若僅見有形魄，各限於其體；若從萬物大生命言，則此大生命乃貫徹流通於每一小生命之內，而各成其為游魂之轉變也。

老子稱魂魄為「營魄」，有曰：「載營魄，抱一，能無離乎？」注：「營魄，魂魄也。人載魂魄之上得以生，當愛養之。喜怒亡魂，卒驚傷魄。」陸機詩：「迨營魄之未離，假餘息於音翰。」又曰：「營魄懷茲土，精爽若飛沉。」注：「經護為營，形氣為魄。經護其形氣，使之常存也。」此言形魄知飢寒，魂之為知，則知所以經營護衛之方。魏鶴山云「魄主受納，魂主經營」是也。雲笈七籤：「形骸以敗散為期，營魄以更生為用。」此皆沿用老子「營魄」字，然亦明指魂魄，非有他義。魂魄可分為二，故老子繼之曰「抱一」。有附隨於身之知，有超越於身之知，老子意，二者不當分離。然又曰：「能嬰兒乎？」又曰：「為腹不為目，歸真反璞。」蓋以人文演進，主要在人之心，而尤主要者，則在人心之魂。老子之意，則在預戒其偏進之為害也。

如上所述，凡中國古籍言及魂魄，皆指其人生前之心知言。惟魄乃附隨其身之知，魂乃超越於身之知，此乃其主要之區別。及人之既死，所謂鬼神，亦隨其生前之魂魄而異。易繫傳：「精氣為物，游魂為變，是故知鬼神之情狀。」小戴禮：「宰我曰：『吾聞鬼神之名，而不知其所謂。』孔子曰：『氣也者，神之感也。魄也者，鬼之感也。合鬼為神，敬之至也。』」此處氣字即指魂，魄字即指體。中國古籍言魂常兼言神。莊子書：「解心釋神，莫然無魂。」後漢書樊宏傳：「令臣魂神，慚負黃泉。」李端詩：「沉病魂神濁，清齋思慮空。」是也。言鬼則多指魄。王充論衡：「人死，精神生天，骸骨歸土，故謂之鬼。鬼者歸也。」骸骨指身言，斯魄亦隨之歸土也。關尹子：「明魂為神，幽魄為鬼。」又曰：「靈魂為賢，厲魄為愚。」又曰：「升魂為貴，降魄為賤。」可見人生兼有魂有魄，死乃為鬼為神，皆指人生之功能與變化，非實有其物，如世俗所想像也。

盧仝詩：「海月護羈魄」，羈魄猶言羈魂，乃言旅人之心神也。溫庭筠詩：「冤魄未歸荒草死」，冤魄亦猶言冤魂，然已在其人死後。可見魂魄字，生前死後皆可用。而此兩詩皆用「魄」字，不用「魂」字。不僅為字音平仄，亦因羈旅之與戰場死者，皆因身而言魄，更為妥愜也。張泌詩：「莫把羈魂弔湘魄。」湘魄指其沉湘之屍，羈魂乃指羈旅者之心情。此皆見詩人用字之斟酌。羈魂指生者言，湘魄指死者言，尤證魂魄字生死皆可用。而中國古人之魂魄鬼神觀，亦可隨處而得所證明矣。

亦有人死而確見其為鬼者，如春秋時鄭人之相驚以伯有，子產釋之曰：「人生始化曰魄，陽曰魂，取物精多則魂魄強，是以有精爽至於神明。」史記張晏注引此曰：「匹夫匹婦強死者，魂魄能依人為厲。」朱子釋之曰：「死而氣散，泯然無迹者，是其常。道理恁生有托生者。是偶然聚得氣不散，又怎生去湊著那生氣，便再生。然非其常也。」又曰：「游魂游字是漸漸散。若是為妖孽者，多是不得其死，其氣未散，故鬱結而成妖孽。」又曰：「人有不伏其死者，所以既死而其氣不散，為妖為怪。如人之凶死，及僧道既死多不散。若聖賢則安於死，豈有不散而為神怪者乎？」可見人死曰鬼，鬼者歸也，乃言其無此物。至世間確見有鬼，中國古人亦不否認，不謂絕無其事，只謂是一種偶然變態，非事理之常而已。

朱子又曰：「天地間一個公共道理，更無人物彼此之間，死生古今之別。若以我為主，則只是於自己身上認得一個精神魂魄有知有覺之物，即便目為己性，把持作弄，到死不肯放捨，謂之死而不亡，乃是私意之尤者。」此番言論，極為豁達開通。凡認人生前死後，有一靈魂轉世，又或認死後靈魂可上天堂享樂，皆所謂私意之尤。故為悲觀論者，乃謂人世是一罪惡，必有末日之審判來臨。為樂觀論者，則務求發展物質，供人身享受，以為人生進步端在此。此皆不識天地之大公理，與夫人類大生命之意義也。

世界各宗教中，與中國傳統文化對於人生觀念之較接近者，厥為印度之佛教。佛教亦無靈魂觀。魏書釋老志稱其要義，謂：「生生之類，皆因行業而起，三世識神常不滅。」此言「識神」，略如中國人言人生前之魂。然中國人言魂不言轉世，而佛教則言識神流轉，於是有輪迴；此則與中國人之人生傳統觀念大異。朱子又曰：「乾坤造化，如一大洪鑪，人物生生，無少休息，是乃所謂實然之理。不憂其斷滅也，今乃以一片大虛寂目之。而反認人物已死之知覺，謂之實然之理，豈不誤哉！」此論專是針對佛教而發。人類生前之心，有能得人心之同然者。此為由心返性，即孟子所謂「盡心知性，盡性知天」，亦可謂之由人合天，是即由每一人生前之小生命轉進到人類繼繼繩繩萬世不絕之大生命中，而何復有斷滅之憂！而人類此一短暫渺小之小生命，乃能寄存於大生命中，隨以俱前，此可謂之至神。故小生命歸入天地自然則謂之鬼，升進到大生命中而變化無盡則謂之神。中國古人之鬼神觀，亦惟如此而止。

朱子又曰：「聖賢所謂歸全安死者，亦曰無失其所受於天之理，則可以無愧而死耳。非以為實有一物，可奉持而歸之，然後吾之不斷不滅者，得以晏然安處乎溟漠之中也。」此論可以指斥其他民族所抱之靈魂觀。至於佛教，則並求此三世流轉之神識歸於涅槃滅盡，以免輪迴之苦。此雖與其他民族所抱之靈魂觀若有不同，而其同歸於挾持私意，違反自然，則一也。

蘇子由有曰：「精氣為魄，魄為鬼，志氣為魂，魂為神。禮曰：『體魄則降，志氣在上。』眾人之志，不出於飲食男女之間，與凡養生之資。其資厚者其氣強，其資約者其氣微，故氣勝志而為魄。聖賢則不然。以志一氣，清明在躬，志氣如神。故志勝氣而為魂。眾人之死為鬼，而聖人為神，志之所在異也。」依蘇氏言推之，凡務於物質之發展，競求資生之厚者，其氣強，一時若不可侮，而終不免使人生流入鬼世界。中國古人重魂輕魄，務求人人聖賢化，使人生如在神世界。而其氣之不免趨於微弱，亦所當戒。故老子必曰「抱一」，魏伯陽言「魂魄互為宅室」，而小戴禮亦必曰「合鬼與神」也。孔子適衛，告冉有先富之，繼以教。管子書言：「衣食足而後知廉恥，倉廩實而後知榮辱。」惟此衣食倉廩亦當有節制，非可如近代西方之自由資本主義，一意向物質享受、財貨富利作無限之競爭。此乃中國傳統文化一主要精義所在，古今一貫，乃迄最近世而變。然其為禍為福，為失為得，亦可不待久而知。殷鑒不遠，即在當前之西方而可證。

中國民間，復有言神仙一項。朱子曰：「氣久必散。人說神仙，一代說一項。漢世說安期生，唐以來不見說了，又說鍾離權、呂洞賓，而今又不見說了。看來他也只是養得分外壽考，然而久亦散了。」是朱子對神仙傳說，亦如其對言鬼厲，言託生轉世；社會有此傳說，儘不加否認，但明其非常道耳。論語：「子不語怪力亂神。」又曰：「敬鬼神而遠之。」正亦此意。君子修其常，小人道其變。惟變終必歸於無，此即是鬼。常自可通於久，此即是神。在神通悠久之中，亦自可包含有怪力亂神；而怪力亂神，終不能神通悠久。中國文化要旨即在此。

既言鬼神，自有祭祀。孔子曰：「祭神如神在。吾不與祭，如不祭。」此處只言祭神，不言祭鬼。鬼屬體魄，已降於土而歸於無，自無可祭。故人之所祭皆屬神。雖一庸人，當其生，若碌碌無所表其異，然其於子女，生之育之，撫之翼之，生前既心相通，死後必神相感。故古者不墓祭，獨奉神主以供祭祀。神主即死者生前神魂所棲。死者之魂，何以能棲於此木？此乃父母子女心相感而若見其如此，所以謂之神。古有神主，無神像。像屬形，已為鬼，然見像可以增思，故後世終不廢。要之父母之死，其在子女心中即神也。故曰「己不與祭如不祭」。

朱子亦曰：「所謂鬼神者，只是自家氣，自家心下思慮才動，這氣即敷於外，自然有所感通。」

又曰：「奉祭祀者，既是他子孫，畢竟只是一氣，所以有感通之理。」由此言之，祭祀必兼重所祭與其主祭者。思慮未起，鬼神莫知。若主祭者漠不動心，何從召其所祭者來享？然則鬼神豈不仍在活人心中乎！故曰：「神不歆非類，民不祀非族。」即山川之神，古人亦只祭其在己境內者。魯人只祭泰山，不祭嵩、華之嶽。若或祭之，嵩、華嶽神亦不來享。民族文化必尊傳統，其要義即在此。

王充論衡有曰：「天下無獨燃之火，世間安得有無體獨知之精？」又曰：「天地之性，能更生火，不能使滅火復燃。能更生人，不能令死人復見。」王氏此言，乃主世間無鬼，卻不能論世間無神。鬼以體魄物質言，神則以魂氣精靈言。今姑以火為喻。火本非物，乃是一種燃燒作用。然燃燒起於一物，乃可蔓延及於他物。星星之火，可以燎原。人心亦然。心非物，然心之作用，則可起於一心而蔓延及於千萬年億兆人之心。從中國人言之，此種心作用，屬魂，不屬魄；乃神，而非鬼。惟不能憑空起火，亦必憑於物。故中國人常兼言魂魄鬼神。莊子養生主亦曰：「指窮於為薪，火傳也，不知其盡也。」薪即指此有涯之生，火乃指此無窮之生。薪為鬼，火則其神也。薪乃生之奴，火則生之主也。莊子外篇又曰：「古人之書，乃古人之糟魄。」不知古人之書，乃古人精魂所寓，非糟魄也。今人讀莊周、王充之書，尚若與此兩人同坐而可上下其議論，則古人之意，何不可以言傳？惟讀古人書，貴能心知其意。若自心為糟魄，則亦無奈古人書何也。

（原載一九七五年六月一日、二日聯合報副刊）

漫談靈魂轉世

中華民族沒有和其他民族一般的靈魂觀念，遂使中華民族有與其他民族特異之宇宙觀、人生觀，而形成其文化之特異演進，此層大堪注意。佛教東來，亦沒有靈魂觀，但其「業識輪迴論」，實與其他民族之靈魂觀，有可會合之處。或其「業識輪迴論」，即從其他民族之靈魂觀中脫胎而來，亦未可知。此層有待深究原始佛學者，作進一步之研討，此不詳論。

若如其他民族所言，人生前有靈魂，死後仍有靈魂，則與佛教理想涅槃眞空之終極境界相違異。故佛教雖言投生轉世，卻不採靈魂轉世之說。但其說「業識」，乃與其他民族言靈魂仍是小異大同。至於中華民族之傳統觀念，則認從宇宙界產生人生界，人生來自自然，亦回歸自然，人生與自然之中間，更無另一存在。故每一人之生與死，只是一自然，其過程則全在人文界。遂以造成中華民族惟一看重人文精神之一項特出的文化傳統。但自佛教傳入，投生轉世之觀念，亦在中國社會中盛行，而靈魂觀念，亦藉此滲入。惟在高級智識分子中，則視此為俗說。

靈魂轉世，是否眞有其事，迄今尚不易得一確否之定論。猶憶在民國初年，余方弱冠，報載安南某地，一嬰孩能自言其前世，乃係中國山東省某縣某村某姓，其家有妻有子女。安南方面曾致書山東某縣，囑加查詢，均係實情。其時我淺見寡聞，深憾中國方面沒有派人去安南更作查詢。此後才知西方社會，如此等事，不斷有考訪紀錄，至今益盛。靈魂轉世，固尚未能信其必有，但亦不能疑其必無，此事尚待研窮。但有一層可斷言者，此等事，就中國傳統文化言，乃與人生正道不相容。

即如那安南孩子，彼既不能重返山東，仍為人父，但也不能在安南某家中安分做一孩童。直要等他年事日長，把前世記憶全忘了，才能歸到人生正道上來。做一日和尚，撞一日鐘。做這一世人，便該專心一意在這一世做此世的人，不應再記憶著前世。靈魂是靈魂，人是人。那靈魂既已投進人生界做人，便該安分守己徹頭徹尾做此世的人，不該還牽涉到那未為人前之靈魂那一面去。

人生短短百年，而靈魂則可以無限轉世。中國社會迷信傳說，前世兩人是寃家，這一世卻成為夫妻父子，正是一方對另一方報仇索寃。如此則靈魂界便來擾亂了人生界。耶穌教信有靈魂，所以耶穌教人該把愛上帝之心來愛父母。正因這一世彼是我父母，上一世，下一世，又不知是何關係。人生只如萍水相逢，靈魂則只與上帝有關係。但在中國，人只在此一世做人，更無前世、來世。彼則正是我此一世之父母，在彼亦並無前世、來世。彼之為我父母，天長地久、獨一無二。我不盡孝，機會一失，百身莫贖。此身則只是此身，此世亦只是此世，人生可貴正在此。

又如佛家之說輪迴，亦幸而只是一宗教信仰，其事祕密不為人知，並亦無從追究、證實。否則其父若前世是一豬，其母前世是一狐狸，其子前世是一狼，其女前世是一蛇，試問此世如何成得一家庭？親戚鄉黨社會相知識人，或其前世是偷、是盜、是殺人犯、是流氓惡霸，如是等等，幸而不自知，又各不知，否則試問又何以相處？故眞信輪迴，還是出家為僧是第一正道。眞信靈魂，則還是如西方中古時期始較是近理生活。惟有中國儒家提倡一套孝弟忠恕人生大道，安分守己，樂天知命，但究竟與宗教信仰靈魂、輪迴諸說，有其不相融洽處。

今再問，亞當、夏娃，偷食禁果，謫降為人，此兩人則是先有靈魂，後始為人。其他人類，全由他兩人衍生而出，應不是在天堂裏早有此幾十億靈魂絡續貶謫下地。佛說由人造業而有輪迴，則亦非在未有人類前，早有輪迴定局。故人不造業，則歸涅槃世界，超出輪迴，還於第一義空。在此方面，佛說是可交代了。但業何由始，佛家也只能說無始。而且，如猪如狐狸如狼如蛇，禽獸亦不能不造業輪迴。若佛法大行，有福德智慧的，逐漸超出輪迴，而其他眾生，不易超脫。佛又說：我不入地獄，誰入地獄？眾生不超脫，佛也不超脫。如是則此輪迴，不僅無始，亦將永無終極。眞超脫的，也只是些自了漢。又說到靈魂，若靈魂只在人生界，由人生而始有，則是否每一人定有一靈魂，死後上天堂，下地獄，或再轉世為人。此層亦還得再究。

男女交媾受孕，只是一自然現象，似乎並不是有一靈魂趁在此時來投胎，而是為懷孕十月胎胞脫離母腹，呱呱墮地時，此另一靈魂乃始投入此嬰孩身上轉世為人。似乎一般靈魂轉世說，只是如此。則試問每一人生時，是否定由一靈魂轉世？今姑承認有靈魂轉世，但究是極稀有之事，不知幾萬生命中，偶有一靈魂轉世之現象出現，究不能以一推萬，說每一人都是靈魂轉世。人生是一常，靈魂轉世是一變。今日人類知識所能承認者，似乎最多亦只能到此為止。

而且此另一靈魂之前世記憶，明是一客體；而此新生嬰孩，始是此生命之主體。客體附進此主體，終將為此主體所克服而消失其存在。故凡靈魂轉世，不久後，凡屬前世記憶，必全歸消失，那豈不是此另一靈魂也等於消失了。此後乃有此嬰孩之正常生命，亦有此嬰孩之正常心智。如前述民初那一安南小孩，勢必逐漸忘卻其為中國山東某縣某鄉某老人，而確切明白其自己之身世，與對於四圍父母以次家庭、鄉里、國家、民族等種種之關係，此嬰孩乃始自有其生命。今無端被一中國山東某縣一老人之賸餘生命侵入此嬰孩之生命中，而反客為主。此如一盜寇其入，屋中主人受其脅迫，暫時失卻自由。這一現象實在要不得，故說其與人道不相容。今若承認此安南嬰孩此下之生命乃是中國山東某縣一老人生命之延續，則整個人生皆將為之改觀。只有末日清算，始是此世界正當之歸宿。

故說靈魂與生命不同。此安南嬰孩之生命，乃自其父母媾精時孕育而來。靈魂則是生命過程中一種心智意識作用，附隨於生命，而不即是生命。當五十萬年乃至一百萬年前之原始人類，與近代人可謂同具有生命，但其心智意識則大不同。那時人，是否已有如後代人死後靈魂上天堂或下地獄等想像，自難懸揣。在其時，猿猴與人類生命至相近，是否猿猴亦有靈魂？佛家之輪迴論，認定生命只是一業，常此輪迴，只入涅槃乃得無生。則一切螻蟻蝗蝻，凡屬生命，皆有作業，應皆在此輪迴中。此一輪迴勢將成為極端複雜，無可究詰。但儘說螻蟻蝗蝻亦有生命，有作業，有輪迴，卻不可謂其亦有與人相同之靈魂。此雙方之信仰，又是誰眞誰偽，誰可信誰不可信？

今只謂靈魂是生命中一種心智意識，而又自我觀甚強者。如禽獸眾生，亦可謂其有某種心智意識作用，但並不有甚強之自我觀。似乎生命階級愈高，則自我觀愈強，而人類之自我觀尤為最強，乃有所謂個人尊嚴。然若謂人生界之前後，尚有靈魂界，則人生界實如一戲臺，靈魂界則如其後臺。演劇者皆從後臺化裝出演，演畢仍歸後臺卸裝。臺前演戲，全非眞我，全部人生，那得認眞？帝王將相，聖賢豪傑，全屬臨時扮演，何嘗有自我尊嚴可言？悲歡離合，啼笑歌哭，臺下為之感動，臺上人寧不自知其虛假？一俟歸至臺後，便全沒有這會事。若人生界背後果有一靈魂界，則全部人生，百萬年歷史傳遞，豈不只如在演戲？此與人類所持有之自我尊嚴感，實不相容。耶穌說：凱撒事由凱撒管，上帝事由他管。人生界全屬凱撒事，靈魂界始屬上帝事。故凡屬宗教信徒，則必具謙卑之德，亦必備出世之情。而中國傳統文化精神，則徹頭徹尾以人文為本位。靈魂觀自所不能接受，而宗教亦不能由中國人自創。

今縱謂靈魂轉世有其事。惟首當辨者，靈魂乃人生以後事，非人生以前事。換言之，乃是有了生命乃始有靈魂，並非有了靈魂乃始有生命。中國古人言魂魄，即在生命後，不在生命前，與其他民族所信之靈魂有不同。近代西方人研究靈魂轉世，似乎偏重在考驗其事之眞偽，即靈魂轉世事究否可信。今即信其確有，亦當繼續追問何以有此事發生，即何以在人世間突有此靈魂轉世之現象？卻不當認為凡屬人生，均係靈魂轉世。換言之，即當問其人死後，何以有此靈魂遊蕩，而遂得投胎轉世？卻不能認為每一人死後，皆有一靈魂遊蕩，以待投胎轉世。

即如民初山東某縣某老人投胎安南轉世復生，即當注意查考此一山東老人之生前種種，研究其何以有死後之靈魂遊蕩，更重要於詢問安南某嬰孩之一切。惜乎近代從事靈魂學者，關於靈魂轉世事，多側重其後一節，卻不著重其前一節。

中國人言鬼魂，似乎頗知注重其前一節。如言其人驟死，如寃死、溺死，或自縊死，或突遭強暴死，往往易有鬼魂出現，正命死者則否。推此言之，靈魂轉世，亦是一特殊事項。或其人生前自我觀太強，故其死後，尚留一番記憶。用中國古語言之，乃是一時魂氣未散，偶著嬰孩新生之體，遂有靈魂轉世之現象。此亦猶如鬼魂出現，縱謂有此事，但只偶然，非常然，不當作過分之解釋。

中國人看重生命，更看重群體之大生命。惟群體大生命，即在各別自我之小生命上表現。果無各別自我之小生命，即不見有群體大生命。尤其是歷史文化人生，苟無群體大生命，即不能有各別自我之小生命。各別自我之小生命，附著在各別自我之身。群體之大生命，則寄存於家國天下。如一人在家庭中，知孝知弟，必其自我之小生命乃與家庭大生命融凝合一，不見有甚大之分別。家之在國，國之在天下，亦然。其相互間關係，中國人稱之曰「禮」。禮字即如體字，只非一身之小體，乃一共通之大體。身之小體有心，此大體亦有心，孔子稱此心曰「仁」。孔子曰：「克己復禮為仁。」此即是要把關切各別自我小生命之心擴大轉移到共通群體之大生命上去。每一人在家中，不能只顧其自我小己生活，不管一家人生活。若其視一家人生活，亦如秦人之視越人，肥瘠痛癢，漠不關心，其人即是不孝不弟，不仁無禮，一自私自利，只知有自我觀，而又自我觀過強，成為一不知大體之小人。

曾參乃一孝子。其父杖之，「小杖則受，大杖則走」。在曾子心中，不僅顧及自己，亦顧及其父。其父必有不快於彼，乃持杖擊之。若是小杖，於己體不至有大損傷，逃避，將使其父心更不快，故忍痛受了。若其父持大杖，可使己身受重傷，或使其父事後生悔，亦使自己在重傷中不能孝養其父，所以只得逃避不受。可見曾子心中，不僅顧慮到自己，也顧慮到他父親。父與己，如在一體上考慮。此之曰孝，亦即是仁。孔子曰：「為仁由己。」父親打他，其事或不仁；但他斟情酌理，走避，或忍受，便沒事，卻即是歸於仁了。可見仁道貴在由己來做。若專要別人做，則父要子孝，子要父慈，相互間成一相爭局面，那裏猶見有仁？故孔門講仁道，一面要「克己」，一面要「由己」，全放在己身上。儒家看重自我尊嚴，應能把小我融入大我中乃有，絕非僅有自我觀者所能瞭解其中之意義。

中國人看重此仁道，亦即是人道，而同時又即是天道。天生人，不生一各別自成之人。換言之，人則絕不能各別自成。如男必配女，夫婦為人倫之始。亞當必與夏娃同時降生。故人倫即是天理。天為至尊，亦必配地。故說「一陰一陽之謂道」。若使有天無地，便也不成道。又說：「乾道成男，坤道成女。乾知大始，坤作成物。」有始不能沒有成。易卦分陰陽，又分長幼。有了大人，必有小孩。必待有此陰陽長幼之別，乃始成人道，同時亦即是天道。若在人生以前有靈魂，靈魂是否也必分男女？若靈魂亦分男女，亦該有長幼，如是則靈魂界亦宛同於人生界，天堂亦無異於塵世。若使靈魂界更無男女長幼，須待投入塵世乃有，則靈魂界實已屈從於人生界，天堂反而屈從了塵世，這裏似又說不通。中國人言人生，則直從天地大自然說起，不須先構想一上帝與靈魂。

但人自有生，往往易造成一自我觀。人生亦不能無此一自我觀，只不宜太過分。如生必有死，而認為我實未死，仍有一靈魂存在，而且此靈魂又遠在我生前，遠至我死後，長與天地同在。或自我觀太強之人，更易生此種想像，亦易信受他人此種想像。西方社會自我觀太強。希臘人越洋經商，拋妻別兒，風濤險惡，異地生疏，全賴自我一人，若向茫茫不可知之前途單槍匹馬奮進，乃易於引生一種強烈的自我觀。中國自古便成一農業社會，生於斯，長於斯，老於斯，葬於斯，人生與土地結不解緣。春耕夏耘，秋收冬藏，又與天時氣候結不解緣。而且夫耕婦饁，子牧牛、女守家，五口百畝，通力合作，融成一生活體。每一人之自我觀，不會太強烈。而且深深體會到其小我生命之上自父祖，下傳子孫，其家庭、墳墓、宗祠，皆可為之作證。因此不易信受單獨一靈魂輾轉來往於斯世之想法。

中國人亦言神仙長生不死。但神仙不死，仍從身生命起念。既重身生命，亦不免要從群體大生命中脫出。此較接近莊老道家出世思想。孔子儒家之生活理想，則徹頭徹尾在群體中。孔子曰：「吾非斯人之徒與而誰與？」曾子曰：「任重而道遠；仁以為己任，不亦重乎！死而後已，不亦遠乎！」孟子曰：「天將降大任於斯人也。」任有大小，而總是有一責任存在。人身小生命，乃以其所屬之群體大生命為責任。責任既重，死了方卸責。百年的身生命，已覺路途夠遙遠了，總該有一卸責之時。范仲淹為秀才時，即以天下為己任，「先天下之憂而憂，後天下之樂而樂」。那樣的心理習慣，在其生命過程中，長知有家國天下，卻像不知有己。己身小生命，只像一擔子，擔子上挑的，乃是家國天下群體大生命。試問他小生命終結，死了，生前重擔放下，儻使死後有知，生前的心智意識尚有存留，他所留戀不忘的，豈不還是那擔子，還是那擔子上所挑的一切？因此在中國社會上聖人、賢人死了，應沒有靈魂轉世之事。其他民族所抱的靈魂觀，由中國聖賢看來，好像人生重擔，只該由他一人挑，只知有己，不知有人，絕不是「克己復禮」之道。

今再說，由宗教講來，靈魂降世乃是犯了罪來受懲罰。由一般世俗來看，靈魂入世，乃如旅客漫遊，相互間既是素不相關，一旦聚首，逢場作戲，各尋一番快樂而止。西方中古世紀後轉出文藝復興，不能說沒有這番心理。大都市乃至資本主義由此踵起。尋快樂引起打架，打架後還只是尋快樂。稍可作為警戒的，一面是死後之地獄，一面是生前之法堂。此百年的短暫人生，眞覺無意義，意義只在永久長存的靈魂界。但天地生人，卻又偏偏不生他成為一完整人，只生他或男或女的成一半面人。於是人生唯一意義，好像只在男女戀愛上。但戀愛、結婚、離婚，亦只是各人自由。自由之上，更無其他道義可言。及其生男育女，又只是另一靈魂轉世，與夫婦雙方各無關係。所以自我觀，即個人主義，會繼漲增高，而個人尊嚴，則反而低落了。個人主義下之個人尊嚴，亦只是各別尊嚴他自己，誰也不會來尊嚴誰。不像中國人講人倫，父慈子孝，乃是子尊其父，父嚴其子。兩人合挑一擔子，你得尊嚴我，我得尊嚴你，否則那擔子會挑不起。此則是講道義，不是講自由。

近代西方，自然科學興起，生物學、生理學、心理學，都插不進一靈魂觀。他們說是上帝迷失了，其實也是靈魂迷失了。但近代西方之靈魂學者，同樣以自然科學方法來作研尋。據所報告，似乎不能一概否認靈魂轉世之確有其事。但據中國人舊說，仍是一種魂氣不散，偶發的現象，亦如寃鬼為厲一般，卻可與整個宇宙觀、人生觀無關。不能只據此等事，便認在人生界以外另有一靈魂界。而在中國人傳統的人生理想、人生修養上，則縱使每人生前有此一靈魂，每人死後仍有此一靈魂，亦貴在能消化此靈魂歸入人生，來善盡其人生道義。而此生前死後之一靈魂，則寧可置之不問，把它忘了。即如你上臺演戲，該一心一意和臺上其他角色共同演出一好戲，卻不要只想後臺。此是人生大藝術，亦是人生大道義。孔子「不語怪力亂神」，又曰「敬鬼神而遠之」。既不定要否認，卻不表其重視。若套用耶穌的話來說，不如說上帝事由耶穌管，世間人生界一切事，還是由孔子管，比由凱撒管，會好得多。

（原載一九七五年六月四日、五日中華日報副刊）

生命的認識

每一人各自最寶貴他的生命。

生命最具體，然亦最抽象。因其最具體，故最易認識。亦因其最抽象，故亦最不易認識。生命又最多變化，亦於變化中見進步。人類生命，乃生命中之最進步者。然因其最進步，故亦最不易認識。

生命有大小。如草可說是一小生命，樹可說是一大生命。樹有枝有葉，每一枝葉亦不可不說他是一生命，只是小生命。而樹之本身，則可稱是一大生命。有時當犧牲小生命來完成大生命。如秋冬來臨，樹葉凋零，逢春再發，即是犧牲了葉的小生命來完成樹的大生命。故一樹生命，可達數十年百年以上，而樹葉則年必一凋。有時為求樹之生長，而修剪其枝條，亦是犧牲小生命來完成大生命。為求樹之繁殖，又必開花結果。花謝果落，生命極短，但另一樹之新生命，則由是開始。花果亦可說是小生命，為樹之大生命而始有其意義與價值。

生命最早何自來，此事尚不為人所知。生命最後於何去，此事亦尚不為人所知。今所可知者，生命乃自生命中來，亦向生命中去。

何以謂生命從生命中來？如樹上長枝葉，開花結果，父母生育子女等，其事易知。何以謂生命還向生命中去？其事若不易知。如樹葉凋零，為求樹身完長。樹葉失去其小生命，為護養樹身之大生命。故曰生命還向生命中去。人人期求長生不老，但若果如願，將妨礙了此下的幼小新生。故每一人必老必死，乃為著下面的新生代。故知生命之死亡，乃為生命之繼續生長而死亡。換言之，則一切死亡，仍死亡在生命中。

由「身生命」轉出「心生命」乃是生命上一絕大變化，絕大進步。

一切禽獸眾生，皆已有心的端倪，亦有心的活動，但不能說其有了心生命。惟到人類，始有心生命。但在原始人時期，其心生命亦未成熟。須待人類文化愈進步，其心生命乃益臻成熟，益臻壯旺。

最先，是身生命為主，心生命為副，心只聽身的使喚驅遣。但到今天，心生命已轉成為主，身生命轉退為副。換言之，主要的生命在心不在身。在先，飢飽寒暖是人的生命中最大要事。心的作用，只在謀求身的溫飽上見。但至今，則喜怒哀樂，始是人的生命中之最大要事。人生主要，不僅在求溫飽，更要在求喜樂。而所喜所樂，亦多不在溫飽上。

喜怒哀樂，是心生命。飢飽寒暖，是身生命。飢飽寒暖，僅在身體感覺上有少許分數相差。喜怒哀樂，則在心情反應上有極相懸殊的實質相異。

身生命是狹小的，僅限於各自的七尺之軀。心生命是廣大的。如夫妻、父母、子女、兄弟，可以心與心相印，心與心相融，共成一家庭的大生命。推而至於親戚、朋友、鄰里、鄉黨、社會、國家、天下，可以融成一人類的大生命。此惟心生命有之，身生命即不可能。

身生命極短暫，僅限於各自的百年之壽。心生命可悠久，常存天地間，永生不滅。如堯舜的心生命，可謂至今四千年常存。孔子的心生命，可謂至今兩千五百年常存。存在那裏？即存在後世人心裏。古人心、後人心，可以相通相印，融合成一心的大生命。

即如歌唱彈奏，亦皆出自人類心生命之一種表演。聲音飄浮空中，一逝即去，不可復留。然而由心生命所發，則可永存天壤間。一代大音樂家，他的身生命，隨其屍體，長埋地下，腐壞以盡。但他生前一歌一曲，只把來譜下，後人可以依譜再奏。此歌此曲，可以在人間時時復活。古代詩人寫下一首詩，收在詩經三百首裏的，豈不到今已三千年，但依然不斷有人在誦這首詩？孔子說的話，記在論語裏，豈不到今已兩千五百年，但依然不斷有人在說這許多句話？音樂如此，文學義理更如此。這是人類心生命不朽之明證。

人類的歷史文化，便是由人類心生命所造成。禽獸眾生，僅有身生命，更無心生命，因此不能有歷史文化。原始人乃及現代有些處的野蠻人，沒有進入到心生命階段，亦不能有歷史文化形成。人既在歷史文化中生下，亦當在歷史文化中死去，其心生命亦當投入歷史文化之大生命中而獲得其存留。但其間有有名，有無名。有正面的，有反面的。歷史文化中正面有名人物之心生命，乃是在心生命中發展到最高階層而由後人精選出來作為人生最高標榜、最上樣品的。我們該仿照此標榜與樣品來各自製造各自的心生命。

身生命賦自天地大自然，心生命則全由人類自己創造。故身生命乃在自然物質世界中，而心生命則在文化精神世界中。精神世界固必依存於物質世界，但二者究有別。如音樂歌唱，必依存於喉舌絲竹，喉舌絲竹屬於物質世界，必待人類心生命滲入，其出聲乃成為音樂。風聲水聲，只是物質世界中之自然音，伯牙鼓琴，高山流水，雖說是模倣自然音，而注入了伯牙一己之心生命，乃成為人類文化精神世界中之產物。物質世界之自然音，可以時時消失，時時變；但注入了人類之心生命，則不易消失，不易變，而可以永久常存。

近代自然科學，亦是人類心生命所貫注、所寄存。但科學知識，只在物質世界中。科學創造，科學應用，亦仍在物質世界中。此等皆可變，可變則有進步。惟科學家之精神，乃是科學家之心生命之在精神世界中。此項生命與精神，則可常存天地間不變。自哥白尼、牛頓以來，天文學、力學皆已變，皆有進步。新知識產生，舊知識即消失。但牛頓、哥白尼之心生命，其在精神世界中者，可以至今不變、不消失，乃亦無進步可言。今人敍述哥白尼、牛頓天文學、力學之發現，主要乃在由此而見兩人之心生命之依然存在。至其發現，則至今已盡人皆知，不煩詳述。

有關人類身生命之享受，皆在物質世界中，亦有變，亦可有進步。目前中國人之身生活，較之兩千五百年前孔子之身生活，不知變了多少，而進步了多少。孔子時代之物質世界，至今全變了，全消失，全不存在了。孔子的身生命，也已同樣消失。但孔子之心生命，則在精神世界中，依然常在，永不消失，並亦不可變，因亦無進步可言。不能謂今天人類的心生命，已較孔子為進步。

今再以樹為喻。根埋地下，幹枝葉花果伸出空中。沒有根，即無幹枝葉花果。此如人類沒有了身生命，亦將沒有心生命。但樹生命之主要表現，應在其幹枝葉花果之不斷伸長與發展。樹之根，乃為樹生命之基本，但不能即以此代表樹生命。水與土，營養了樹的根；陽光空氣，則營養了樹的幹枝葉花果。自然科學物質創造亦如地下水土，只營養了人類的身生命，音樂、藝術、文學、哲理、宗教信仰、文字著述，則如空中之陽光空氣，營養了人類的心生命。兩者各有意義，各有價值，太偏重了一邊都不是。

但有時，身生命和心生命會發生正面衝突。中國傳統文化，一向能懂得心生命之意義與價值而加以重視。孔孟遺訓，殺身成仁，捨生取義，即是教人要能犧牲身生命來完成護衛其心生命。歷史上此等豪傑聖哲，古今不絕書。即舉臺灣嘉義吳鳳為例。

吳鳳的身生命，早消失了幾近兩百年。但吳鳳的心生命，卻永存不朽，常在精神世界中。只要我們有心想接觸他，立刻便可接觸到。阿里山可以不斷開發，不斷改觀，今天的阿里山，已與兩百年前大不同，但吳鳳的心生命，則依然是那時的，不壞不變，可以赫然如在我目前，肅然如在我心中。每一人只要能投入此生命精神世界中，自會遇見他存在。這並不是一種宗教信仰，也不需任何科學實驗，又不是某種哲學思維與文學描寫，這乃是一件具體事實而表現在各人心中的一項生命精神。只要以心會心，自可知之。

軍中生活，有時易使心生命活躍勝過身生命。換言之，軍中生活，都該由心來支配身，不該由身來支配心。又當使千萬個身只在一條心上活動。貴會都是經此訓練的人轉身來服務社會。歷年成績，亦已昭彰在人耳目。我曾親身目覩過貴會許多成績，尤其是花蓮太魯閣到天祥那一段橫貫公路，我幸能在正修工時去參觀過兩次。使我深深體會到人類心生命之偉大與其幽深之表現。不明白其中意義的人，只認為是人身的勞力發生了作用。但當更透進一層來看到人心之艱苦卓絕與其萬眾一心之歷久不懈、每進益勵的那一番心生命精神之在其背後作主，乃使天地為之變色，山川為之改觀，風雲氣象，從奇祕中發光明。此多年來，遊人踵至，驚心動魄，莫不嗟嘆欣賞此一段偉大工程。但當更透進一層，體會到那是一番人類心生命之活動與努力。

然此尚是具體易見之事。更透進一層，便見臺灣開發三、四百年來，到處都可想見我們中國人閩粵同胞心生命所寄託之痕迹。更進一層，便知我中華民族國家歷史文化之所積累完成者，亦莫非由我中華民族四千年來之心生命之所積累而完成。

心生命必寄存於身生命，身生命必投入於心生命，亦如大生命必寄存於小生命，而小生命亦必投入此大生命。上下古今，千萬億兆人之心，可以會成一大心，而此一大心，仍必寄存表現於每一人之心。中華四千年文化，是中國人一條心的大生命，而至今仍寄存表現在當前吾中國人每一人之心中，只有深淺多少之別而已。若不在此一大心中生活，此人便如沒有其生命，只如禽獸眾生般，有其狹小短暫之身生命而止。

今天我得機會來此作演講，亟盼貴會諸君子益警惕、策勵此心，各把每人的個別心會通成一群體之共同心，又能上接古人心，下開後世心，來發榮滋長我中華民族的歷史心與文化心。如此，亦使各人的心生命乃得永存不朽於天地間。

（國軍退除役官兵輔導委員會演講辭，原載一九七五年五月九日、十日中華日報副刊。）

人生何處去

人生向何處去，亦可答稱：人生必然向死的路上去。生必有死，但人死後又向何處去？此一問題，乃從人生問題轉到人死問題，其重要性也決不在人生問題之下。

解答此問題者，可舉三說為代表。一佛家說。佛教雖起在印度，但其完成與暢行，則全在中國。佛教言人死當歸涅槃，涅槃乃一種虛無寂滅義。一切現象，皆在寂滅中來，亦向寂滅中去。但人生還向寂滅，事有不易。人身由地、水、風、火四大合成，人死則四大皆空。但人生時有作業，此業則不隨四大俱去，仍留存有作用，於是佛家乃有「輪迴」之說。生前作了業，死後會仍回入世。如是則死生輪迴，永無終止，譬之如一大苦海。故人生前，唯當減少作業，俾可逐漸超渡此苦海。先求出家，擺棄父子、兄弟、夫婦種種親戚關係，又須節縮衣食種種要求，把人生作業盡量減少至最低度。尤須能轉換作業，大慈大悲，救苦救難，方便幫助人同出此苦海。如是乃得逐漸回歸涅槃。至於消極自殺，如投身懸崖等，亦非正途，因其生前作業仍在，將仍不脫輪迴之苦。其次是耶穌教，上帝創世，亞當、夏娃犯罪被謫，降世為人。果能知罪修行，及其死後，靈魂仍可回到天堂。

耶、佛兩教雙方之宇宙論及人生論各不同。耶教有上帝、有天堂，人生由天堂因犯罪惡墮落入塵世，故耶教對此人生，主張一種「原始罪惡論」。此塵世即是一罪惡聚，必有一末日，受上帝之總清算。佛教則無上帝、無靈魂，只有此作業輪迴之苦海。佛教亦有往生極樂世界之說，但此極樂世界，實際即是一淨土、一涅槃，一切皆空，應非如耶教之天堂。

佛教入中國，已在東漢後。耶教更後，其流行已在明代之末。中國人在此兩宗教傳入以前，自己另有一套信仰。此當以儒家教義為主。子路問死，子曰：「未知生，焉知死？」孔子意，要懂得死後，先要懂得生前。生是此人，死亦是此人。若不懂得生前那人，又如何會懂得死後那人。然則人究是什麼呢？孟子曰：「仁者人也。」大家總認此六尺之軀之此一個我為人，其實此六尺之軀之此一個我，卻並不眞實即成為一人。人必在人群中成一人，必在與其他人配搭下始成為一人。如嬰孩初生，若無父母養育，亦得其他人養育，否則此嬰孩如何得成人？其實，嬰孩成人，也只成了一我，還不得眞稱成一人。自然生人，根本便是不完全的，或是男，或是女，各得一半。必男女相配搭，乃得再生下一代人。故中國人稱男女交媾為「人道」。無此道，也即無此人了。慈孝之道，老幼相顧；夫婦之道，男女相悅；此皆是「人道」，亦即是「仁道」。人在仁道中始成人。鄭玄說：「仁者，相人偶。」這是說人與人相配搭始成仁，即猶說人與人相配搭始成人。從此義說下，亦可說：人從人中生，亦向人中死。

遠在孔子前，魯國人叔孫豹有「三不朽」之說。若把此六尺之軀認為人，人死了，一堆骨肉，終歸腐爛，那有不朽之理。縱使如古埃及人作為木乃伊，好像此六尺之軀依然存在，但此活的人則究已死了。但若深一層看，每一人之生，必生在其他人之心裏，如嬰孩必生在其父母及其他養育他之人之心裏。同樣道理，其人之死，亦必死在其他人心裏。其實死後無知，在死者自己，或許並不知他自己之死。則每一人心裏，在其生前，其實是只有生，沒有死；但在其他人心裏，則知他死了。換言之，也只是在活人心裏知有死，因而為他悲哀，弔祭他、紀念他，還好像他沒有死般。豈不他依然仍活在其他人心裏。但此亦為時有限。若此種心情能永久維持，其人長在他人心中，此則謂之不朽。

叔孫豹以立德、立功、立言為三不朽。立言不朽，最易明白。如叔孫豹說了三不朽那番話，兩千六百年到今天，仍多人在說他那番話，那番話像並不死，則說那番話的叔孫豹，也像並不死，好像叔孫豹仍在說他那番話。立功如大禹治水，若使沒有夏禹，洪水氾濫，那時的中國人早全淹滅了。後世的中國人，紀念夏禹，永不忘懷，便像夏禹沒有死。立德好像最不關他人事，如大舜之孝，只是孝他自己父母，與其他人無關。但孝心是人類之公心，孝道是人生之大道，自舜以來四千年，中國社會不斷出孝子。那些孝子，固亦各孝他們自己父母，好像與舜無關，亦復各不相關，但他們那一番孝心，則大家共同相似，亦都與舜相似。所以在舜生前他那六尺之軀早死了，但舜生前那一顆心，則好像仍活在人間，因此亦謂之不朽。而且較之立功、立言更深入、更直接，因此乃居三不朽中之第一位，最為不朽之模範與標準。

但孔子為何不稱述叔孫豹那番話？據今推想，孔子只教人為人則盡人道，且勿管死後。對父母自該孝，若為求立德不朽而孝，那就此心夾雜，有所為而為，不得為純孝。我只應一心求孝，我自應學舜盡孝道，縱使我不知有舜，我一心純孝卻與舜暗合，但不該為要學舜之不朽才來孝。活一天做人，便該盡一天之人道，且莫管死後，所以說「未知生，焉知死」。人之生前，只是在人群中盡人道，乃始算得是一人。孔子之言人生，主要即在共同此一心，長久此一道，而總名之曰「仁」。至於孝弟忠恕，乃只是此仁心仁道發露之一端。人生即賴此共同之心與長久之道所維持。至於何人能在此人生中死後獲不朽，似非孔子所計及。

孔子又說：「有殺身以成仁，無求生以害仁。」活一天做人，便該盡一天人道。若在人道上要我死，我便該死。我之死，亦為盡人道。死亦只是人生中一大道。若使人人不死，下面新人又何從能不絕地生？但在人道中則只該有人有道，不該於人與道之外別有一我。我是個人的，單一個人不得成為人。人道則是共通的。須得有了人始有我，我須得在人中稱我。嬰孩學語先能稱媽，乃能稱爸，然後乃能稱我。苟若無人，何來有我。只要有此人，便該有此道。亦只因有此道，才始有此人。故我今日為人，便該有道。道應我死，我便該死。可見人之死，乃是為道而死。在自然之道中，人必該有一死。在為人之道中，人有時該自盡，自求死。死亦只是人生中一道。「子絕四：毋意、毋必、毋固、毋我。」若有了我見固執，必欲此，不欲彼，私意既生，自不願死，死後猶更欲求不朽，豈不仍是一我見？而孔子用心則不在此。故曰：「朝聞道，夕死可矣。」道即指的人生問題，死亦已在內了。死後如何，便可不問，故孔子不談不朽，亦不討論人死問題。

但中國孔子以下之儒家，仍然常稱述叔孫豹之言三不朽。此只是退一步言之。只要不妨害到第一義，還可有第二義。孔子言仁，此是人生中第一義。叔孫豹言不朽，則已是第二義以下了。因人在人中生，還向人中死，人死後亦當還在人中，於是乃有所謂鬼神之傳說。鬼神有兩種，一是人心中之鬼神，一是人心外之鬼神。孔子敬鬼神而遠之。孔子亦不定說人死後無鬼神存在，此指人心外之鬼神；只說我敬他便是，此指人心中之鬼神。生前死後，既屬兩個世界，死後的世界我不知，則我敬他也就不必要近他。而且也與他無可相近。故孔子及儒家只重祭祀。祭祀亦仍只是盡人道。孔子說：「祭神如神在，我不與祭，如不祭。」果使祭者之心不在，斯所祭之神亦如不在。必待祭者心在，斯所祭之神亦如在。可見死人之神，還是在活人心中，不朽亦只不朽在活人之心中。孔子曰：「甚矣我衰也，久矣我不復夢見周公。」可見當孔子未衰時，周公之人格與其事業，即周公之神，日常活躍呈現在孔子之心中。如此則豈不周公在孔子心中，一如其長在。但到孔子衰了，周公人格在孔子心中之活動也退了。這裏便有兩邊道理。似乎叔孫豹遠去向那邊說，而孔子則拉近來向這邊說。固然亦實是一個道理，亦只是一個事實，但經過叔孫豹說，還得有孔子說；而經了孔子說，則可不再有叔孫豹說，但亦仍不害其有叔孫豹之說。

孔子又說：「人能弘道，非道弘人。」若說鬼神即是道，亦可說，人能使鬼神在人間活現，但鬼神實是無法使他自己活現來人間。若如我們今天不信孔子之道，孔子之道也便不能在今天的中國社會中活現。孔子早已死在兩千五百年之前，那裏還有孔子之神存在？孔子所著重說的只是這一面。但若我們自己心念一轉，只在我心上轉念到孔子，則孔子之道乃及孔子之神，便如在我目前，亦如在我心中。叔孫豹說的乃是這一面。只要我們懂得了孔子所說，叔孫豹之說，便已包含在內，說也得，不說也得。

後代的中國人兼信佛教。如說人生爭衣爭食，爭權爭利，到頭死了一場空。這也未始不是。但既知死後一場空，何不生前不爭不奪好好為人？叔孫豹所言之德、功、言，固亦是人生中之業，但不是自私自顧作惡業。能立德、功、言，至少已是諸惡莫作。若果死後有輪迴，在六道中，至少亦必向上面輪迴，決不至向下面輪迴。所以人儘可在家作優婆塞、優婆夷，不必定要背棄父母，拋離妻子，出家為僧為尼。果能信從孔子之生前，豈不與信從釋迦之死後，還可兩全其美。

更後代的中國人，又兼信了耶教。但信耶教，仍亦可兼信孔子。孔子教人孝弟忠恕，仁義廉恥，修身齊家治國平天下。豈不在其生前，也已盡可能贖了罪？果使有上帝、有靈魂，孔子死後，他的靈魂也會奉召進天國。豈能因孔子在生前未知有耶穌，未信奉耶穌教義，上帝也把孔子靈魂和魔鬼一般罰進地獄；那上帝豈不太褊狹，太自私了！所以在明清之際的中國人，一面信上帝耶穌，一面仍想保留孔子教孝、祭祀祖先之遺俗。其先為梵蒂岡拒絕，但到今則此爭持也漸歸平息了。

此刻科學昌隆，天文學、生物學上種種發現，在西方有「上帝迷失」之歎。但在中國，若把孔子儒家所傳的心性之學來體會耶穌的十字架精神，豈不反可更直接、更明白，不煩在上帝創世與降生人類的傳說上來多尋證據，多作辯護。又如舉世在衣食權利上奔競攘奪，若有某民族、某社會一意信奉佛教，群相出家離俗，為僧為尼，豈不將迅速自取滅亡？也只有如中國孔子儒家講求修齊治平大道，先能自求生存，而亦並不背於釋迦大慈大悲、救苦救難的那一套出世精神。佛家說：「做一天和尚撞一天鐘。」又說：「我不入地獄，誰入地獄。」在今天，信中國孔子教義，也正如做和尚撞鐘，也正是先進地獄，好救人出地獄。

我們的蔣公，畢生信奉孔子儒義，但亦信佛教。如在日月潭，為紀念其母王太夫人，修建了一座慈恩塔。至其信耶教，則人人皆知。以一人之身，而兼信了儒、釋、耶三教，於此正見中國傳統文化涵義之宏通而廣大。此刻蔣公崩殂，依佛家教義說，在其六道輪迴中，應趨向何道；依耶教教義說，其靈魂是否直接已上了天國；凡此皆待各人信仰去決定。但他老人家，顯然仍活在我們人人心中。立德、立功、立言，應長垂史籍，傳世不朽。此則依中國儒家義言，更屬明白可知，確切可信。三教精義，我不能在此刻深求，我再提出宋代理學家「喫緊為人」一語四字來奉獻於凡信教人，信任何教，乃至不信教人，相與共勉。

（原載一九七五年五月九日聯合報副刊。）

人生之兩面

一

人生是一個整體，但為研討方便起見，不妨將它分成兩方面來講。一是內在的心靈，一是外在的身體。心靈生活亦稱精神生活，身體生活亦稱物質生活。粗略言之，由大自然物質中醞釀出生命，再由生命中醞釀出心靈。但亦可說，只要有生命的，便有心靈精神。直從下等微生物開始，最少也可說便具有一個求生的意志。稍進一步，便有一種保生的智慧。更進一步，便有一種樂生的情感。此皆是一種心靈精神生活附隨於身體物質生活而見。亦可說意志在先，智慧次之，情感最後，此為一切生命心靈作用進展之三階層。可是生命演進到人類，便見與其他生命大不同。其他生命，都是以物質生活為主，心靈精神只是一種副作用，來幫助其物質生活的。而人類生命，卻似反轉過來，以心靈精神的生活為主，而物質身體的生活，轉成為幫助心靈精神生活的副作用。主役之間地位互易。其他生命，像是以物質生活為目的，心靈生活為手段。人類生命，則以心靈精神生活為目的，而以身體物質生活為手段。我們中國人說「人為萬物之靈」，此是說：人也是一物，也是一種生物，只人在生物中特別有靈。這個「靈」字就指的心靈，也可稱之為「靈明」或「靈覺」。明與覺，是人類此心最重要的功能和作用。就自然演化言，先有了物質然後才有生命，有了生命然後才有心靈，這是進化程序一步步地如此向前推進。所以在生命中，心靈是最後進化所得，最有價值，又是最有意義的。我們說人的心靈精神生活乃超出於身體物質生活之上，只說的是事實，不是任何人所發的某種高論。

在人類生命中，最偉大的一點成就，就是人類能成群。成群也不只是由人類開始，動物間也已慢慢進展到有群，尤著的如蜂蟻。但人在群體生活中，又有了家庭、社會、國家和民族，這些全不是其他生命以物質生活為主的所有，而是由精神生活中產生。人的生活，又有最重要的一點，就是人對自己生命能夠感到快樂。剛才所講的求生意志，乃及如何保持生命的一些智慧，此是大多數生命所同有。只有一種樂生之情，乃最為人生之特出處。當然理智、情感可相通，但究不是一個。求知識，不一定便是快樂。快樂屬於情感方面。多數動物能哭不能笑。小孩子初生墮地，第一聲就是哭，要經過一段時期後才會笑。笑是人類所獨有，乃在大自然生命演進中一種最寶貴的樂生之情。中國人稱「孩童」，「孩」字就指笑。人生普遍理想，應該少哭多笑。人生既以樂生之情為其最高發展，而仍不能免於哀傷悲痛而有哭。此種哀傷悲痛之哭，亦為人生情感中最可珍貴的。動物不會笑，也同樣不會如人之哭。換言之，哀與樂是眞人生，是人生之眞境界。

樂生先要能安生。生命在危險中便不安，當然就不樂。這個樂，不在身體上，不從外面加進去，而乃發自內心。人活著要吃，不吃就不能保持生命，但這是物質人生，屬於身體所需要。從動物到人類都如此。要求吃飽，事很簡單，但要吃得知味，便轉移到情感，轉移到心靈人生方面來。中庸上說：「人鮮不飲食，鮮能知味。」知味有多少階層，人與人不同。高級的人，才懂得高級的味。低級的人，只懂得低級的味。同是一碗鷄湯，在不同環境中吃，其味就各不同。鷄湯從外面吃進去，但味則從心靈內部感覺到。有時，一個人吃粗茶淡飯，比別人吃鷄鴨魚肉還好，這就是味不同。這個「味」字，在人生中牽涉很廣，也很深。我們總要自己生活得有味。由此可知，人生主要，應該是高出於物質人生之上的內部人生，應該是心靈的。其他動物，乃是以身體物質生活為目標，以心靈精神生活為手段的一種「心為形役」的低級生命。高級生命則「形為心役」，以身體物質生活為手段，以心靈精神生活為目標。我們定要認清楚，在人類生活中，心的價值意義，遠勝過了身的價值意義。我們試看全世界人類，那一個民族的歷史文化傳統能特別看準了這一點來加以提倡的，則只有我們中國人。我們中華民族的文化，看重心靈人生。這並不如我們今天所說，只是某些人所提倡的一種道德教訓，這乃是天地間生命順序之自然發展。我們中國人只是根據了這個自然實況而來加以發揮而已。

二

其次要講到物質身體生活與心靈精神生活之不同處。物質身體生活，大家都一樣。餓了要吃，冷了要穿，倦了要休息。但從另一面講，此種人生，乃是個別不相通的。我喝一杯水，與你不相干。吃飯各飽了各自的肚子，你吃飽了，別人並不飽。你穿暖了，別人並不暖。因此，在這些上，就必然會引起人類間相互的爭奪。但是精神生活便大不同，這是一體相通的。如今天在座諸位，若大家是來聚餐，該得準備多少吃的東西。但今天是來聽一次講演，一人講，大家聽，這是心與心之相通，是精神的。一人心中話，可說給人人聽。但一人手中食，不能拿供人人吃。中國人有句話說：「一人向隅，舉座為之不懽。」滿堂飲酒，有一人向隅悲泣，則一堂皆為之不樂。這是心靈精神方面的事。人生必到了心靈精神人生，才有這樣一個共通的境界。老子書裏說：「既以為人己愈有，既以與人己愈多。」假使我今天是一個廚司，做菜請大家吃，大家吃飽後走了，菜亦沒有了，所以來吃的也必得出錢買。但今天我是來講演的，將我心中話講給大家聽，不僅諸位聽到，我自己也會對我自己話有增添，有生發。這不是我講給諸位聽後，而我自己反而更多了嗎？吃的、穿的、住的，一切物質方面的東西，不能把給人。我把給了你，我自己就沒有，或者減少。至於心靈精神方面的，給予了人，自己一點也不減少，只有興起他人心靈上之共鳴。所以老師教學生，定會「教學相長」。歌星唱歌，定要有人聽。西方有些電影明星，不願意拍電影，而願意在舞臺上表演。因為在舞臺上表演，下面有觀眾，心與心當下交感相通，他會感到更快樂。我們人都抱有一種意志，我的意志，得你贊成，我的意志會更堅強。我的智慧也不能老放在腦子裏，會枯槁窒塞，要得向人傳播，和人討論，智慧會更發展。這是精神生活。物質生活主要是鈔票、珠寶或者是權力。有了權力可以拿到財富，但財富權力都不能給予人；給予了人，自己就沒有。這是我們內在的心靈精神人生與外在的身體物質人生所不同之處。

加以物質生活為時甚短。早晨六時進早餐，中午十二時仍得進中餐，下午六時又得進晚餐。飽吃一頓，只能維持一段時間肚子不餓。又且物質生活必是有限的，水喝夠了就不要喝，飯吃飽了又不要吃。但過了一段時間，又要喝，又要吃。疲倦了要休息，但睡久了便不能再睡，定要起身。所以這些都是一種有限度的滿足，距離一段時間就沒有，下面要再來求滿足。老是如此重複，吃了還要吃，睡了還要睡。天天這樣，年年如此，而也沒有多大進步。我們不要認為今天的物質人生是進步，今天我們吃一頓早餐，各色食品可以來自美國、非洲、歐洲或南洋，在以前是帝王所吃不到的，現在平民都可以吃到；但是吃下去了只是一個飽，在飽與飽之間，則並沒有進步。顏回「一簞食，一瓢飲，在陋巷，人不堪其憂，回也不改其樂」。諸位在大旅館住下，在大餐廳裏吃一頓，不一定比鄉下窮人住茅舍、吃粗飯會快樂些。物質生活只是單調重複，一時容易滿足，但卻永遠不滿足。

且不講吃與穿，再來講人的整個身體。將來科學更發達，或許可以活到二百歲。但還是要分幼年、青年、壯年、老年。若只延長了老年階段，多活幾十年，天天在家裏吃，在床上睡，那又有什麼意思？若延長了壯年工作時期，儘工作，儘無休止，儘不滿足，又所為何來？人有生老病死，這種物質人生，總是有限度的。精神人生卻可永久存在。每一人都能有所回想與記憶。回想幼年、回想父母、回想一切，我們所能回想的，卻都是心靈生活方面的。我們想到的是喜怒哀樂，感情方面的多。在那一個場合裏，我吃得最開心？我父親八十大壽，大家都來道賀，這件事永記不忘。在我心靈上，這是快樂的一天。或是有某種悲傷事，也永記不忘，這是在我心靈上最不快樂的一天。天天吃飯穿衣，都能記得嗎？這些是記不得的。眞的人生，才能留在記憶裏。天天吃飯穿衣，有什麼好記的呢？也許在某一天吃了瀉肚，這會記得，平常吃就記不得。所以吃的人生，實是一番空虛的人生。我們不把它留在記憶裏，不再去回想。記得想到，就算有這件事。不記得，不想到，就如沒有了這件事。人生固然要一些記不得想不起的飽暖物質的人生，但我們卻不該不去看重那些可以記得想起的東西。

世界上各大宗教，尤其如佛教，幾可說都要把一切現實人生全不重視、全忘掉，來另外寄情於天堂樂土。這不是一件太容易的事，而且也是一件不必要的事。主要是在宗教精神與現實人生之外另有一個文化精神。教人能追想回憶永不忘的，就如我們中國文化與孔孟思想所理想的人生。

且從我們文化中來講我們的文學與藝術，重要精神也在此。中國文學藝術的重要性，主要便在叫人能不忘。即如音樂，也必希望有「餘音繞樑，三日不忘」之感。這些都要能深入我們心靈裏去，變成了我們生命的一部分，生命之永恆即由此見。孔子在齊國聽到韶樂，「三月不知肉味」。物質人生，遇到這樣的心情下，便全不足道。每一人，逢到喜怒哀樂眞激動了此心，都會如此。關於這點，我想不必多講。只要諸位各自反省，便見是愈想愈明白，愈想愈眞實。

也許諸位會說，物質生活是生活的基礎，這話並不錯。如建造房屋要先打好基礎，再在地基上來動工建造。但人只住房屋中，不住在地基上。如我們今天在此講演，也是在房子裏，不在平地基礎上。栽一盆花，沒有根，當然不成；然須能從根上開花，更要能結果才是。心靈人生乃是後期高級的人生，物質身體人生只是早期低級的人生。中國人並不是不懂得物質人生之重要，只認為心靈人生更重要。在人生大道上，打好基礎，就應該開始建造。原始人自有了群體生活，心的需要與物的需要便該輕重倒置，便該有家庭，有社會，有民族，有歷史，便該開始跑上精神人生的大道上去。

三

在這裏，有兩條路。一條是正路，一條是崎路。人有了群，便走上了正路，一切吃的穿的物質生活易解決，不像以前要走崎路。但我們不要說條條大路可以通羅馬，儘多路可以走不通。你莫說任何手段都可得快樂，有些南轅北轍，不僅走不通，而且更遠了。今天的世界，是一個快樂還是痛苦的世界呢？今天的世界，是一個安定還是危險的世界呢？大家都像過了今天不曉得明天，人生如此般的不安，快樂又在那裏呢？無怪大家都感到煩躁苦悶。看一場電影，喝一杯咖啡，到館子吃一頓小吃，儘排遣也沒有用，痛苦暫去又生。但我們眞認為人生是該痛苦的嗎？該是永遠在一個危險不安的狀態下向前嗎？我們面前明明擺著幾條路，我們也該在這許多條路上有一何去何從之選擇。

我試舉個例：第一、如說創造與養育：現在只聽年輕人講創造，好像什麼東西都要創造，甚至主張要創造新的人生。但從前中國人不多講創造，而多講了養育。「創造」是從沒有創造出有，如沒有杯子，造出杯子。現在的科學，不知道創造了多少新東西新花樣。但中國人講「養」，講「育」，則是另一條路。一個小孩子，父母生下，已是一人，但不養，又怎辦？諸位試想，父母養育孩子成長，眞不容易。花草樹木，凡有生命皆須養。不管科學如何發達，也造不出一個生命。據說國外已發明了人工射精受孕。但究到何日，人類可以不用人生人？人工射精受孕，距離不用人生人目標尚遠。總之科學不能創造生命。如果能，這生命和我們今天的生命將完全是另外一件事。我們人現在的生命，必由父母所生。一胎一個，或兩或三，甚至一胎生了五個，全世界報紙都會登載。人不能像造杯子一樣，到工廠裏去生產，一造就是一千一萬。果是這樣，人還有什麼意義價值？造是造沒有生命的，養是養有生命的，兩者絕不同。但我們今天只看重「造」，沒有看重「養」。這在我們現代人的觀念裏，可說是一個很嚴重的缺點。而且造出來的物，本是無生命的，只造來給人用，而其結果反會來支配妨害人。如這講堂，許多椅子，來聽講的每人坐一張。如將這禮堂作為結婚等別的用途，一切就得重新佈置。今天，造出許多無生命的物來壓在我們有生命人的上面，轉使人生受支配，受壓迫，受妨害。歷史上，早已不乏其例。如埃及金字塔、羅馬鬥獸場，都是人造的大建築物。但埃及造金字塔，便送掉了埃及民族的生命。羅馬造鬥獸場，也斷送了羅馬帝國的生命。這是千眞萬確的。今天我們又快到這個階段了。

我且講一件事，現在掌握全世界人類生命大權的，卻像要轉到阿拉伯人手裏去。他們石油不賣給誰，誰就遭困，全世界都在發生能源問題，變成了石油來支配人。人類文化進步到今天，卻使全世界人都進入石油支配之下，難道這就是人生文化的理想與進步嗎？這顯然是物質在阻礙著人，在支配著人。又如原子彈核子武器，可以毀滅全世界，變成人人都怕。美國、蘇俄，是今世界上兩個核子大國，但他們也都怕。核子武器究竟到那一天可以決定不用，現在還看不出來。天地間本沒有核子武器，由人造來傷害人，到頭也會傷害到自己。即如你蓋一所房子，太大了，那房子不但會阻礙你的前途，連你的子孫們也會受害。中國古人說「高明之家，鬼瞰其室」，就是這道理。

當我在小孩時，大家都講教育救國，今天轉講科學救國。中國傳統文化最偉大處就是講教育，「育」就是「養」。「十年樹木，百年樹人。」栽培樹木要等十年，栽培人要等一百年。一百年早已換了三世，那不太遠嗎？但我們中國人到今已有五十個一百年。五千年的歷史，都是養來的，不是造出的。怎麼一下子可以造出五千年歷史來？今天我們卻要一下子來創造我們自己所想像的新中國人，其實卻是要把中國人變成西洋人、美國人，把學校全變成工廠，天下那有這般輕易事？造化本是天地功能，中國人也是天地造化所生，又經幾千年培養，豈是一天所能改造！工廠固是重要，可以製造東西，但學校更重要，學校功能在養人。東西賣出可以賺錢，但培養人才不是賣出去賺錢的。如我們種一盆花，要施肥，要修剪，要細心培養，慢慢等它開花。我們講教育，德、智、體、群、美，皆在養育人所既有的心靈和精神和德性方面的，豈可隨我意製造。中國人一向看重教育，又豈如美國杜威所說，教育等於是一張支票，可以到銀行裏兌現。中國人的教育理想，注重在培養人的心靈精神，養心、養性、養智、養德，中國人在這「養」字方面卻講得很多了。

第二、講到方法與工夫：有人說，有兩句中國話，現已變為世界話。一是「頂好」，二是「工夫」。這兩句話，都是外國人學中國話喜歡說的。最近美國拍了一部電影叫「中國工夫」，來宣傳中國人的武術。如打太極拳，若論方法，兩三個月就會，但要打得好，就要下工夫。現在人總喜歡講科學方法，常有人向我問讀書方法，其實讀書更要是肯下工夫。如打太極拳，下了二三十年工夫，自然就好。在二十年前，我看到梅蘭芳舞臺生涯五十年一書。梅蘭芳是科班出身，從小學起，待他到上海掛頭牌，還不斷用心學，他畢生花了五十年的工夫，別人自然就唱不過他。當然也要有方法，但有了方法還要有工夫。科學家在實驗室裏下工夫，往往幾十年不輟。中國人好講工夫，文學藝術方面不必講，更要是做人。孔子說：「吾十有五而志於學，三十而立，四十而不惑，五十而知天命，六十而耳順，七十而從心所欲，不踰矩。」這不是畢生在下工夫嗎？大聖人自十五志學開始就懂得自己養自己，今天我們有沒有能當心自己的呢？我想一般所當心的，只是外在與身體有關屬於物質方面的。最了不得，或許可以做到孔子所說的「三十而立」。可是今天我們中國人卻總是立不起來，外國人向東，我們也向東，外國人向西，我們也向西；自己不立，總跟著外國人學樣。近百年來我們就從沒有自立過。「三十而立」已很難，「四十不惑」就更難。他們有錢有武力，我們沒有，好像一切問題就解決不了。「五十而知天命」，那更難。孔子一生學不厭，教不倦，學做人，學自己生活。孔子說：「學而時習之，不亦說乎。有朋自遠方來，不亦樂乎。」學與教育有他自己的快樂，卻得要有自己的工夫。

諸位也許會說，那是過去農業時代的話，今天已到原子時代。但那就可以不學不教，另來一套方法嗎？明代理學家們說：「工夫即本體，本體即工夫。」這是哲學上的話。總之我們中國人很看重工夫。但至少，今天我所接觸到的年輕人，只是問方法，沒有看重到下工夫。我認為工夫即是生命，要花時間，時間亦即是生命。我告訴諸位，一分鐘不用工夫，就是浪費了一分鐘時間，也就喪失了一分鐘的生命。中國人的一切至要方法就是下工夫。今天外國人看到中國人的武術，遂認識到中國「工夫」二字。我們要知道，向人討方法易，自己下工夫不易。中國人常講修養工夫，孔子便是七十年在此工夫上，如何我們不去重視工夫！

第三、是新與舊：今天一般人只喜歡講新，不喜歡講舊。新時代、新風氣、新思想，甚至要講新民族和新國家，一切都要新。可是舊的也不是全不好。有的要新，有的要舊。中國人說：「器惟求新，人惟求舊。」朋友要舊，鄉里要舊。造出來的東西要新，如新房子，新衣服。但如說要新家庭，父親不是原來的舊父親，母親也不是原來的舊母親，連兄弟姊妹妻室兒女也都不是我原來那一批舊的，那我定會大哭一場。倘使我活到五、六十歲，父母兄弟姐妹妻室兒女都健在，這不好嗎？新朋友總不如舊朋友，新民族也總不如舊民族。中華民族已有五千年歷史，現在認為舊了，定要去創造一個新民族，這又是什麼道理？我們的生命愈舊愈值錢，青年中年總不如老年，因老年中已包括了青年中年，而且舊生命中有新生命，新生命中不一定有舊生命。天天吃飯，每天要有些新的加進去。讀書做學問，也要今天的能和昨天不同。並不是有了舊不要新，但今天我們所講，則是只要新不要舊。或許我講話似乎多用了一些力，但我用力講這裏，並沒有去反對那邊。或許諸位聽我講這邊，覺得奇怪，其實也並不奇怪。諸位試去多看幾本中國書就知道。中國書裏有新，卻也有舊，其實外國書也一樣。新與舊，兩不能廢。我們只能在舊的中間來求新。世上最舊的莫過於我們這一個中華民族，今天我們一意求新，要科學方法創造，但舊的終不能丟掉。舊家庭、舊社會，不能儘求翻新。舊歷史，也不能重寫。所以舊的我們也要，我們要能以舊為主，從舊中求新，不能喜新棄舊。

第四、要講止與進：今天大家異口同聲都在講進步。「止，吾止也；進，吾進也。」「知足不辱，知止不殆。」中國人也非不講進，但講進也要能知止。「載飛載止」，要在此止上停得下。只求進，不知止，那不行。一隻足止，一隻足進。先要站穩，能止，才能進。若要兩足一齊進，這只是跳躍。可是跳了一步之後，還要雙足落地，站穩了再能跳。出外旅行，下了飛機，首先該去找一個旅館，不能一天到晚在街上跑，有了旅館才得安定，有了休息才能再遊覽。今天我們一切都要講進步，不進步就是落伍，這是對的。但我要問，進步到那裏為止？有沒有一個歸宿？今天我們人類最大問題是只求進步，不求歸宿。沒有歸宿卻最痛苦。如出外跑，從早到晚不回家，天黑了怎辦？到館子裏吃頓飯，吃了後又怎辦？去看一場電影，電影看完了又怎辦？再到街上跑，跑到什麼時候止？總得要一個歸宿。無歸宿，比不進步更痛苦。世界上各大宗教都告訴我們一個歸宿，可是這個歸宿不在我們活著的時候，而在我們死了之後，始是上天堂，往西方極樂世界。但人在活著時也要有歸宿，要如我剛才所講一足止，一足進，無論跑到那裏，隨時都可以停下來，隨時有個歸宿。人生要能這樣才能安，才能樂，此始是所謂圓滿。中國人所講的「圓滿」，也就是今天所講的「頂好」。我有一百萬家產，你有兩百萬，我當然不是頂好，可是他又有了三百萬，你又不是頂好。人生不能從比較上來論。「大學之道，在明明德，在親民，在止於至善。」百善孝為先，「為人父止於慈，為人子止於孝。」中國人認為，至善便是人生歸宿處。舜的家，可說是一個最不理想的家，但在舜也只有孝，因舜之孝，而舜的家也一切改造了。孝從心發，盡人所能，孝是不講物質條件的。拿一千元給父母是孝，向父母拿一千元繳學費也並非不孝，孝不孝只在自己心上。「與朋友交止於信」，信也只在心上，沒有物質條件。中國人這一套話，到今天已講了兩千多年，我想再過兩千多年，這說法還是會存在，還是說得通，行得通。中國人講一個「止」字，並不妨礙了進步。進步也要不妨礙隨時有一個歇腳，這歇腳就是人生一大歸宿。佛教說「定」，說「慧」，說「止」，說「觀」。如車兩輪，如鳥雙翼，兩個輪可以動，兩個翼可以飛。我們千萬不該只講到一偏去。

第五、慾與情：慾是要拿進來，情則要拿出去。我們與父母兄弟姐妹相處，與師友同學交往，懂得要拿出的，便是情，這也是精神生活。吃飯穿衣只講拿進的，這是物質生活，這是欲。欲無止境，情則有止。如我買一部電視機，認為不好，要去換一部彩色的。買了一輛車，認為不好，要去換一部最新型的。外面變，我也跟著變，此所謂「欲壑難填」。情則可以當下停下不想換。外面儘變，我不變。父母老了，我還是孝。子女長大了，我還是慈。這一人如果多情寡欲，他定是一個快樂人。如果是多欲寡情，最好不和他交朋友。使我今天偶有不樂，且自己反問自己，究是為著情，還是為著欲？欲望有小，有大。如上了月球，還要上火星，這是為了研究物理，但依然是一種欲，卻並不是人情，也不是天理。天理不一定要人上月球，從前人類並不曾上月球，卻不能說那時人類無天理。我此刻並未上月球，也不能說我此人無天理。滅天理而窮人欲，則是大不應該的。今天全世界人類都在提倡欲望，尤其是許多商家登廣告，做宣傳，想盡方法要引起你欲望，好把你錢袋裏的錢吸收去，要你去買他的東西；但你所買這些東西，卻都與你不發生感情。也可說，凡是登廣告作宣傳，一切哄動你，對你都沒有感情。反過來說，我們少一輛汽車，並不就是人生缺點。少了父母、夫婦、兄弟姐妹的懽情，這才是人生最大缺點。這是金錢買不來的。一面是物質人生，另一面是精神人生。

第六、是德與力：「驥不稱其力，稱其德也。」「王者以德服人，霸者以力服人。」今天世界上，都是心不服，我買你的東西，卻並不佩服你。我與你結盟聯交，是怕你有原子彈，怕你不賣給我石油，也非為佩服你這一國家。私人之間，也有王道、霸道之別。物質進步，只表現了人之多欲與有力，並不表現了人之多情與有德。若人類盡成為寡情缺德之人，則物質種種進步，終於救不了人類。

四

我今天所講，似乎有點偏重於講中國文化。我認為將來的世界，正要中國文化來領導。近代世界，由西方人領導，發生了第一次以及第二次世界大戰。是否不再發生第三次，此刻還不能知。他們正靠打仗來領導，不打仗，誰會佩服你領導？今天諸位手邊都有一本陽曆，年初我在臺中的演講詞，與今天所講有些相同的地方。我認為中國文化可以救世界。其實講起來也很簡單，因為中國文化是農業的文化，西方是商業的文化。農業文化要下工夫，商業文化要講方法。用什麼方法去賺人錢，大學裏也開有廣告課，怎樣登廣告才賺錢？農人講養，一塊田，父傳子，子傳孫，一代一代傳下。中國人看重時間，愈久愈好，耕熟田好過墾荒。西方人做生意要跑新碼頭，所以他們講新講進，中國人講安講樂。我剛才所講的許多點，都可說是農村人和城市人的不同。如農村人感情重，都市人欲望重。如此類推，東方文化偏重了人生之這一面，西方文化偏重了人生之那一面。要講人生，那一面也不能少。但在農業文化裏可以產生出商業，在商業文化裏卻不能產生出農業。農村人心可以救今天的世界，都市人心不能。中國社會分士、農、工、商。士在最前，因為士懂得人生大道，他可以領導社會。但此後中國社會也快沒有士了。今天已是只有「公教人員」，都變成了一種職業。若論職業，自不如工商界。今天我們學西方，又一切都要講民主。其實西方今天的民主，也操在工商資本家手裏。如美國今天的選舉法，將非變不可。我們社會沒有錢，那能學得像美國。我們要把眼光放大放遠一點，不要光看人家羨慕，應該回頭來看看自己。說外國好，我固贊成。說中國不好，我也贊成。但總也有些好的地方，才能五千年立足於天地間。如說中國都不好，擁有了七億不好的人，又怎麼辦？其實中國不好，那會有七億人口？又那會有五千年歷史？一人活了八十九十，定有人來問你養生之道。我們的民族，活了五千年，有了七億人口，卻定要去問人立國之道。青年該比老年人健，但不必也如那老年人壽。

我今天舉出了許多點，只說一個人不要太偏向外面。人生有其內部心靈方面的人生，也有意義和價值，至少不比外面物質身體方面的人生意義價值差。前兩天我在報紙上看到日本前首相佐藤有一番講演，他告日本人說：「我們現在要講道德革命，來革新教育，再這樣講物質文明，下去將會不得了。」他究也是一個東方人，他也讀過中國書，所以能這樣說話。其實西方也非沒有人說這些話。總之，我們不該專向外面看，人生不專在外部，物質人生外還是有心靈人生。心靈人生主要在求安樂。我請問諸位，人生除了求安樂之外，還要求什麼？

（一九七三年十月二十八日臺北「教育部」社教司文化講座講辭，一九七四年二月社教司編文化講座專集之九，三月教育與文化四一三期轉載。）

附錄

一

我從前草過一篇「靈魂與心」的文章，大意是要從哲學思想之基本處，粗枝大葉地來分辨東西雙方思想之異同。本文亦仍此旨，盼讀者能參考互觀之。

要說到人的生命，便連帶想到時間。時間與生命，幾乎有些處不能嚴格區別。沒有時間，便沒有生命。但時間又是如何的一會事呢？普通想像時間，恰如一條直線般，從過去經現在到未來。而那線則其長莫測，從很遠的過去到很遠的未來，不見其首，不見其尾。過去之長不可知，未來之長又屬不可知，只有現在，卻又其短無比。現在只像是過去與未來之交界處，並且刹那刹那變滅，刻刻不停留，因此現在只如電光石火一般。將此短促不停留的現在，與無限悠遠的過去與未來相較，自然使人對於生命要發生無限的悲愴與無限的惶恐。

大體上說來，印度佛教思想，尤其對現在的短促性更描述得用力。而現代西方科學智識，則對過去與未來之悠遠尤其發揮得具體而詳確。自人類歷史上溯生物進化，再由生物進化推到地層沿革，再由地層沿革逆推到天文演變；從前認為悠遠不可知的過去，現代科學智識已知道了不少，但到頭依然是一個不可知。而且正因為對過去所知的多了，卻感到過去之悠遠不可知者更甚更悠遠了。其未來方面，也隨過去之智識而相對進展，先由人類歷史懸想到人種絕滅，嗣由地球冷卻而懸想到生物全息，再至於太陽熱力消盡。而天體之渺茫不可知的部分，還是依然的不可知，一樣如對過去般，使人感到未來之悠遠不可知，是更甚更悠遠了。

總之，過去與未來之悠久，一樣是不可想像。人類對過去與未來之智識愈增，則其不可想像亦愈甚。過去與未來之悠遠愈覺其不可想像，則相對的人生現在之短促亦更見為不可想像了。這是古代印度佛學與近代西方科學智識之所昭示，亦即人類對於時間的一般想像之所同。莊周有言：「我生也有涯，而知也無涯。以有涯隨無涯，殆已。已而為知者，殆而已矣。」這一句話，從現代人的智識看來，是更確切更有味了。

二

但此處卻有一問題，從哲學見解上說，是屬於知識論方面的問題。試問過去之悠遠究竟有限或無限？若有限，則試問起原何始？若不知起原何始，如何說其有限。若謂是無限，則無限不可知，既不可知，又何從而知其為無限？當知無論謂有限或無限，皆非人類智識所能知。既非人類智識所知，則又何從論定其為有限或無限？其對未來方面亦然。更有進者，過去之原始，不可知；未來之終極，亦不可知；因不可知，則又何從而知過去現在未來之成一直線狀而進行？換言之，安知過去之原始不與未來之終極走上同一方位，歸宿於同一處所乎？既屬同一不可知，何從而判分兩域？必曰若者為過去，若者為未來，其間劃若鴻溝不相會通合併乎？其實凡屬所謂過去與未來者，就人類智識言，皆尚屬現在。其眞過去與眞未來，則已超出人類智識之外，人又何從而知之？

故苟本人類智識嚴格言之，人生只有兩種時間或兩個世界；一為可知者，一為不可知者。人生由不可知來，復回歸不可知去。世界之原始與終極，人生之過去與未來，皆屬不可知。既屬不可知，則安知不同一境界，同一性質。如是則並無三世，只有兩世；並非一直線，乃成一圓形。因其由不可知而來，仍歸不可知而去，並非無限向前，而係循環往復也。今試作略圖如下：

1. 時間之直線觀

2. 時間之球形觀

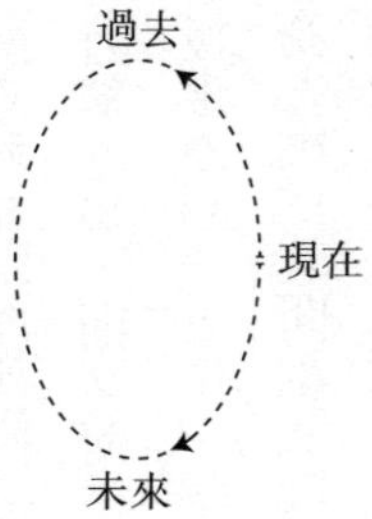

此兩種時間想像之不同，影響於人生觀之差別。凡想像時間作直線者，必以人生為無限向前；凡想像時間作球形者，必以人生為圓滿具足。

三

佛學上之三世輪迴，此即一種無限向前也。今日西方科學界之進化論與機械論，此亦一種無限向前也。惟印度佛學對此無限向前之人生發生一種厭倦，遂主以無餘涅槃滅度之。今日西方人之對此無限向前之人生，則即以一種無限向前之精神與興趣追逐之，因而勇往直前，無所顧慮亦無所怯弱。

此兩種人生觀，雖勇怯不同，欣厭有異，然有一相似點，即皆以人生為無限者。人生既屬無限，而現前實際，則甚短促，乃即以短促為無限。佛家主張一念三千，西方人受科學薰陶，亦僅圖目前實際人生之滿足。既不主懷念歷史，亦不主祈嚮將來，宗教精神與古典主義皆若與科學觀點不相融洽。

故近代科學觀念上之現在，雖與古代印度佛學之現在，廣狹不同，其積極與消極之態度亦異，然其在無限之人生中，只有把捉現在，不問過去與將來之意味，則頗相類似也。

四

中國人之人生觀則實從球形時間觀中得來，故常主人生為圓滿具足，而不認為無限向前。所謂無限向前者，乃主人生如一直線，從可知之現在走向不可知之將來。所謂圓滿具足者，乃主人生如一球形，其生命之可知部分，乃屬此球體之浮面；其不可知部分，則屬此球體之底層。此浮面與底層，本無分別，實屬一體，僅以人類之智識而分別之為二。人類智識對此球體，如一橫切線。其呈顯於人類智識線之上者，則見為浮面，其沉隱於人類智識線之下者，則見為底層。

大體言之，此人類智識線之橫切面，僅當此球體之極薄部分，浮面極小，底層極大。又此球體時時轉動，故此呈顯於橫切線以上之浮面，亦時時而變。要之，則為此球體之極小一部分，則雖萬變而終不變也。

中國人稱此浮面曰「陽」，稱此底層曰「陰」。此在易經始用此二字，其在莊老，則常稱曰「有」「無」。天地萬物生於有，有生於無，天地萬物復歸於無。

此所謂有無者，乃指名字言說，現在人之所知。過去與未來，人之所不知，不知則無可名字言說。既不可名字言說，則過去未來混論為一，不得強不知以為知、必以若者為過去若者為未來也。

五

既主人生從不知來，又回歸不知去，其人生之可知部分，較之不可知部分，又屬渺小難論。故人生者，乃此不可知部分之一小點而為可知者，而其混論，整體則為一不可知。「可知」與「不可知」混論為一體，若以此整體譬之如一球，人類之智識譬如一水面，此球體浸入此水面，其大部則沉浸在水面之下，此為過去與未來，屬於不可知者。其浮現在水面之上者為現在，屬於可知者。此球體在水面時時轉動，故浮面可知部分亦時時新異，不居故常，如此之人生所以見為圓滿具足者，因可知與不可知既屬一體，則人生並非由此至彼，永永向前；實僅為一體之循環轉動，往復無端而已。

如此則過去、現在、未來，連為一圈，生命與非生命融為一體，既不需永遠向前追逐，亦並無無窮數之三世輪迴，並不需別求超升，轉入另一世界，此在中國人觀念，即為「天人合一」。其球體之底層為天，其球體之浮面為人，人生即在大自然中，而為大自然之一部分，此大自然之永久生命則循環無端，周而復始。

在人類短促之智識中，則若有過去、現在、未來，在大自然之永久生命中，則無起無迄，無首無尾，常此翻滾轉動而已。生命並非由此至彼，故為現前具足也。

編者案：本稿從錢先生遺稿中理出，原稿無題，似尚未完篇。據稿紙及字跡考證，本稿或寫於民國三十六年，先生在昆明見思想與時代發表其前兩年所著靈魂與心一文，有感而續作。

《錢穆先生全集》總書目

甲編

國學概論
四書釋義
論語文解
論語新解
孔子與論語
孔子傳
先秦諸子繫年
墨子　惠施公孫龍
莊子纂箋
莊老通辨
兩漢經學今古文平議
宋明理學概述
宋代理學三書隨劄
陽明學述要
朱子新學案（全五册）
中國近三百年學術史（一、二）
中國學術思想史論叢（全十册）
中國思想史
中國思想通俗講話
學籥
中國學術通義
現代中國學術論衡

乙編

周公
秦漢史
國史大綱（上、下）
中國文化史導論

中國歷史精神
國史新論
中國歷代政治得失
中國歷史研究法
中國史學發微
讀史隨劄
中國史學名著
史記地名考（上、下）
古史地理論叢

丙編

文化學大義
民族與文化
中華文化十二講
中國文化精神
湖上閒思錄
人生十論
政學私言
從中國歷史來看中國民族性及中國文化
文化與教育
歷史與文化論叢
世界局勢與中國文化
中國文化叢談
中國文學論叢
理學六家詩鈔
靈魂與心
雙溪獨語
晚學盲言（上、下）
新亞遺鐸
八十憶雙親師友雜憶合刊
講堂遺錄（一、二）
素書樓餘瀋
總目